조광조 평전

조광조 평전

조선을
흔든
개혁의
바람

이종수 지음

생각
정원

조광조, 그는 누구인가?

그는 누구인가. 바람이라 해도 좋겠다. 그야말로 바람처럼 나타났다가 한순간 사라져버렸다. 그런데 그 바람이 지나간 자리, 사화士禍로 얼룩진 기묘년(1519년) 이후의 조선은 그의 이름 앞에서 긴장을 풀지 못하고 있다.

조선 500년 역사에서 그의 활동은 4년 남짓. 작은 점으로 지나칠 정도의 흔적일 뿐, 한 시대를 대표하기에 턱없이 미미한 시간이다. 그런데도 왕조의 남은 400년 동안 조선의 사림들은 시대를 이어가며 깊은 존경으로 그를 추앙하고 있다. 후대 임금들도 궁금했던가 보다. 그의 사후 50년, 이제 막 즉위한 어린 임금 선조宣祖가 스승에게 물었다. 조광조는 어떤 사람입니까. 실록이 전하는 당대의 대학자 이황李滉의 답이다.

"조광조는 훌륭하고 어진 선비입니다. 타고난 자질이 뛰어나게 아름다웠으며, 그 독실한 학문과 힘써 실천함은 비교할 사람이 없습니다. 도道를 실천하고 인심을 맑게 하여 세상을 요순의 시대로, 임금을 요순처럼 만들고자 하였는데 불행하게도 소인들의 참소와 이간질로 인해 참혹한 죄를 받았습니다."

－《선조실록》 1567년 11월 4일

조광조를 이보다 더 적절하게 보여준 예가 있을까. 하지만 의아한 점은 바로 업적이라 하기엔 모호한 조광조의 행적. 나라를 세우는 데 공이 있는 것도, 전란의 위기에서 온몸을 사른 것도, 군주를 구하기 위해 목숨을 던진 것도 아니었다. 그저 더 나은 세상을 만들기 위해 애썼다는 것. 그 때문에 억울한 죽음을 맞았다는 것. 만대의 사표로 받아들이기엔 너무 듬성한 요약본 아닌가. 그런데도 조광조에 대한 이황의 찬사는 멈추지 않는다. 흥미로운 장면이다.

이 시대의 평가는 어떨까. 유학자로서 그를 바라보는 시선들에 기대자면, 태산북두처럼 우뚝한 존재이며 조선 도학의 맥을 이은 진정한 학자로 자리하고 있다. 강직한 선비의 기개를 그 삶으로 보여주었다는 칭송 또한 조선의 기록들과 크게 다르지 않다.

정치 활동에 대한 평으로 눈을 돌리면 시대를 앞서간 개혁가 조광조의 모습이 보인다. 혼탁한 시대를 바로잡고자 자신의 삶을 뜨겁게 바친 사람이라고. 그 위로 안타까움의 소리도 더해진다. 지나친 성급함 때문에 결국 개혁에 실패하고 말았다는, 그러니까 정치 현장에는 어울리지 않는 이상주의자라는 평이겠다. 젊은 개혁가에 대한 일반적인 이미지를 떠올리게 한다.

더하여, 이런 이미지에 대한 자잘한 시비도 없지 않다. 조광조의 개혁이 민생이 아닌, 그저 유교적 이상을 위한 것이었다는 의혹이 그것인데. 그러니 개혁가라는 타이틀을 다시 돌아봐야 하지 않겠느냐는 것이다. 시대가 처한 문제를 제대로 짚지 못했다는 질책도 담긴 말이겠다.

————

어디까지가 그의 모습인가. 완벽한 유학자에서 과격한 개혁가, 혹은 개혁의 의미마저 의심받고 있는 실패한 정치가. 무엇이 사실일까. 아무래도 그의 말과 생각을 직접 읽고 느끼면서 그 삶을 돌아봐야 할 것 같다.

조광조의 생은 그야말로 극적인 서사 그대로다. 열일곱 나이로 유배지의 스승을 찾아 떠난 길에서부터, 결국 마지막 자신의 유배지에 이르기까지. 한 장면 한 장면, 기록 속에서 걸어 나온 조광조는, 선입견과 단편적인 지식을 털어내고 만난 조광조는 그 존재 자체만으로도 충분히 빛나는 인물이었다.

그의 배경을 돌아보면 더욱 그렇다. 15세기 말에서 16세기 초에 걸친 연산군과 중종 시대를 떠올려보라. 두 번의 사화와 한 번의 반정反正이 지나간 16세기 초반의 조선. 나라의 기강은 흔들리고 그 혼란을 바로잡기 위한 누군가를 기대하기도 어려운 때였다. 하물며 옳고 그름의 기준과 인간의 도리를 돌아보았겠는가. 조광조는 그런 시대를 바로잡을 새로운 세대의 리더로 나섰던 것이다.

개혁이 멈추어 선 까닭을, 그 이후 이어진 정치적 혼란을 조광조에게 다그칠 수는 없는 일이다. 그가 죽음에 이른 까닭이 무엇이었던가. 그의 무지나 무능이 아닌, 기득권의 저항이 가져온 결과였으니. 그가 현실의 문제를 외면한 것도 백성의 삶에 무심한 것도 아니었다. 정신적 가치를 강조했다고 해서 민생의 본질을 도외시한 책상물림으로 비난받을 이유 또한 없을 것이다.

요순시대를 만들고자 했으되 그저 복고를 꿈꾼 태평한 지식인은 아니었다. 옛 시대에 대한 선망과 새 시대를 향한 열망을 하나의 꿈으로 엮어내었으니. 치국治國의 근본을 물으며, 학문의 이상으로 현실 정치를 바꿔보겠다는, 개혁의 의지로 충만한 정치가였던 것이다. 사실 조광조의 도전은 건국 한 세기를 넘어서는 조선에서 당연히 있어야 할 고민이었다. 더 나은 시절을 기다렸다면 더 완벽한 개혁의 성취로 이어졌을까. 오히려 그때 나서지 않았더라면 그런 개혁적인 지도자를 제대로 만날 기회마저 잃었을지도 모른다. 조광조는 잠자는 시대를 흔들고자 일어선 바람 같은 존재였다.

우리들의 시대도 그렇지 않은가. 먹고사는 문제, 그것만큼이나 힘든 일은 그 문제 이외의 것을 생각조차 하지 못하게 만드는, 때론 인간으로서 지켜야 할 가치를 비웃기까지 하는 이 사회의 분위기다. 조광조가 통탄했을 그 현실이 바로 우리의 현실이니, 500년이 흘렀으되 조광조의 고민은 여전히 우리의 고민이기도 하다. 그 맑은 바람이 그리운 날들이다.

바른 인물을 찾아보기 어려운 시절. 하물며 바른 지식인, 바른 지도자를 만나기란 그야말로 까마득한 시절이다. 조광조의 일생을 그려보기로 했다. 아쉬움 때문이다. 제대로 만나야 할 이름이건만 여전히 역사 속 옛 인물로만 남겨진 느낌이랄까. 시대를 이끈 지식인이 지녔을 포부와 고민, 그리고 그 사이를 채웠을 한 인간의 갈등이나 한숨, 그런 것들이 모두 증발해버린. 조광조의 진심을, 그의 진짜 모습을 그려보고 싶었다.

그가 누구냐는 물음에 이황보다 나은 답을 준비하지는 못하겠지만 전혀 다른 얼굴의 조광조를 만날 수는 있을 것 같다. 유학의 종장宗匠으로 박제되지 않은, 완전무결한 인격에 얽매이지 않은 조광조. 철없는 이상주의자도 섣부른 개혁가도 아니었던 조광조. 그것으로 족할 듯하다.

절망의 시대를 바로잡으려 했던 조광조의 마음속 뒤척임, 그 고민의 순간들을 따라가기로 한다. 제아무리 타고난 자질이 탁월했다고 해도 저절로 태어나는 개혁가 같은 건 없을 테니까. 서른여덟 짧은 삶으로 따뜻한 이상과 뜨거운 실천의 힘을 일깨워준 사람. 이 글은 이런 시대이기에 더욱 기억해야 할 한 아름다운 이름에 대한 이야기다.

　조광조, 그는 누구인가.

차례

1장

밤

기묘년 11월 15일

의문의 옥사가 시작되다

겨울의 짧은 해가 한참 전에 기울고 사위가 고요해진 시각. 갑작스러운 소란이 일었다. 밤 2고[1] 무렵, 궁문을 닫은 채 숙직하던 승지들만이 남아 있을 때였다. 그저 예사로운 소요가 아니었다. 두 승지 윤자임尹自任과 공서린孔瑞麟은 서둘러 밖으로 나섰다.

변고임이 틀림없었다. 횃불이 훤히 밝은 가운데 군졸들이 정렬해 있고, 닫혀 있어야 할 연추문이 활짝 열어젖혀져 있었다. 윤자임과 공서린은 놀란 마음에 급히 근정전 쪽으로 향했다. 전하께서는 알고 계신가. 아니, 전하께서는 무사하신가. 임금께서 반정하시던 날도 이러했을 것이다. 승지들을 따라나선 사관들도 부지런히 걸음을 옮겼다.

하지만 군사들을 밀쳐가며 경연청 앞에 다다른 그들은 또 다른 의아함과 마주해야 했다. 병조판서 이장곤李長坤과 판중추부사 김전金詮을 비롯한 조정 대신들이 이미 합문 앞에서 기다리고 있었던 것이다. 놀라서 달려온 자신들과는 달리, 갑작스럽기는 하나 그렇다고 큰 변고를 맞은 표정들은 아니었다. 그런데 궁궐의 문은 누가 연 것인가. 당직 승지를 거치지 않고 어찌 함부로 궁문을 열었단 말인가. 윤자임은 일이 이상하게 흘러간다는 느낌을 받았다.

---

1 고鼓는 하룻밤을 다섯으로 나누는 단위로, 2고는 밤 9시에서 11시 사이다.

"공들께서는 이 밤에 어쩐 일입니까?"

"대내에서 표신을 내어 들라 하였소."

이장곤 자신은 전후 속사정을 알지 못한 채 임금의 명을 받고 들어왔다는 것이다. 전하께서 승정원을 거치지도 않고 대신들을 부르셨다니, 무슨 일인가. 윤자임은 어이가 없었다.

"정원을 거치지 않고 표신을 내다니요. 어찌 그런 일이 있겠습니까? 어서 사정을 알아봐야겠습니다."

하지만 사건은 윤자임의 생각보다 더 심각한 방향으로 치닫고 있었다. 임금의 뜻을 전하는 승전색承傳色이 나와 그를 가로막으며 출입을 금했던 것이다. 더구나 성운成雲을 새 승지로 임명한다는 임금의 글을 내보였다. 대체 무슨 일이 있기에 한밤에 이 소동인가. 전하께서 이 모든 명을 내리고 계신 것은 사실인가, 어쩌면 전하께서도 심각한 위협에 처하신 것은 아닌가.

곧이어 정말 알 수 없는 일이 벌어졌다. 의금부에 하옥하라는 인물들의 명단이 내려진 것이다. 그 인물들은 놀랍게도 대간臺諫의 수장인 조광조趙光祖를 포함한, 임금을 가장 가까이서 모시는 시종과 승지 등이었다. 이 밤, 대사

헌 조광조, 우참찬 이자李耔, 형조판서 김정金淨, 부제학 김구金絿, 대사성 김
식金湜, 숙직 중이던 윤자임을 비롯한 6승지 모두와 홍문관에서 숙직하던 응
교 기준奇遵 등이 의금부로 끌려갔다.

  그 누구도 죄명을 알려주지 않았다. 끌려가는 이들도, 포박하는 이들도 그
이유를 알지 못한 채 밤은 깊어가고 있었다.

기묘년 11월 15일 밤

기묘년이면 1519년, 조선의 11대 왕인 중종 14년이다. 이해 11월 15일 밤에 일어난 영문 모를 옥사. 역사에서 '기묘사화'라 부르는 이 사건의 시작을 《중종실록》은 꽤나 상세하게 전하고 있다. 이어 실록은 친절하게 다음과 같은 문장을 덧붙인다. "이후로는 사관이 참여하지 않았다."

하옥으로 사건이 끝난 것이 아니라는 말이다. 그 이후로도 진행되는 일이 있었으되 사관을 참여하지 '못하도록' 했다는 사실을 밝힌 셈이다. 임금이 신하와 만나는 자리에는 항시 사관이 동행하기 마련이다. 그런데 사관들을 배제한다? 이 밤의 느닷없는 사건도 의아하기 그지없거니와, 게다가 사관이 참여해서는 안 될 이유는 또 무엇인가. 왜, 누가, 자신들의 이야기가 '역사'로 남겨지는 것을 두려워했을까. 아무래도 어떤 음모나 어두운 거래, 대략 그런 사건이기 십상이다.

다행히도 실록은 이 밤의 이야기를 이어서 전해주기는 한다. 밤 5고 무렵, 그러니까 앞서의 사건 이후 몇 시간 뒤 편전에서 펼쳐진 장면이다. 문제는 그 몇 시간 동안 벌어진 일들, 그리고 사건이 기록되기 전인 밤 2고 이전에 벌어지고 있었을 일들에 대해 보고 들은 사관이 없다는 점이다. 일단 밤 5고 무렵 실록의 이야기를 들어본다.

이날 밤에 승정원·홍문관·대간·한림을 다 체직시켰으므로 그때의 일을 기록한 사람이 없었다. (중략) 임금이 새 승지 성운을 불러서 이르기를 "조정의 큰일이 이미 정해졌으니, 중간에서 지체하여 도리어 어린아이 장난처럼 되어서는 안 된다. 빨리 전지(傳旨)하라(조광조에게 죄주라는 전지다). 입계를 두세 번 재촉했는데도 밤이 다 가도록 결정하지 못하니 매우 옳지 않다." 하였다.

- 《중종실록》 1519년 11월 15일 네 번째 기사

흥미로운 이야기다. 이 밤에 대간과 시종, 승지와 사관들이 모두 체직되었다. 그야말로 왕의 최측근이라 할 만한 모두의 자리를 갈음한 것이다. 중종의 말은 더욱 눈길을 끈다. 중종은 '조정의 큰일이 이미 정해졌다'는 사실을 알린 후, '중간에서 지체하여 어린아이 장난처럼 되어서는 안 된다'며 혹여 시간을 끌어 사건을 잘 매듭짓지 못할까 염려한다. 그러면서 거듭된 재촉에도 밤이 다 지나도록 결정하지 못한 신하들을 꾸짖으며 조바심을 내비치고 있다. 그런데 중종이 재촉한 내용이란 무엇인가. 바로 '조광조에게 죄주는' 문제를 어서 결정하라는 것이다.

이 기사만으로 보자면 문제의 하옥 사건은 중종이 주도하고 있거나, 혹은 주도하는 누군가에게 적극적으로 협력하고 있다. 이상한 일 아닌가. 죄가 있는 신하에 대해 이를 다스릴 권한을 가진 사람이 바로 왕이다. 당당히 그 죄를 물어 밝히고 그에 맞는 처벌을 내리면 될 일. 그런데 무엇 때문에 중종은 한밤중에 느닷없이 이런 '일'을 꾸민 것인가. 마치 정변政變의 어느 밤을 보는 듯하다.

기습적인 작전을 감행해야 할 만큼 상대가 위험한 이들이었을까. 그래봤자 대간, 승지, 홍문관원 들로, 무력과는 거리가 먼 서생들일 뿐. 그들은 중종 자신과 경연에서 항시 마주했던 젊은 신하들이 아닌가. 더군다나 사건의 핵심 인물로 지목한 조광조는 임금의 넘치는 사랑과 기대를 한 몸에 받던 이름이었다.

혹시 중종이 어떤 위협을 받아 이런 지시를 내린 것이 아닐까. 혹은 누군가의 참소讒訴로 인한 오해가 아닐까. 잡혀 들어온 이들의 생각도 그랬던 것 같다.

진실은 무엇인가

조광조를 비롯한 그들은 놀라움보다는 오히려 의아한 마음이었을 것이다. 옥에 갇혀 이 밤을 보내면서, 숙직으로 당시 상황을 조금이나마 일고 있는 윤자임 등의 말을 토대로 앞뒤를 맞춰보았을 터. 아마도 누군가의 참소가 임금께 전해져 오해를 산 것이라 생각했으리라. 자신들을 탐탁지 않게 여기는 세력이 주도한 일이라고.

이튿날 그들이 올린 옥중소獄中疏를 보면 그 답답한 마음이 그대로 드러나 있다. 그들에게 내린 죄명은 '붕비朋比', 즉 붕당을 만들어 정치를 어지럽혔다는 것이다. 당시 적용되는 대명률大明律에 따르면 참형斬刑에 해당하는 중죄다.

조광조 등의 옥중소에는 "망령되고 어설프며 우직한 자질로 성조聖朝를 만나 경연에 출입하여 임금을 가까이할 수 있었기에, 오직 성명聖明만을 믿고 우충愚衷을 모두 말했습니다. 뭇사람의 시기를 받았으되 임금만을 생각하고 다른 것을 헤아리지 않았습니다. 우리 임금이 요순 같은 임금이 되게 하고자 한 것이니 이것이 어찌 제 몸을 위한 꾀이겠습니까. (중략) 임금 계신 곳이 멀어 생각을 아뢸 길이 없으나 잠자코 죽는 것도 참으로 견딜 수 없습니다. 친히 국문하시는 것을 한 번만 허락해주시면 만 번 죽더라도 한이 없겠습니다. 뜻은 넘치나 말은 막혀서 아뢸 바를 모르겠습니다." 하였다.

— 《중종실록》 1519년 11월 16일 열한 번째 기사

조광조의 절절한 목소리다. 간청은 하나였다. 한 번만 친히 국문해달

라, 그러니까 직접 만나서 내 애기를 들어달라는 것이다. 어제까지 멀쩡히 모시던 군주에게서 참형 죄를 입었으니, 억울함에 앞서 이해가 되지 않았으리라. 자신이 한 일은 오직 요순시대를 꿈꾼 것뿐. 그런 자신을 불러올린 것은 바로 임금이 아니었던가. 오해도 풀지 못한 채 잠자코 죽을 수는 없는 일. 하지만 중종은 사랑하던 신하의 청을 외면했다. 조광조와 대면하기를 거절한 것이다.

결국 조광조는 사건에 대한 의문을 풀지 못한 채 이틀 후인 11월 18일, 유배지로 떠나게 된다. 엄청난 속도의 사건 처리였다. 그의 무죄를 호소하는 수많은 탄원과 상소가 있었으나 중종은 조광조의 '죄'를 용서하지 않았다. 그나마 신하들의 만류로 참형만은 멈췄던 것. 한 사람은 자신의 죄를 알지 못한 채 유배지로 떠났으며, 한 사람은 죽어 마땅한 죄인에게 직접 그 죄를 토설받으려 하지 않았다. 조광조의 생각처럼, 어긋난 오해였을까. 아니면 중종의 판결처럼, 붕비의 중죄였을까. 두 사람의 눈으로 바라보는 사건의 진실은 그 간극이 너무 크다.

어느 쪽이 진실인가. 이 기묘년 11월 15일에 이르기까지, 사실 그들은 그리 오래 만난 사이는 아니었다. 조광조가 과거에 급제한 것이 중종 10년(을해년, 1515년) 8월이었으니 군신의 신의로 맺어진 기간도 겨우 4년 몇 개월. 어쩌면 그 이전 두 사람의 삶에, 어쩌면 출사한 지 3년도 못 되어 당상관에 올랐던 조광조의 초고속 승진 과정에 사건의 실마리가 있을까. 아니, 차마 말하지 못하는 두 사람 마음의 무언가가 이유일지도 모른다. 이제 한 사람의 남은 운명은 다른 한 사람의 마음에 달려 있다.

그런데 더욱 의아한 것은 유배에 처한 조광조를 향한 세상의 관심이다. 임금에게 죄를 입어 정치 일선에서 내쳐졌으니 그 이름이 기억에서 흐려지는 것이 당연하겠으나, 조광조의 이름은 이후로도 오래도록 조정을 떠나지 않는다. 중종 시대는 물론 중종 사후에도 한 시대를 움직인 주요 상소의 주연으로 살아나기까지 한다. 여운이라 하기엔 사뭇 큰 울림이다. 정치 이력이라곤 나이 서른넷에서 서른여덟 사이의, 겨우 4년 몇 개월. 어떤 '일'을 해내기엔 벅차도록 촉박한 그 시간 동안 그는 무슨 일을 한 것인가.

조광조의 연보年譜를 따라 출발선으로 돌아가 본다. 그의 삶에서 '의미 있는' 사건으로 처음 기록된 것은 열일곱 청년 시절에 스승을 찾아나선 이야기다.

길

1498년 17세

유배지의 김굉필을 스승으로 모시다

이 길이다. 끝까지 따라가라 했다. 오래 걸리지는 않을 것이다. 하지만 얼어붙은 눈길 위로 걸음을 내딛기가 쉽지 않았다. 매섭게 후려치는 바람을 앞세워 추위도 점차 심해지고 있었다. 다시 눈발이 이어지려는 기세였다. 그렇다고 마냥 따스한 계절을 기다릴 수는 없는 일. 이 긴 겨울이 언제 끝나겠는가. 추위 따위로는 억누를 수 없는 간절함이었다.

평안도의 겨울은 북쪽 땅을 실감케 하는 한기로 가득했다. 이런 계절 속에서 시린 마음을 다듬고 계시겠구나. 가까이 뵌 적은 없었지만 이미 마음의 스승으로 모신 분이었다. 그 아름다운 이름을 따라 예까지 온 것이 아닌가. 추위가 걱정이 아니었다. 혹 선생께서 받아주지 않으신다면……. 청년은 잠시 숨을 고르며 고이 품고 온 소개장을 떠올렸다. 진심을 알아주시겠지. 저 길 끝에 나의 길이 기다리고 있을 것이다.

"선생님, 안에 계시는지요."

유배지의 죄인에게 한가한 손이 찾을 리 있겠는가. 하물며 이 추운 날에 누가 나를 부른다는 말인가. 그것도 생기가 느껴지는 젊은 음성이었다. 김굉필金宏弼은 의아한 마음으로 뜻밖의 방문객을 맞았다.

젊은이가 내어놓은 편지는 전 대사간 양희지楊熙止의 것이었다. 느닷없는 연락이었다. 소식을 주고받은 지도 꽤나 오래된 그가 한 젊음을 소개하고 있었다. 소략한 글이었으나 담긴 뜻은 충분했다. 그대에게 배우기를 간절히 청하기에 차마 거절하지 못한다는 말이었다. 이 삼엄한 시국에 혹여 서로에게 화가 되는 일은 아닌지, 근심하여 머뭇거리는 어조였다. 하지만 기대감이 없었다면 이런 편지를 써줬을 리 만무하다.

수재秀才 조 군은 친구의 아들이다. 나이 이십도 못 되었는데 개연히 도道를 구하려는 뜻을 지녔다. 김대유金大猷[2] 선생의 학문이 연원 있으시다는 말을 듣고서 그의 아버님이 계셨던 어천魚川으로부터 대유의 희천熙川 적소謫所에 가서 옷깃을 여미고 공부하기를 청하려 함에, 나에게 소개하는 편지 한 장을 구한다. 내 근년 이래로 친구 간에 왕복 편지를 끊은 지가 오래되었다. 그래서 그 간곡한 뜻을 다만 편지로만 할 수 없기에 이 구二句의 시를 지어 대유에게 보이게 하였다. 대유는 화禍를 받고 있다 하여 서로 주고받는 것을 꺼리지나 않을는지.

십칠 세의 조씨 집안 수재   十七趙家秀

---

2 대유는 김굉필의 자字다.

삼천 제자의 행동이라　　　　　三千弟子行

은근히 도의 뜻 구하고자　　　　懇懇求道志

저 아득한 관서향을 찾는구나　　迢遞關西鄕

－ 양희지, 〈조 수재에게 주다〉, 《정암선생문집》

이 무오년의 참화……, 김굉필은 희천에서 유배의 첫 겨울을 맞고 있었다. 이제 도학을 논하며 학문을 함께하는 일은 선비들의 일상일 수 없었다. 그 대가는 때로 죽음이었기 때문이다. 언제 또다시 피바람이 불어 그 이름들을 마저 앗아 간다 해도 이상할 것 없는 날들. 조선의 무오년은 그렇게 시들어가던 중이었다.

그런데 이 겨울 속에 아직 꿈을 꾸는 자가 남아 있었단 말인가. 이런 시절에 도의 뜻을 구하고자 한다니. 더구나 죄인에게 직접 배움을 청하겠다니. 우리의 학문이란 이제 불온한 자들의 위험한 수사로만 남질 않았던가. 제자를 자처한 이상 어떤 화가 닥칠는지 모르는 일이다.

양희지의 소개 글까지 청하여 온 것을 보면 차분히 고민하고 준비해왔다는 뜻일 터. 부형의 만류도 없지 않았겠으나 그 정도쯤은 각오하고 나섰을 것이다. 여간한 배포가 아니다. 열일곱 나이의 다짐이 이러하다면……. 김굉필은 단정히 무릎을 꿇은 채 허락을 기다리고 있는 상대를 바라보았다. 총명한 눈빛에 기품 있는 몸가짐, 이목을 끄는 수려한 외모였다. 자리를 삼가느라 공손하였으되 선비다운 의연함은 잃지 않았다. 사랑스러운 젊음이었다.

유배지의 스승과 제자

조광조의 연보가 전하는 이해의 기록은 대략 이 정도 장면을 떠올리게
한다. 학문에 뜻을 둔 한 청년이 당대 제일의 학자를 찾는다는, 꽤나 전
형적인 줄거리. 다만 그들의 만남이 여느 사제지간과 다른 것은 스승의
처지가 유배객이라는 점이다. 게다가 그 유배의 원인이 바로 사화士禍에
있었다. 이해가 바로 무오년, '무오사화'가 일어난 1498년이다.

　이렇게 제자로 들어온 조광조를 김굉필은 "심히 사랑하여 중히 여겼
다."** 그랬을 것이다. 한 젊은이가 존숭의 염을 품고 스스로 제자 되기
를 청하여 유배지의 죄인을 찾았으니, 마음 뭉클하지 않았을까. 이 제자
는 기대보다도 더 탁월한 자질에 뜻과 행실이 반듯하기까지 했으니, 김
굉필로 보자면 그야말로 제자를 제대로 얻은 셈이다. 그 겨울 유배지의
작은 집에서 오간 두 사람의 이야기를 아직 조선의 그 누구도 눈여겨보
지는 않았다. 물론 그들도 아직 그 의미를 알지 못했다.

　예사롭지 않은 이 행적에 대해 후세는 "난세를 당하시어 험난함을 무

릅쓰면서도 그를 스승으로 섬기셨다"³라고 감동의 어조로 전하기도 한다. 당시의 상황을 보면 큰 과장은 아니다. 공부가 때론 무서운 화로 돌아오는 세상이었다.

> 유림들은 기가 죽어서 들어앉아 탄식만 하고 있으므로 학사學舍는 쓸쓸하여 몇 달 동안 글을 읽고 외우는 소리가 없었다. 부형들은 그 자제에게 경계하기를 "공부는 과거에 응할 정도에서 그만두어야 한다. 많이 해서 무엇하느냐." 하였다.
>
> – 《연산군일기》 1498년 7월 29일

그러니 이런 정치범에게 배움을 청하는 행동이 '정상'으로 보일 수는 없다. 실제로 그 이후로 조광조에게는 '광자狂者'라는 말이 따라붙곤 했다. 미친 사람처럼 공부한다 하여 붙여졌는데, 긍정적인 뜻을 담은 말은 아니었다. 조광조는 꽤 이른 나이부터 행동의 기준을 자신의 배움과 판단에 의거한 '도道'에 두었지, 세상의 시선은 그리 신경 쓰며 살지 않았던 것이다. 이처럼 그는 우리가 흔히 상상하는, 성리학을 따르는 여느 유형과는 거리가 있었다.

김굉필은 결국 한양으로 돌아오지 못했다. 6년 후, 앞서의 것보다 더

---

3 이황李滉, 〈정암선생행장行狀〉, 《정암선생문집》.

참혹한 또 한 번의 사화가 그를 기다리고 있었기 때문이다. 비록 수학 기간은 짧았으나 조광조에게는 유일한 스승이었으며, 자신의 일생을 관통하는 결정적인 만남이었다. 김굉필을 유배로, 그리고 기어이 죽음으로 몰아넣은 두 번의 사화는 조광조의 젊은 시절 대부분을 지배한 사건이기도 하다. 한 번은 스승과의 만남을, 또 한 번은 스승과의 이별을 불러온. 그리고 무엇보다도 현실에 대한 절망과 그 절망에 대한 극복을 고민하게 했던. 조광조뿐 아니라 글 좀 읽고 생각 좀 있었을 당대의 젊은 지식인들에겐 헤어날 수 없어 보이는 정신의 늪과 같은 사건들이 아니었을까.

무오년과 갑자년, 두 번의 사화

 첫 번째 늪은 글의 죽음을 알리는 사건이었다. 선비들이 오직 글 때문에 생각 때문에 화를 당했던, 조선의 역사 이래로 없던 일이었다. 무오사화로 불리는 이 참화는 김종직金宗直의 〈조의제문弔義帝文〉이 실린 사초史草에서 시작되었다. 〈조의제문〉은 항우에게 살해당한 의제義帝의 죽음을 애도하는 강개慷慨의 글이었는데, 세조의 왕위 찬탈과 단종의 죽음에 대한 비유로 읽혔던 것이다.
 세조의 등극 과정은 당시까지도 언급하기 껄끄러운 일이었다. 세조의 직계 자손인 후대 임금들로서는 차마 선조의 잘못을 인정할 수는 없었던지라 세조의 찬탈을 종사를 지키기 위한 결단으로 포장해놓은 채 아슬아슬 버텨가고 있었다. 세조의 욕망에 희생된 사육신도, 그 욕망에 등 돌린 생육신도 아직은 모두 종사의 죄인일 수밖에 없는 시절이었다. 그뿐인가. 단종의 생모라는 이유로 문종의 비가 묻힌 소릉昭陵은 파헤쳐져 그 이름마저 빼앗긴 채였다. 아직 그 사건은 백주에 노상에서 주고받을 만한 이야깃거리는 아니었다.

비판의 목소리가 없었던 것은 아니다. 군신 간의 충과 신에 대해 배우고 생각하며 나름의 원칙을 세운 선비들이 이미 문제를 제기하고 있었는데, 세조의 손자인 성종은 그저 덮어두는 쪽으로 자신의 뜻을 밝혔다. 그 소리들을 벌하지 않은 것은 그 생각에 잘못이 없음을 시인하는 일이지만, 들어주지 않은 것은 차마 조부를 찬탈자로 규정할 수 없었던 까닭이다. 어느 정도 세월이 흐른 뒤에 세조가 먼 조상쯤으로 기억되는 때가 되면, 그때 역사가 바르게 평가해줄 테니 기다려달라는 뜻이 아니었을까. 무엇보다도 성종은 선비들의 언로言路를 중히 여기는 군주였다. 침묵이 충신의 덕목일 수 없음을 알고 있었던 것이다.

하지만 그 뒤를 이은 연산군은 부왕과는 전혀 다른 눈으로 세상을 바라보고 있었다. 연산군의 눈에 비친 성종은 이해할 수 없는, 이해하고 싶지 않은 임금이었다. 연산군이 생각하는 군주는 부왕처럼 대간들의 '말'에 휘둘리는 자리가 아니었다. 이는 임금의 권력을 스스로 나눠주는 일, 그래야 할 이유 따위는 없었다. 군주로서의 학업도, 성군이 지켜야 할 도리도, 끊임없이 그것들을 간언하는 대간들도 모두 마음에 들지 않았다. 번번이 부왕의 덕행과 치적을 본받으라 간언하는 자들을 그냥 보아 넘기지 않으리라 마음먹고 있었다. 그야말로 사사건건 부왕과 다른 길을 걷겠노라 결심한 임금 같았다.

　그러다가 마침 한 사람이 걸려들었다. 이미 선정을 포기한 채 그릇된 욕망으로 치닫던 임금과, 그런 임금 아래서 출세를 꿈꾸던 이들이 찾아낸 맞춤한 먹잇감이었다. 사화를 주도한 유자광柳子光은 〈조의제문〉의 글귀 하나하나를 풀어 연산군 앞에 아뢰며 그 부도不道함을 엄히 다스려야 한다고 임금을 부추겼다. 김종직에 대한 개인적인 원한까지 더해진 것이었다(과거 자신을 소인배로 무시하며 경멸을 감추지 않았던 김종직에 대한 이 좋은 복수의 기회를 놓칠 리 있겠는가). 연산군은 한 걸음 더 나갔다. 김종직은 물론 그의 제자들에게도 같은 죄를 물어야 하지 않겠느냐고.

　왕이 실록청에서 올린 사초를 내보이니 바로 권경유權景裕가 기록한 것이었다. 그 사초에 이르기를 "김종직이 일찍이 〈조의제문〉을 지었는데, 충의가 분발하여 보는 사람이 눈물을 흘렸다. 그의 문장은 여사餘事일 뿐이다." 하였다.
　전교하기를 "이 무리들의 기롱과 논평이 이 지경에 이르고 있으니, 무릇 제자라 하는 자는 모조리 구금하여 국문하는 것이 어떠냐?" 하매, 윤

필상丕弼商이 아뢰기를 "성상의 하고가 지당하시옵니다." 하였다.

－《연산군일기》 1498년 7월 17일

호흡이 척척 맞는, 그 임금에 그 신하였다. 사실 그들이 문제 삼기 전까지 〈조의제문〉은 문제 될 것이 없었다. 김종직의 글이야 이미 세조 때에 지어진 것으로 별 탈 없이 읽혀오고 있었던바, 결국 어떻게 읽느냐가 문제였다. 이렇게 국왕의 마음이 기울어지자 김종직은 세조의 찬탈을 비난한, 왕실을 능멸한 죄인으로 역사 앞에 조명되기 시작했다. 함께 울분을 토로하던 이들은 동조자의 이름으로 같은 죄를 면할 수 없었으며, 그의 문하에서 글을 읽던 이들 또한 불온한 자들의 당을 이뤘다는 죄명을 달았다. 한마디 말, 한때의 사귐도 용서받을 수 없었다.

김종직은 세상을 뜬 지 이미 여섯 해. 그렇다고 죄줄 방법이 없겠는가. 사형보다 더한 치욕, 부관참시剖棺斬屍의 화가 내려졌다. 문제의 사초를 작성한 김일손金馹孫과 권오복權五福, 권경유는 능지처사陵遲處死를 당했으며, 살아남은 자들은 나라의 변방으로 흩어져 죄인의 이름으로 때로는 천민의 신분으로 내동댕이쳐졌다. 김종직의 제자인 김굉필은 평안도 희천으로, 정여창鄭汝昌은 함경도 종성으로 유배의 길을 떠났다. 이처럼 뜻을 세워 도를 논하던 선비들은 죽거나, 한 번 더 죽거나, 변방의 유배객이 되었다. 그들이 지은 책도, 문제의 사초도 모두 불에 태우라는 명이 더해졌다. 그처럼 불온한 문자는 흔적도 남겨서는 안 된다는 것이었다.

연산군은 '문자'에 매우 날이 선 반응을 보이는 임금이었는데, 그 자신의 행태로 보자면 영리한 작전이다. 기록은 기억으로 살아남지 않던가.

그리고 6년 후, 갑자년(1504년)을 피로 물들인 두 번째 사화는 무오년의 그것에 비할 바가 아니었다. 이번에는 문자가 아닌 침묵이 죄를 입었다. 침묵 속에 묻어뒀던, 연산군의 생모인 폐비 윤 씨의 죽음이 수면 위로 떠올랐는데, 정치적으로 활용하기엔 더없이 좋은 불씨였다. 연산군으로서는 부왕에 대한 열등감을 분노로 뒤집기에 맞춤한 '공식적' 개인사가 아니었을까. 연산군은 다시 숙청을 단행했다. 이번에는 임사홍任士洪 등이 적극 나서서 상황을 이끌었다.

연산군은 제정신을 잃고 관련자 색출에 혈안이 되었다. 누가 관련자인가. 누구도 관련자가 아닐 수도, 모두가 관련자일 수도 있었다. 판단의 기준은 '임금의 마음'. 어차피 시비를 가리고자 하는 죄명이 아니었으니 임금의 눈 밖에 나고도 살아남을 수 있는 자는 없었다. 무오년을 유배형으로 넘긴 이들에게도 참형이 기다리고 있었다.

이미 죽은 이름들이라 해서 죄를 피할 수는 없었다. 몇 달 전 귀양지에서 명을 다한 정여창은 자신의 스승이 그랬듯 부관참시를 당했다. 세자 시절 연산군의 사부이기도 했던 정여창이었으나, 그로 인해 더욱 군주의 미움을 받았다고 전해진다. 공부할 뜻이 없던 세자에게는 사부들의 엄한 가르침이 마음에 들지 않았던 것이다. 이 또한 임금의 권위를 가벼이 여기는 오만한 짓거리로 보였던 것일까.

스승 김굉필의 삶

  김굉필은 옮겨진 귀양지 순천에서 죽음을 맞았는데, 국왕의 '특별한' 명으로 참형 후 효수되는 참담함까지 겪어야 했다. 고고한 성품으로 칭송받던 그의 삶에 대한 조롱이었을까. 연산군은 유독 김굉필에 대해 그가 죽기 직전 무슨 말을 하더냐 물었다. 형 집행관의 답인즉, "한마디 말도 없이 죽음에 나아갔습니다."

  아무 말 없이 죽음으로 나아갔다는, 김굉필은 어떤 사람이었을까. 물론 당시 선비들의 주요한 덕목이 말수가 적고 몸가짐이 단정하다 정도이긴 하겠는데, 김굉필의 경우는 정말 그랬던 것 같다. 그를 전하는 기록들이 대략 그러하다. 그의 삶을 헤아리게 하는 결정적인 모습은 1485년 스승인 김종직에게 보낸 한 편의 시에 담겨 있다. 그는 이조참판이 된 스승에게 서늘하다 할 정도의 비판적 언사를 숨기지 않았다. 김종직의 제자이자 김굉필의 벗이었던 남효온南孝溫의 《사우명행록師友名行錄》[4]에는 둘 사이에 주고받은 시와 그 배경이 담겨 있다. 먼저 김굉필이 보낸 시를 보자.

  도란 겨울에 가죽옷 입고

---

4 민족문화추진회 옮김, 《(국역)대동야승》, 민족문화추진회, 1971.

여름에 얼음물 마시는 것에 있는데   道在冬裘夏飲氷

날이 개면 가고 장마 지면 멈추는 것을

어찌 완전히 하겠습니까.   霽行潦止豈全能

난초도 세속을 따르면 마침내 변하고 마는 것이니   蘭如從俗終當變

소는 밭 갈고 말은 타는 것이라 한들 누가 믿겠습니까. 誰信牛耕馬可乘

요직에 오른 김종직이 강직한 정론을 이끌지 못하는 것에 대한 실망을 솔직하게 드러내면서, 이제 그런 스승의 가르침을 어찌 따를 수 있겠느냐는 어조까지 담고 있다. 제자의 시구라기엔 몹시도 따끔해서 김종직 입장에서는 마음에 상처로 남을 법한 내용이다. 사실이 그랬다. 자신의 상처를 고스란히 드러낸 답시를 보낸 것이다.

분수 넘치는 벼슬 이어져 얼음을 깰 정도 되었으나   分外官職到伐氷

임금 바르게 하고 풍속 고치는 일 내 어찌할 수 있으리. 匡君捄俗我可能

가르침 따르는 후배는 나의 못남을 조롱하지만   從教後輩嘲迂拙

권세와 이해에 구차하게 편승하지는 않으리니.   勢利區區不足乘

김종직은 자신의 자리에서 할 수 있는 일이란 그리 많지 않다고, 그래도 구차하게 살지는 않을 것이라 다짐하고 있다. 서로에게 서운했을 것이다. 다른 제자들의 만류도 소용없었다. 이미 마음이 상해버린 두 사람이었다. 김굉필은 자신에게 가르친 학문대로 끝까지 살지 못하는—것으로 보이는—스승과 화해하지 못했다. 둘의 관계는 사실상 더 이상 진전되지 못한 채 옛 사제지간으로 남게 되었다.

이런 김굉필이었다. 하지만 제자들을 대하는 스승으로서의 그는 오히려 다정하고 여유로운 사람이었던 것 같다. 한참이나 어린 제자인 조광조와의 일화는 물론, 전해지는 몇몇 이야기에 등장하는 김굉필은 까다로운 비판자라기보다는 고요한 수행자에 가까워 보인다. 문장에 능하여 수많은 시문을 남긴 김종직과는 달리 남긴 작품도 많지 않다. 그렇다고 이른바 학술서 집필에 전념했는가 하면 그것도 아니다. 김굉필이 살았던 연산군 시절의 조선 성리학은 본격적인 '논문'을 발표하고 이에 대한 격렬한 반론이 이어지는 수준까지 진행된 것은 아니었기 때문이다. 김굉필 자신이 학문을 대하는 태도도 그랬다. 연구에 몰두하여 저서를 남기는 데 무게를 두는 대신, 배운 대로 바른 삶을 살아가기에 힘쓰고 이런 정신을 제자들에게 가르치는 쪽을 택했다.

조광조가 찾아갔던 그 겨울, 어린 제자의 앞일을 걱정하면서도 기쁘게 받아들였을 김굉필. 따뜻하면서도 진솔한 한 인간으로서의 그가 느껴진다. '어떻게 살아야 할 것인가'를 고민하던 조광조에게는 여러모로 좋은 스승이었다.

학문에 미친 광자狂者

스승의 죽음을 전해 듣던 해, 조광조는 스물셋이 되었다. 그사이 열여덟 살에 혼인을 했고, 열아홉 살에는 부친상을 당하여 3년 동안 복服을 입었다. 지아비가 되고 삼년상을 치러냈으니 진짜 어른이 된 것이다. 그동안 그는 다른 스승을 구하지 않고 홀로 학문에 정진했다. 그럴 만한 스승을 찾기 어려웠을 뿐 아니라 사회적으로 학문을 격려하는 분위기도 아니었다. 집권자들 입장에서 보자면 두 차례의 사화로 일단 생각 있는 자들을 '입 다물게' 하는 데 성공했다. 모여서 도를 가르치고 배우는 분위기가 꺾인 데다가 실제로 공부 좀 한다하는 이들이 사라져버린 상황이었다. 그야말로 독재자가 원하던 모습이다.

조광조는 출사하기 전이었다. 이미 십 대 시절부터 과거를 권하는 이는 많았으나 아직 문장을 익히지 못했다는 말로 거절했다고 전한다. 마음이 내키지 않았다는 뜻이겠다. 유배지의 스승이 기어이 참형을 당하자 마음은 더 가라앉았을 것이다. 갈등하지 않았을까. 그래도 세상으로 나가야 하는지, 아니면 수기修己에 전념해야 하는지. 일단 학문 속에서 어두운 시절을 견디기로 했다. 과거에 뜻이 없다 해서 공부를 그만둘 이유는 없었다. 오히려 '진짜' 공부를 할 수 있는 시간이었다. 시험공부는 그저 벼슬이나 명예 같은 사욕에 매이기 십상이니까.

문제는 이런 조광조를 비껴 보는 이들이 적지 않았다는 것이다. 출사

를 위해서가 아니라면 그 공부의 뜻이 무엇이냐고. 이 무렵 그에게 '광
자'라는 말이 붙여지기 시작한다. 미친 사람처럼 공부에 몰두했다는 말
인데, 그런데 이것이 거리낄 만한 일이었을까. 시대가 시대였던지라, 그
것이 '진짜' 공부라면 위험할 수도 있었다. 광자와 한 조를 이룬 듯 따라
다니던 '화태禍胎'라는 표현이 그 이유를 말해준다. 그 공부가 화의 근원
이 될 것이라고. 그대의 스승을 돌아보라는 뜻이겠다. 이를 꺼려 사이가
멀어진 친지와 친구들도 있을 정도였으나 조광조는 대수롭게 여기지 않
았다. 짐작대로다. 무언가에 미친 사람이 고작 남의 말에 흔들려 정신을
차릴 리 없다.

그렇게 다시 두 해가 지난 병인년(1506년) 9월. 연산군의 폭정이 다할
대로 다한 이해, 마침내 세상이 바뀌었다. 중종반정中宗反正이 일어난 것
이다. 조광조의 나이 스물다섯, 미친 듯이 공부한다는 그의 이름이 알
만한 사람들 사이에서 퍼져나가던 때였다. 어디까지 퍼져나갔을까. 당
시 전라남도 능성에 살던 열아홉 살의 양팽손梁彭孫이 조광조의 이름을
듣고 찾아왔다는 일화를 보면, 식자들 사이의 소문은 생각보다 빠르고
상세했던 것 같다. 조광조의 본가는 한양으로, 그는 당시 선영이 있는
경기도 용인에 거하던 중이었다. 남도에서 한양 부근까지 광자를 찾아
와 배움을 청한 양팽손 또한 그다지 평범한 인물로 보이지는 않는다. (역
시나 이 두 사람에게는 남다른 인연이 기다리고 있다.)

양팽손의 경우처럼, 이 무렵부터 조광조를 찾는 이들이 늘어나고 있

었다.

중종 원년 병인(1506년) 선생 나이 25세가 되었다. 이해에 중종의 반정으
로 연산주의 잔학한 정치가 혁신되어 선비의 기세가 더욱 상승되었다. 선
생이 비로소 그 학문으로 선비를 가르치니 원근에서 풍문을 듣고 와서 배
운 자가 대단히 많아졌다.

— 〈정암선생연보〉, 《정암선생문집》

이처럼 먼 곳과 가까운 곳을 막론하고 찾아와 배운 자가 대단히 많을
정도였는데, 흥미로운 점은 그들이 '풍문을 듣고' 왔다는 사실이다. 시
절이 바뀌니 조광조의 미친 듯한 태도를 학문에 대한 열정으로 받아들
이게 되었다는 이야기가 아닌가. 그런데 도대체 어떻게 하면 미친 듯한
공부가 되는 것일까. 다음은 그의 일과를 알려주는 연보의 한 부분이다.

매일 닭이 울면 세수하고 빗질한 후, 엄숙하고 단정히 앉아 심기를 편안
히 하고 굽어 읽으며 우러러 생각하였다. 생각하여 체득지 못하면 비록
날이 다하고 밤을 새우더라도 반드시 터득을 하고, 스스로를 한정 지을
생각은 전연 갖지 않았다.

— 〈정암선생연보〉, 《정암선생문집》

이른 아침부터 단정히 공부에 전념하는 모습은 여느 학자의 그것과 크게 다르지 않다. 그의 학문에 남다름이 있었다면 그 마음이 남과 달랐던 것. '스스로를 한정 지을 생각은 전연 갖지 않았다'니, 학문 앞에서 이보다 더 오만하고 이보다 더 겸손한 마음가짐이 있을까. 그렇게 공부하는 모습을 마주했다면, 그를 따라 광자의 무리로 들어가고 싶은 마음이, 더욱이 젊은이라면 불쑥 솟구치지 않았겠는가.

어쨌든 이 광자의 학문도 이제는 세상으로 열리는가 싶었다. 하지만 무엇 때문인지 반정으로 임금이 바뀐 뒤에도 조광조는 여전히 과거 시험에 응하지 않은 채, 한정 짓지 않는 공부 생활을 이어가고 있었다. 제자뻘의 어린 벗들이 출사하는 동안에도 몇 해를 더 책 속에 파묻힌 채로.

3장

봄

1510년 29세

〈춘부〉를 지어 진사시에 장원 합격하다

보슬거리듯 따스하게 흩어지는 햇살이었다. 어느새 봄이 된 것인가. 조광조는 마당 위를 떠다니는 햇살을 한참이나 바라보고 있었다. 그런가. 봄이 되었는가. 마음은 그렇다고 한다. 눈을 열어 이 햇살을 담아보라고, 저 양명한 기운을 느껴보라고. 이렇게 봄이 온 것이라고. 생각은 아닐지도 모른다고 한다. 햇살의 빛깔이 조금 바뀌었다고, 따스한 기운이 조금 스쳐 갔다고, 온전히 봄이라 믿어도 좋은 것인가. 잠깐 내비친 한 조각 햇살인지도 모른다. 기나긴 추위에 지친, 오랜 기다림이 불러온 성급한 착각인지도 모른다.

　　조광조는 이 봄을 봄으로 맞이하고 싶은, 마음속 작은 두런거림에 가만히 귀 기울이고 있었다. 긴 겨울이었다. 아직은 차가운 대기 사이로 힘겹게 스며들며 잘게 부서지는 햇살 앞에서, 그 햇살 속으로 걸어가고 싶은 마음이 톡톡, 자신을 흔들고 있었다. 스물아홉. 이제 봄을 만난 것인가.

　　이미 바뀐 세상이라고 한다. 반정으로 보위에 오른 임금의 치세 벌써 다섯 해. 지난 시절의 그릇됨을 씻고, 한 걸음 한 걸음 이 나라에도 봄 햇살이 비치기 시작한다고 했다. 아직 기억 속의 겨울을 채 정리하지 못한 이들의 마음에도 조금씩 봄의 소리가 피어나고 있었다. 이제 그 마음을 열어보라고, 달라진 세상으로 나와 보라고 부르는 소리들이었다.

　　"효직孝直, 이제 성균관에서 함께 글을 읽음이 어떻겠는가."

"선생님, 그리하시지요."

벗들의 마음이었다. 조광조는 그저 조용히 듣고만 있었다. 과거에 응했으면 한다는 뜻을 넌지시 내비친 것이다. 출사는 아니더라도 유생으로 학문을 함께 나누자는 말이겠다. 조광조의 이 봄을 벗들 또한 달리 느낀 까닭일까.

스물아홉. 진사시進士試를 치르기엔 어울리지 않은 나이일지 모른다. 하지만 때를 정하는 것은 스스로의 생각과 방향에 따를 일이다. 준비되지 못한 자의 섣부른 봄노래는 자칫 움트는 생명들에게 햇살 한 줌 베풀지 못할 수도 있다. 노래하는 자, 그 자신에게도 그렇다. 공부는 스스로의 깨침이 있을 뿐이다. 하지만 성균관에서 함께하는 것 또한 자신을 돌아보기에, 이 나라의 사류士類를 돌아보기에 필요한 길일 수도 있으리라.

경오년(1510년) 봄, 진사시에 응했다. 과제로 써낸 글은 〈춘부春賦〉, 봄의 노래.

음양陰陽이 섞여 사시四時의 차례가 이루어지니 이 중에 봄이 자연의 으뜸이다.

사시는 봄으로부터 시작되고 사단四端은 인仁으로부터 발한다.

그러므로 봄이 없으면 계절을 이룰 수 없고 인이 없으면 사단을 이룰 수 없다.
하늘은 욕심이 없어 봄이 행하여 사시를 이루는데,
사람은 욕심이 있어 인이 해쳐져 사단을 채우지 못한다.
이에 마음이 저절로 슬퍼져 부를 지어 읊는다.

- 〈춘부〉 서序, 《정암선생문집》

하늘이 내린 봄에 대해서, 그리고 우리들 마음의 봄에 대해서 읊고자 했다.
사시의 섭리와 사단의 이치를 되새기고 싶어서. 봄의 순리를 따르는 하늘과,
인을 해치는 사람의 욕심을 돌아보기 위해서. 무엇보다도 봄을 맞는 기쁨과
슬픔 사이에 선 스스로를 위해 읊어야 할 노래였다.

스물아홉 봄날의 진사시

봄을 맞는 마음이란 예나 지금이나 우리 모두에게 아주 다르지는 않을 것이다. 어느 봄 햇살에 눈이 부셔, 새삼 자신의 봄을 다짐하는 한 남자의 모습을 떠올려본다. 봄 앞에서, 정녕 봄이 온 것인가 여러 날 그 햇살을 가늠하며 고민하기도 했을. 좀처럼 감정의 바닥을 그대로 내보이지 않는 조광조였지만 이 봄 앞에서는 그랬을 것 같다.

더구나 그가 과제로 제출한 〈춘부〉를 보자면, 사시의 섭리와 사단의 이치를 나란히 사유하고 있다. 그것이 아무리 철학적 원리의 한 장을 펼친 것이라 할지라도, 사시의 으뜸인, 생명력으로 가득한 봄을 이야기하는 그 어조에는 계절의 조화를 받아들이는 가슴의 떨림이 느껴진다. 그러면서도 슬퍼하고 있음은 어찌 된 까닭인가. 하늘의 순리는 봄과 함께 사시의 조화를 이어가지만, 인간의 욕심은 오히려 사단이 발하는 인仁을 해치는 데에 이르렀기 때문이다.

당시의 혼란스러운 사회 분위기와는 별개로, 조광조의 갈등은 이런

'인간'에 대한 흔들림 때문이기도 할 것이다. 끊임없이 욕심 앞에서 무너지는 존재. 그처럼 글 읽기에 열중하며 반듯하게 살고자 하는 것도 조광조 자신 또한 그 인간의 무리에 속한 존재이기 때문일까. 그러면 어찌해야 하는가. 스스로의 완성을 위해 더 깊은 학문 속으로 들어가야 하는 것인가. 아니면 비록 그런 존재라 하더라도, 어쩌면 그 욕심에 절망하여 더 큰 슬픔으로 빠져든다 할지라도, 인간의 나아짐을 믿어야 하는 것인가.

결국 그는 긍정적인 쪽으로 마음을 돌렸다. 자신이 따르는 학문 또한 가르치고 있지 않은가. 인간의 선함을 되찾을 수 있다고, 그렇게 해야 한다고. 그 학문의 가르침을 세상으로 여는 것이 배운 자의 몫이다. 그것이 도학道學의 존재 의미가 아닌가. 흔들리는 마음을 바로잡고 흐트러진 세상을 바로 세우는 것. 인간도, 세상도 그렇게 더 나아질 수 있을 거라 믿고자 했다. 무릇 일이란 마음먹기에 따른 것이니, 인간다움은 그 마음만 올바로 지켜나가면 이룰 수 있을 것이다. 강조하던 그의 목소리는 자신의 마음을 향한 다짐이기도 했으리라.

조광조가 진사시에 응시한 것은 중종 재위 5년(1510년) 봄이었다. 스물아홉. 봄도 지쳐 꽃마저 시들해질 무렵, 계절이 바뀔 만한 나이였다. 게다가 조숙한 천재라 할 만한 조광조가 아닌가. 그의 봄맞이는 너무 늦어 보인다. 그의 나이 스물다섯에 중종반정이 일어났으니 연산군 시대를 피했던 인물들이 이미 출사를 결심하는 상황이 되었던 것이다. 그런데 지금까지 나서지 않은 이유는 무엇인가. 스스로는 아직 공부가 덜 된 까닭이라 하겠지만 이건 아무래도 핑계처럼 들린다. 이미 찾아오는 제자들에게 학문을 가르치는 정도였으니 말이다.

출사에 아예 뜻이 없었던 것이 아닐까. 그럴 수도 있다. 스승인 김굉필의 삶이나 가르침을 보아도 그렇고, 공부 자체를 몹시 좋아했던 조광조의 성향을 고려해볼 때도 평생을 포의布衣로 학문 속에 파묻힐 수도 있었겠다 싶다. 수기修己하며 살아가는 모습도 꽤 어울려 보인다. 고고한 멋이 제격이었으리라. 한양에 세거해온 명문가 출신에, 젊은 시절부터 독특한 학문으로 이름을 얻고 있었다. 이제는 신원되어 그 학행學行을 공식적으로 인정받은 김굉필의 제자이기도 했으며, 따르는 이들도 없지 않았다. 포의로 산다 해도 크게 아쉬운 것 없어 보인다.

하지만 세상일과 동떨어진 선비로만 지내기엔, 그저 구도의 기쁨으로만 살아가기엔 그에게는 온전히 충족되지 않는 빈 자리가 있었을 것이다. 그 자리를 냉소적인 웃음으로 채우며 살기엔 그의 가슴은 너무 뜨거웠으리라.

그렇다면 남은 것은 수기를 넘어선 치인治人, 자신이 배운 바를 세상에 적용해야 할 책무다. 정치라고 해도 좋겠고 사회운동이라 부를 수도 있겠는데, 조광조의 시대라면 후자는 아직 기대하기 어려운 때이니 그에게 남은 선택은 조정으로 들어가는 길이다. 그런데 또 묘한 것이 조선의 정치계는 현재의 정치·언론 등의 역할을 모두 맡고 있었으므로, 어

떤 의미에서는 조광조의 선택지―물론 임명권을 가진 임금의 선택지
―는 생각보다 제법 다양했을 것이다.

　스물아홉까지 공부만 했다. 재능도 출중했다. 어느 정도는 칭송의 예
로 말한 것이겠으나, 당대의 평을 보자면 "진실로 세상에 드문 현재賢才
로서 우리 동방에 그를 필적할 사람이 없었다"*라고 하니 그 자질을 짐
작할 만하다. 이런 인물이 차곡차곡 안으로만 채워 넣고 있었다. 그 학
문을 언제 겉으로 드러내려 함일까. 다른 이들의 속도를 신경 쓰지 않는
이였으니 그 시기 또한 자신의 판단에 따랐던 것이다.

반정의 여파, 연이은 옥사

그의 봄이 생각보다 늦어졌던 까닭은 그의 마음먹기뿐 아니라 외부적인
상황 때문이기도 했다. 조광조의 이름이 처음으로 실록에 오른 사건을
보면 정말 그렇다. 흥미롭게도 그 사건은 모모某某한 학문이나 과거 급
제 같은, 우리가 예상하는 범주의 것은 아니다. 그의 이름은 나이 스물
여섯인 중종 2년(1507년), 한 역모 사건에 관련된 것으로 처음 등장한다.
이해 윤閏2월에 있었던, 김공저金公著와 조광보趙廣輔 등이 정국공신인
박원종朴元宗·유자광을 처단하고 새로운 나라를 만들고자 했다는 '김공
저·조광보 옥사'였다. 이 사건에 절친한 조광좌趙廣佐가 연루됨으로 인

해 조광조 또한 애매하게 걸쳐진 것이다. 하지만 조광조는 한 차례 조사를 받은 후 무혐의 처리되어 바로 방면되었다.

이런 정치적인 옥사에서 즉각 방면된 것을 보면 그는 이 사건과 전혀 관련이 없었던 게 분명하다. 이 사건이 눈길을 끄는 이유는, 조광조의 연루 여부가 아니라 그런 사건이 계속해서 일어나고 있다는 사실 때문이다. 역모 사건은 이것만이 아니었다. 반년 후인 중종 2년 8월에는 '이과李顆의 옥사'가, 중종 3년 11월에는 '신복의辛服義의 옥사'가 있었다. 다음 해인 중종 4년 10월에는 종친들이 중심이 된 '이석손李錫孫의 옥사'가 이어졌고, 다시 몇 해 뒤인 중종 8년 10월에는 정국공신 당사자인 '박영문朴永文·신윤무辛允武의 옥사'까지 있었다.

이처럼 중종 초기에 무려 다섯 차례의 역모 사건이 고변되었으며, 이에 연루되어 적지 않은 인물들이 목숨을 잃었다. 문제는 그 사건들이 정말 역모를 꾀했는가를 확증할 수 없다는 것이었는데, 사건의 주모자 또한 유생에서 종친, 정국공신들까지 그야말로 다양했다. 중종의 반정이 아직도 제대로 마무리되지 못했던 것이다. 또 다른 누군가가 제2의 반정을 일으킬 수도 있겠다고 생각할 만큼, 중종의 왕권은 불안했다.

그뿐인가. 반정이 떠안고 있는 도덕적인 결함들 또한 역모 사건의 계기로 작용했다. 조광조의 이름이 연루된 김공저 사건만 해도 무오사화를 일으킨 연산군의 총신 유자광이 여전히 중종반정의 공신으로 봉해져 부귀를 누리고 있는 데 대한 항변이었다. 그런 자를 처단하지 않다니,

그것이 어찌 바른 것으로 돌아간다는 반정反正의 뜻이겠는가. 결국 이런 목소리들이 불거진 뒤에야 유자광이 유배에 처해지게 되었고, 이로써 옛 사화의 진짜 죄인들이 그 죄를 받고 당시의 '죄인'들은 죄인이 아니었음이 거듭 확인되었다.

중종 5년까지의 상황은 이런 정도였다. 조선은 아직 정치적인 안정을 찾지 못한 상태였으며, 중종은 이제 겨우 임금으로서의 소리를 조금씩 내려는 중이었다. 그리고 이 사건들 사이, 중종 4년(1509년)에 공식 실록인 《연산군일기》가 완성되었다. 지난 시대에 대한 당대의 입장이 대략 정리되었던 것이다. 역사의 한 장이 이렇게 채워졌으니 이제 다음 장이 필요한 때였다.

학문의 근본은 경학으로

조광조의 생각도 그랬으리라. 다음 장을 시작해야 할 때가 되었다고. 그런데 이 무렵 조광조의 행보에 좀 의아한 면이 있다. 그는 왜 진사시로 등장했을까. 진사시는 사장詞章, 즉 '문장이 어떠한지'를 보겠다는 시험이다.

스승의 영향도 있었겠지만, 조광조가 생각하는 '학문'은 경학經學이었지 사장이 아니었다. 성리학의 경전을 열심히 공부해야지 시문 짓기 따위에 마음을 두지 말아야 한다고 주장했던 것이다. 조광조와 함께 공부하던 이들의 생각 또한 다르지 않았다. 혹시 시문에 재능이 없는 게 아니었을까? 실제로 그런 의혹의 눈길과 비웃는 소리도 없지 않았다.

경학이 우선인가, 사장이 중요한가. 이는 과거 시험에서도 오래도록 시비가 이어져온 문제로, 그러니까 철학과 문학이 주도권을 놓고 경쟁을 해온 셈이다. 이런 상황에서 조광조는 당연히 학문이라면 철학이지, 라고 말하더니 불쑥 문학 시험에 응시해서 가볍게 장원을 차지해버린 것이다. 〈춘부〉는 성리학 이론을 부賦로 읊어낸, 그러니까 철학적인 성찰을 문학의 형식 속에 잘 담아냈다는 평을 듣는 작품이다. 장원으로 뽑힌 것을 보면 당시의 평가도 그랬던 것 같다. 연보에 따르면 "시험관들이 놀라 칭찬이 그치지 않았다"라고 하는데, 과장을 감안한다 해도 근거 없는 상찬은 아니다.

그런데 어쩌면 조광조는 이런 생각이었을까. 시문의 주제가 매양 음풍농월吟風弄月뿐이겠는가, 다른 주제도 있어야 하지 않겠는가. '나는 문장을 따로 공부하는 건 아니야, 그걸 학문이라 할 수는 없지!'라고 외치더니, '그렇다고 엉터리 문장을 쓰라는 얘기는 아니라니까!'라면서 제 실력을 보여준 것이다. 사장파 입장에서 보자면 꽤나 언짢을 인물이다. 못하는 과목이니까 폄하했을 거라는 말을 할 수 없게 되어버렸다. 그렇다면 조광조에게 문장이란 무엇인가. 필요가 없다는 말은 아니다. 학문이 쌓이다 보면 저절로 이뤄질 테니, 그 공교함을 위해 애써 공부 시간을 쪼개어 쓰지는 말라는 뜻이다. 그 아름다움에 취해 수양을 멀리하지는 말라는 얘기다.

실제로 조광조는 시문을 얼마 남기지 않았다. 이런 태도는 그가 생각한 진짜 '학자'에 대한 기준을 가늠케 한다. 조광조가 스승인 김굉필, 그리고 스승의 스승인 김종직에 대해 내렸을 평가를—비록 그것이 마음속에만 자리한 것이라 해도—짐작하기 어렵지 않다. 조광조가 김종직에 대해 그런 생각을 한 적은 없었을까. 성리학에 충실한 학자라기보다는 시문으로 명성을 쌓은 재사才士인지도 모르겠다고.

시문을 멀리하려는 조광조의 마음 한쪽에는 그 시문의 배경에 대한 좋지 않은 기억이 자리하고 있기도 했다. 연산군 시대를 보아도 그렇지 않은가. 경서는 멀리하는 군주가 향락의 연회 속에 희희낙락 시나 읊고 있는, 근심이 솟을 만한 장면들이 넘치도록 많았으니까.

그래도 조금 아쉽기는 하다. 누군가의 행적을 살핌에 있어 글만 한 것이 있을까. 그의 속마음을 알기에 시만 한 것이 있을까. 하물며 다른 흔적을 좀처럼 찾기 어려운 조선시대 선비일진대. 그의 삶을 조금이라도 더 들여다보고 싶은 이들에게는 꽤나 아쉬운 일이 아닐 수 없다.

성균관 유생 조광조

다소 의외의 과목을 선택했던 조광조. 이제부터 성균관의 유생, 즉 유학을 공부하는 사람으로, 그야말로 학문에 전념하는 '직업'을 가지게 되었다. 사실 조광조만큼 이 직업이 어울리는 사람도 드물 것 같다. 새벽부터 밤까지, 스스로를 한정하지 않는 마음으로 미친 사람처럼 공부에 빠져들었다는 소문의 주인공 아닌가. 하지만 잘 어울릴 것 같은 그 자리에서 가볍지 않은 갈등이 빚어졌다. 그가 성현의 도리를 따르고 학문을 닦는 데 나태해졌기 때문일까. 오히려 그 반대였다. 유학을 정치 이념으로 내세운 조선, 그것도 국립 최고 학부인 성균관에서 성현의 도리를 너무 열심히 따랐다고 문제를 삼는다?

이해 10월, 경연에 든 경연관들이 작금의 성균관 현실에 대해 소리 높여 개탄하고 있었다. 임금에게 시비를 바로 알고 사습士習을 바로잡아야 한다고 청하는 장면인데, 실록의 한 부분을 옮겨본다.

> 헌납 성세창成世昌은 아뢰기를 "옛글에 이르기를 '머리는 곧게 가지고 발은 무겁게 움직이며, 앉는 것은 시동尸童처럼 하고 서는 것은 재계하는 것처럼 한다'고 하였으니, 이것은 옛날 배우는 자의 의용儀容의 절도였습니다. 그런데 지금은 배우는 자 가운데 간혹 성현을 흠모하여 조금만 옛사람의 절도를 실행하면, 경박한 무리들이 때를 지어 그를 가리키며 우활

迂闊하다고 합니다. 그런 까닭에 선비 된 자가 스스로 몸을 닦는 데 굳세지 못하며, 조정에 서기에 이르면 다만 술잔 기울이는 것을 즐겨 할 뿐입니다." 하고, 김세필金世弼이 또 아뢰기를 "지금 학교의 사습이 무너져서, 유자 중에 간혹 성현의 절도를 흠모하는 자가 있으면 반드시 떼를 지어 괴이하게 여기며 흉보고 헐뜯곤 합니다. 이 폐단을 구제할 방법으로, 마땅한 사람을 골라 사표師表로 임명하고 진작시켜 교양하게 한다면 어찌 그 효과가 없겠습니까. 옛사람이 사표를 가리켜 말하기를 '유자의 영수'라고 하였습니다. 전하께서는 마땅히 사람을 골라서 유자의 영수로 삼으소서." 하였다.

- 《중종실록》 1510년 10월 10일

사태를 짐작할 만하다. '성현을 흠모하여 옛사람의 절도를 실행'한 자가 있었다. 의당 이것이 성균관 유생으로서 당연한 모습인데도 오히려 '경박한 자들이 떼를 지어 괴이하게 여기며 흉보고 헐뜯는' 문제가 발생했다. 이처럼 사습이 무너지니 선비들이 조정에 들어온 뒤에도 제대로 뜻을 세우지 못하고 '술잔 기울이는 것을 즐겨 할 뿐'이라는 것이다. 그러니 사표가 될 만한 사람을 골라 유자의 영수로 삼아야 한다는 청이다.

화제의 그 사람은 당연히 조광조와 그의 벗이었는데, 사태는 그들을 그저 헐뜯는 것으로만 끝나지 않아서 이 경박한 자들을 도모하려는 움직임까지 있었다. 이에 경연관들이 걱정하여 중종에게 진언을 했던 것

이다. 도대체 조광조는 무슨 일을 했기에 이런 지경에 처했는가. 위의
실록에서 이어지는 증언이다.

> 이때 생원 김식金湜·조광조 등이 김굉필의 학문을 전수傳受하여, 함부로
> 말하지 않고 관대를 벗지 않으며 종일토록 단정하게 앉아서 빈객을 대하
> 는 것처럼 하였는데, 그것을 본받는 자가 있어서 말이 자못 궤이詭異하였
> 다. 성균관이 '그들이 스스로 사성십철四聖十哲이라 일컫는다'고 하여 예
> 문관·승문원·교서관과 통모通謀하여 그들을 죄에 몰아넣으려고 하다가
> 이루지 못하였으므로 경연관이 힘써 말한 것이다.

집에서도 공부하는 자세가 흐트러지지 않았던 조광조가 하물며 성균
관 유생으로 앉았음에랴. 다행히도 조광조에게는 동류인 벗이 있었다.
이번 성균관 사태에서도 행동을 같이하고 있는 김식은 깊은 벗이자 앞
으로의 동지로 같은 길을 걷게 될 사이다. 조광조조차도 학문에서 그와
같은 자를 얻기 어렵다며 여러 차례 칭찬을 아끼지 않은 인물이다. 실제
로 무언가 학술적인 능력이 필요한 자리가 있을 때마다 이름이 거론되
곤 한바, 그 또한 시험공부보다는 진짜 공부에 전념하고 있었던 것이다.
(하지만 시험공부와 너무 거리가 있었던지, 이후 문과 급제와 인연이 없는 김식 때문에
조광조가 꽤나 마음을 쓰고 있다.)

다시 그들의 공부 자세를 떠올려본다. 현대의 눈으로는 '뻣뻣하신 분

들이로군!' 하겠지만 조선이라는 시대로 보자면 글 읽는 선비로서 있음
직한 모습 아니었을까. 게다가 국립대학에서 학문에 정진하고 있는 내
일의 인재들이라면. 물론 조광조가 두드러진 것도 사실이긴 했다. 학문
이 남다르다는 소문에 태도까지 반듯하고, 심지어 그것을 본받겠다는
이들마저 생겼으니 질시의 눈으로 힐끗 비껴 봤을 수는 있다. 하지만 그
런 불편한 마음에서 그치지 않았다면, 심하게 거슬린 나머지 그 꼴 못
봐주겠다고 사건을 만들어 몰아내려 할 만큼 못마땅하게 여겼다면, 당
시 성균관의 수준이 정말 한심하기는 했다. 사습이 퇴폐했다는 식자들
의 근심이 그저 말로만 그칠 걱정은 아니었던 것이다.

　이후에도 조광조는 원론적인 문제, 혹은 그 제도화에 대해 매우 예민
한 반응을 보인다. 그즈음의 성균관 사태를 보면 조광조의 이런 마음이
그래서였겠다 싶다. 엉망이었던 것이다. 공부해야 할 자들이 공부하지
않았고, 바르게 살아야 할 자들이 그렇게 하지 않았다. 조광조의 마음이
어땠을까. 누군가는 지켜야 한다고, 의식적으로라도 되뇌지 않았을까.
이미 광자에 화태라는 말까지 들어온 그였다. 행동의 기준은 옛 성현들
이 가르친 바, 올바른 도에 두고 있으니 타인의 시선을 신경 쓰지 않고
하나의 '상像'을 만들겠다는 마음이었으리라.

　역설적이게도, 조광조는 유교의 나라 조선에서 유교를 따르자는 기치
를 내거는 '개혁'을 주장한 셈이다. 그것이 당시 조선의 현실이었고 곧
조정에 들어서야 할 조광조의 현실이었다. 있어야 할 것을 제자리로 돌

려놓자는, 좋은 가르침은 그대로 좀 따라보자는, 오히려 나이 지긋한 세대가 해야 할 것 같은 다소 고리타분한 이 이야기를 한 유생이 고민하고 있었다. 그런데도 이를 매우 '과격하다'고 받아들였다면, 16세기 초반의 조선은 정말 그 근본을 돌아봐야 하는 지경에 이른 것이 아니었을까. 바로 이것이 조광조가 도리와 원칙에 그토록 집중하고, 인간—특히나 임금—의 반듯한 마음가짐을 그토록 소리 높여 외칠 수밖에 없었던 이유다.

천거를 둘러싼 논쟁들

갈등이 오래 이어지지는 않은 것 같다. 그렇다면 어느 한쪽이 뜻을 접거나 중간 지점에서 화해를 했다는 얘기인데, 중종 5년 성균관의 갈등은 중간에서 화해할 만한 성격의 것은 아니었다. 무게가 쏠리는 편이 있었을 터. 누군가 이끌어갈 인물만 확실하다면 도덕적인 명분을 쥔 쪽에 승산이 있게 마련이다. 큰 이권을 앞에 둔 정치 다툼이 아니라 유생들 사이의 시비를 논하던 일종의 자존심 싸움이었으니까. 결과를 봐도 그렇다.

다음 해인 중종 6년(1511년) 4월, 조광조는 성균관의 '추천 인재' 명단에 오른다. 성균관 유생들 가운데 학행이 뛰어난 자를 천거하여, 문과 급제와 상관없이 관직에 임용하는 특별 채용이라 하겠다. 한때 죄에 몰아넣으려던 인물을 이제 학행이 빼어난 자로 선발한 것이다. 성균관의 선생과 학생들이 함께 추천했던 것이니까, 이 정도면 조광조에 대한 반감은 누그러졌거나 혹은 겉으로 드러내기 어려운 분위기로 바뀌었다고 봐야겠다.

그런데 어찌 된 영문인지 성균관에서 추천한 인재를 이번에는 조정에서 그 임용을 두고 갑론을박이다. 또 무엇이 걸림돌인가. 괜한 소문일 뿐이라며 그의 재능을 믿지 못한 것일까. 하지만 짐작과는 달리, 재능이 없어서가 아니라 재능이 넘쳐서 임용할 수 없다는 논리였다. 앞날이 기대되는 자이니 공부할 시간을 더 주어 대성大成의 때를 기다려야 한다는 것이다.

헌납 이언호李彦浩가 아뢰기를 "조광조는 조행操行이 있으나 나이 삼십이 못 되어 한창 학업에 큰 뜻을 두고 있습니다. 지금 만일 그의 뜻을 갑자기 빼앗아 미관에 임용한다면 반드시 그 학업을 폐지하게 되고, 저 또한 나와서 벼슬하는 것을 원하지 않을 것이니 국가에서 인재를 배양하는 도리에 결함이 되겠습니다. 갑자기 임용하지 말고, 평생의 뜻을 펴게 해서 입신성명立身成名한 후에 쓰더라도 늦지 않습니다." 하고, 지평 이빈李蘋 또한 이 뜻으로 아뢰었다.

– 《중종실록》 1511년 4월 11일

　　　　　　　　　　　　　　　– 3장 | 봄 | 1510년 29세

언뜻 듣기로는 그의 자질을 몹시 아껴 후에 크게 써야 한다는 어조인 것도 같다. 하지만 슬쩍 돌려 말하는 반대 의견으로 들리기도 한다. 조광조에 대한 묘한 거부감이 없지 않은 목소리다. 다른 쪽에서는 무어라 말했을까.

> 검토관 공서린이 아뢰기를 "성균관이 천거한 유생 조광조는 그 마음과 행실이 다른 사람보다 특이한 점이 있어서 특별히 천거를 받았으니, 이는 사람들에게 신임을 얻었기 때문입니다." 하였다.
>
> — 《중종실록》 1511년 4월 18일

조광조의 특별한 자질을 강조하면서 아울러 그가 사람들, 즉 성균관 내에서 신임을 얻은 자임을 덧붙였다. 성균관의 사기士氣와 공론을 밀쳐내지 말라는 뜻이다. 중직도 아닌, 추천받은 유생 하나 임용하는 문제를 두고 그렇게 여러 날을 오락가락하고 있었다. 여기에 또 다른 의견도 나왔다. 첫 등용되는 이들에게 보통 제수되는 9품의 미직微職은 천거의 취지에 맞지 않다는 것이다. 그런 미직에서 뜻을 펼칠 수는 없으니 6품직을 내려 대우하는 뜻을 보이는 것이 좋겠다고.

결국 반대하는 목소리가 우세했다. 모양새는 역시 후일에 더 큰 인물로 쓰겠다는 것이었다. 그런데 이 일련의 과정을 보면 이미 조정 신료들 사이에서 조광조에 대한 '평가'가 나뉘고 있음을 알 수 있다. 출사 전부터 어찌 벌써 정적政敵을 만들었는지 기이한 일이긴 하다. 하긴 그에 대해서 알 만한 사람은 다 알고 있었다. 원칙 앞에 꼿꼿했던 김굉필의 제자에, 스승보다 못하지 않을 듯한 일화들까지. 반대편에서 보자면 아무래도 부담스러운 인물이다.

아직은 조광조에게 출사할 기회가 오지 않았다. 하지만 나쁘지 않은 걸림돌이었다. 국왕 중종이 친정親政을 행사할 만한 권력을 얻기까지 시간이 조금 더 필요했으니까. 게다가 조광조는 이해에 모친상을 당한다. 다시 3년 동안 복을 입느라 두문불출해야 할 시기였다. 어차피 조정의 바람이 불어가는 양상을 기다려야 할 운명이었다.

4장

만남

—————

1515년 8월 34세

〈알성시책〉, 정치의 이상을 논하다

을해년(1515년), 임금은 들뜬 마음으로 연輦에 올랐다. 초가을다운 바람이었다. 이렇게 가을이 시작되는구나. 계절은 궁 밖에서만 시절에 맞춰 흐르는 것인가. 가슴 한쪽이 아릿해졌다. 잠저潛邸 시절이 그리운 날도 있었다. 야망 같은 것을 품지 않은 왕자에겐 삶이 그리 고단하지는 않았으니까. 계절이 오고 가는 것만을 지루할 정도로 헤아리던 날들도 없지 않았었다. 그 지루함이 두려움으로 바뀌던 날, 전혀 다른 삶이 시작된 10년 전 그 밤은 여전히 불쑥불쑥 꿈속을 휘젓곤 한다.

　병인년(1506년) 9월의 초하루 밤이 깊어갈 무렵이었다. 여느 때처럼 하루를 넘기고 있던 진성대군은 뜻밖의 소요에 놀라 숨을 죽였다. 무슨 일일까. 이 깊은 시각에 대체 누가 찾아온 것일까. 혹 무슨 변고가 일어난 것인지도 모른다. 열아홉, 젊은 사내라기엔 아직 여린 태가 가시지 않은 대군이었다. 떨리는 마음을 부여잡으며 방문을 열고 나섰다. 집은 이미 안팎으로 군사들이 에워싼 채였다. 다행히 위협의 분위기는 아니었다. 애써 위엄을 갖추고 물었다.

"대체 무슨 일입니까?"

"대군을 지켜드리러 온 것입니다. 박원종 등이 군사를 이끌고 창덕궁으로 향했습니다. 온 신민이 대군을 받들고 있사오니 뜻을 굳건히 하십시오."

부원군 구수영具壽永의 말이었다. 믿기 어려운 일이 벌어지고 있었다. 이 밤에 임금이 폐위되고 날이 밝으면 자신이 보위에 오르게 될 것이라 했다. 임금의 학정이 천도를 어겼으니 하늘의 뜻에 따라 거사를 하게 된 것이라고. 하지만 자신은 임금이 될 준비도, 그 자리에 오르고 싶은 욕망도 없었다. 그런 무거운 책임을 맡아 힘들게 살고 싶지 않았다.

"제가 감당할 수 있는 자리가 아닙니다. 차라리 세자로 하여금 보위를 잇게 함이 어떻겠습니까. 아마 대비전의 뜻도 그럴 듯합니다만⋯⋯."

대군도, 그리고 대비도 그 자리를 사양했으나 이미 정해진 일이었다. 임금을 바꾸기로 마음먹은 신하들의 뜻을 거스를 길은 없었다. 선왕의 유일한 적자가 아닌가. 진성대군은 그들의 명분에 합당한 바로 그 왕자였던 것이다.
거사는 생각했던 것보다도 더 싱겁게 끝나버렸다. 박원종이 무장한 군사를 이끌고 창덕궁을 접수한 9월 2일 이른 아침, 궁을 지키던 군사들은 이미 소문을 듣고 달아난 뒤였다. 텅 빈 궁에 남겨진 임금은 반정군의 요구대로 얌전히 옥새를 전해주고 자신의 운명을 받아들였다. 조선 건국 이래 신하가 임금을 폐하고 다른 임금을 세운 초유의 사건이었다. 반정을 주도한 모두가 공신이었다. 임금이 된 임금만이 아무런 공이 없었다. 신하들의 뜻대로 임금의 자리에 올랐으니 그 신하들의 뜻을 받들어갈 뿐. 폭군을 폐하고 종사를 다시 이어간다는 뜻이었으나 정작 조정이 달라지지는 않았다. 어차피 새로운 임금을 세운 주도 세력이 새로운 이름들은 아니었던 것이다. 그들 또한 폐주 연산의 치하에서 부귀를 누리던 이들이었다.

 그렇게 임금의 길로 들어선 지 10년이 되었다. 자신이 원한 길은 아니었으나 걸어갈 수밖에 없었다. 부왕처럼 성군으로 칭송받을 수도, 형님처럼 폭정으로 폐위당할 수도 있는 길. 이왕이면 성군으로, 아니 평온한 시절의 임금으로라도 남고 싶었다. 그사이 삼대장三大將도 모두 세상을 떠났으니 이제 친정을 펼칠 때가 온 것인가.

 그리고 오늘은 문묘에 친림하는 날. 군주의 위엄을 보일 것이다. 보위에 오른 뒤 처음으로 성균관에서 알성시謁聖試를 치르기로 했다. 어떤 선비들이 나의 신하가 될 것인가. 나의 책문策問에 어떤 대책들을 내놓을 것인가. 10년이면 다스림의 실효를 보아야 할 때건만 무엇 하나 제자리를 찾은 것이 없어 보였다. 임금은 절박했다. 새로운 인물이 간절했다. 자신을 믿고 따라줄, 자신이 믿고 따를 수 있는, 함께 걸어줄 신하가 필요했다. 어쩌면 이 알성시에서……. 모르는 일 아닌가.

삼대장의 시대는 저물고

1515년 재위 10년에 들어선 중종은 8월, 문묘에 참배한 후 알성시를 행한다. 한 나라의 국왕으로서 성현들을 모신 문묘에 친히 나가 예를 표하고, 이를 기념하는 특별 과거 시험을 연 것이다. 이제 겨우 반정공신들의 무게에서 벗어나기 시작할 때였다. 임금보다 더한 권력을 누리던 박원종, 성희안成希顏, 유순정柳順汀. 오죽하면 삼대장이라 불렀을까. 그들이 편전에 드나들 때마다 임금이 자리에서 일어나 맞아야 할 정도였으니, 국왕의 권위를 들먹이기도 민망했다. 그런 그들이 차례로 세상을 떠났다. 중종의 마음도 조금 가벼워지지 않았을까. 어쩌면 이제야 진짜 임금이 된 것이로구나, 다짐 같은 것도 있었겠고.

하지만 주변을 둘러보니 막막했을 것이다. 삼대장의 퇴장과 함께 공신들의 기세가 조금 누그러지고는 있었으나, 그렇다고 젊은 임금과 의기투합하여 무언가를 시작할 만한 얼굴은 보이지 않았다. 그러니 당시 중종이 처한 상황은 새로운 인물이 나타나지 않을까, 간절히 기다리던 때라고 해도 좋겠다.

 다소 귀가 얇고 결단력이 부족했던 이 임금은 신하들을 운용하는 스타일도 그렇긴 했는데, 사실 중종 10년 이전까지는 운용이라는 말이 적절치는 않다. 성공한 반정, 하지만 요구할 지분이 없는 임금이었다. 공신들에게 왕위를 빚진 입장이었기에—본인의 요청은 아니었지만—오히려 신하들에게 끌려다녔다는 편이 맞겠다. 그 공신들이 퇴장한 후에야 비로소 어깨를 펴고 자리에 앉아 신하들의 인사를 받을 수 있었다. 보령 스물여덟, 나이로만 본다면 개혁이든 무엇이든 마음먹은 대로 밀어붙일 만한 때였다.

 정치의 시작이 그랬기 때문인지, 중종은 신하들에 대한 의존이 유독 두드러진다. 물론 어느 임금이 총애하는 한 사람이 없고, 그를 통해 자신의 정치를 펼쳐 보이지 않겠는가. 하지만 중종의 경우는 그 정도가 심해서 일단 믿는 신하에게 전적으로 '의지'하여, 자신은 거의 방기한다는 느낌이 들 정도였다. 책임을 회피하기 좋은 상황이기도 했다. 왕조시대, 잘못된 정치의 책임은 왕이 아닌, 그 왕의 신임을 받던 누군가가 대신했으니까. 이런 임금이 친정의 시기를 맞았다. 어떤 인물이 좋겠는가.

 중종은 공신들에게 질릴 만큼 질린 상태였다. 그러면 대신들은 어떤가. 이 무렵 조정의 삼정승은 유순柳洵, 정광필鄭光弼, 김응기金應箕다. 연산군 시대에도 정승 벼슬에 있었던 유순이야 삼대장과 같은 무리라 해야겠으나 정광필이나 김응기는 그 출발선이 다르긴 했다. 문제는 이들

삼정승이 좀처럼 적극적으로 정치 전면에 나서질 않았다는 것이다. 정승이란 임금 좌우에서 힘을 실어주면서 정치 전반을 조정해야 하는 자리다. 관록과 학식으로 군주를 보필하면서 때론 앞서 끌어주기도 해야한다. 중종의 경우처럼 세자 시절을 거치지 못한 채 느닷없이 보위에 오른 임금에겐 더 절실한 문제였다. 치세 10년이라고는 하지만 어차피 그동안은 군주로서의 정치력을 발휘할 기회조차도 없었으니. 이제 정승들이 공신의 자리를 대신하여 새로운 정치를 펼쳐야 할 때다. 하지만 오랜 타성에 젖은 탓일까, 아니면 연산군 시절 참화에 대한 기억 때문일까. 그저 고만고만하게 제자리를 지킬 뿐 좀처럼 나서서 '일'을 시작할 자세가 아니었다.

그들의 세력 맞은편에 선 대간들의 기세에 눌린 면도 없지 않았을 것이다. 그렇다면 대간들은 중종의 마음에 들었을까. 언로를 중히 여겼던 성종 시대는 대간의 시대이기도 했다. 연산군 시대를 거치면서 억눌려온 대간들의 기운은 반정과 함께 되살아나는 중이었는데, 그 직임상 조정의 실제 정치를 맡고 있는 의정부, 육조와 각을 세울 수밖에 없는 자리다. 그런데 중종은 이 대간들에게 기대고 싶은 마음이 그다지 없었던 것 같다. 자잘한 일들로만 너무 시비를 다투는 것 아니냐며 언짢은 표정을 보이기도 했다.

임금과 대신, 그리고 대간의 축이 저마다 잘 돌아가서 서로 견제하고 격려하며 균형을 이룬다면야 더 이상 바랄 게 없을 것이다. 중종 10년 당시의 조정은 힘이 한쪽으로 쏠리지는 않았는데 좋은 의미의 균형은 아니었다. 어느 쪽도 주도권을 확실히 쥐지 못해서 어정쩡하게 서로를 바라보는 형국에 가깝다. 판을 다시 흔들어 시작해야 할 때였다.

중종은 이제야말로 권력을 '찾아오고' 싶지 않았을까. 아름다운 명분이 있다면 더욱 좋을 것이다. 자신의 마음속 빈 자리를 새삼 크게 느꼈을 그때, 조광조를 만났다. 운명적 만남이 될 만한 배경들이 제법 준비되고 있었다.

조광조, 알성시에 응하다

조광조가 이해의 알성시 과장科場에 나왔을 때는 결심을 굳힌 뒤였다. 봄 햇살을 가늠하며 진사시에 응하던 때의 한가함은 있을 수 없었다. 진사시의 다음 문은 성균관 유생이었으니 어느 정도 학문을 더 연마하겠다는 생각도 없지 않았을 것이다. 몇 년이 그렇게 흐르고 있었는데, 학문에 대한 미련이 없겠는가마는 이제 결심을 할 수밖에 없었다.

이해 6월, 조광조는 뜻을 같이했던 김식 그리고 박훈朴薰과 함께 다시 성균관의 천거를 받았다. 두 사람보다 두어 살 연하인 박훈 또한 착실하게 공부하기로 알려진 이였는데, 같은 학문을 따랐으나 성정은 저마다 달랐다고 한다. 팀을 이루기에 적절한 조합이다.

세 사람은 뜻이 같아서 공리에 급급하지 않고 성현의 학문에 뜻이 있었다. 항상《소학》을 읽어 그 행실을 계칙戒飭하고 또 논의를 중지하지 않으니, 사림이 자못 사랑하고 소중히 여겼다. 세 사람은 도道가 같고 뜻이 맞지만 그 하는 바가 각기 다르니, 기질이 같지 않기 때문이다. 조광조는 밝고 바르고 매우 곧으며, 김식은 통달하고 두루 넓으며, 박훈은 덕행과 기량이 일찍 이루어졌다.

─《중종실록》 1515년 6월 8일

사림이 사랑하고 소중히 여겼다는 실록의 평처럼, 실제로 이번의 천거에 대해서는 이조판서 안당安瑭이 적극적으로 그 임용을 주장했다. 이조판서라면 문신의 인사권을 총괄하는 실세이니 조정에 들어서려면 일단 그의 평가를 거쳐야 한다. (물론, 그 이후 다시 대간들의 세밀한 검증을 통과해야 했지만.) 안당은 추천받은 이 셋에 대해 "진실로 경서에 밝고 행실과 수양이 있는 사람들이니 문신을 등용하는 것과 같이"* 대우해야 한다는 뜻을 밝히기도 했다. 즉, 문과(대과) 급제자에 상응하는 직책을 청한 것이다. 안당은 여느 대신들에 비해 젊은 사람들에게 마음을 열어두던, 그들과 원만한 관계를 유지하던 인물이었다. 역시 젊은 사림인 그의 세 아들과 조카의 영향도 있었겠지만, 안당 자신도 당시 조정에 대한 답답함이 없지 않았을 것이다. 중종은 안당의 청을 받아들여 조광조에게 조지서造紙署 사지司紙의 벼슬을 내렸다. 6품의 직임이었으나 특별히 눈에 띄지 않는 한직이었다.

세인의 눈에는 편한 길이 열렸군, 했을 것이다. 당시 조선에서 출사의 길이 과거 시험만 있는 것은 아니었다. 추천이나 음직蔭職으로 관직에 나가는 것도 하나의 길이었다. 하지만 이는 학행이 빼어나거나 문벌이 남다르거나, 그런 조건이 필요했으니 아무에게나 주어지는 기회는 아니었다. 어쨌든 시험이라는 지루하고 힘든 과정을 면제받을 수 있다니 기쁘게 받아들일 일. 게다가 9품직도 아닌, 첫 출사에 6품이라면 꽤나 우대를 해준 것이기도 하다.

그러나 관직에 임명된 조광조는 마음이 편치 않았다. 스스로 출사할 시기를 정한 것이 아니라 추천에 의해 '느닷없는' 관직이 주어졌기 때문이다. 연보에 따르면 그는 헛된 명예로 세상에 알려지는 것을 부끄러워했다고 한다. 그의 평소 성정으로 볼 때 이런 과정을 당연히 불편하게 여겼을 것이다. 어떻게 했을까. 그는 헛된 명예라는 짐을 벗고자 했다. 문과에 응시해서 정식으로 다시 출사하기로 마음먹은 것이다.

그렇다고 조광조가 과거제도 자체를 이상적인 등용책으로 신뢰한 것은 아니다. 과거 공부가 제대로 된 공부가 아님을 알고 있었고, 때문에 오히려 천거 등의 제도가 진짜 인재를 등용하는 방법일 수 있겠다는 생각도 없지 않았다. 틀에 박힌 시험제도에 대해 가질 법한 당연한 문제 제기다. 특히나 학문이 인격 수양을 포함해야 한다고 주장했던 조광조 같은 이에게는 더욱 그렇다. 시험 문제로 인성을 어떻게 알아본단 말인

가. 역시 오래도록 지켜본 누군가의 추천이 더 합리적일 수 있다는 생각이 들 만하다.

　그런데도 그 추천을 통해 출사하게 된 조광조 자신은 구태여 과거 시험을 다시 치르겠다는 건 무슨 마음인가. 어떤 과정을 면제받는 것에 대한 거부감이자, 혹여 그런 특혜가 가져올 굴레를 미리 차단하기 위함이었다. 이런 마음도 더해지지 않았을까. 후일, 어쩌면 자신에게 그럴 만한 힘이 주어졌을 때 이 과거제도가 아닌, 더 넓게 인재를 등용할 길을 만들겠다는. 스스로는 그 단계 하나하나를 다 딛고 갈 것이며, 그런 후에 그 디딤돌 가운데 문제가 되는 것을 손보겠다는. 특혜를 받은 자라면 자신이 건너뛴 제도의 허점을 지적하기 어려워져버린다. 사장을 중시하지 않으면서 진사시를 치르는 심정과 비슷한 맥락이다 싶다. 스스로에게 부과한 책임감이기도 하겠다.

　완벽한 남자가 더 완벽해지려는, 조금 소심해 보이는 옆모습이기도 한데……, 그래도 근사하지 않은가. 정면 돌파하겠다는, 실력 있는 자의 당당함. 그를 '사랑하고 소중히 여겼을' 젊은 사림들이 빠져들 만한 장면이다. 저쪽에서 비껴 보고 있을 시선들에게도 보여주겠다는 뜻이겠다.

삼대의 정치를 회복할 수 있겠는가

이해의 알성시 문제에는 재위 10년 차 임금의 답답함이 솔직하게 담겨 있었다. 요순시대의 이상적인 정치를 이루기 위해 어떻게 해야 하는가. 공자의 가르침을 배우는 유생들로서 그 대책을 논하라 했다.

> 공자께서 "만약 내가 등용이 된다면 단 몇 개월이라도 가능하고, 적어도 3년이면 다 이룰 수 있다"라고 하셨다. 성인이 어찌 헛된 말을 하셨으리오. 그 규모와 정치를 베푸는 방안에 관하여 공자께서 시행하기 전에 먼저 정해놓으신 바가 반드시 있을 것인데, 이를 낱낱이 헤아려 말할 수 있는가?
>
> 그 당시인 주나라 말기는 나라의 기강과 법도가 이미 땅에 떨어졌을 때인데도 공자께서 3년 이내에 이를 바로잡을 수 있다고 하셨다. 만약 그렇게 3년이 지났다면 그 효과는 어떠하겠는가? 또한 그 다스림의 실적을 볼만한 것이 있겠는가?
>
> 성인이 스쳐 지나가거나 머무는 곳에는 교화가 이루어진다(過化存神)는 묘한 이치를 쉽게 논의할 수는 없다. 하지만 덕이 부족한 내가 조종(祖宗)의 기업을 이어 정치에 임하여 좋은 성과를 소망하여온 지도 벌써 10년이 되었으나, 아직도 나라의 기강이 서지도 못하였으며 나라의 법도도 정해지지 못하였다. 그러니 어찌 정치의 좋은 결실을 얻을 수가 있었으리오.

여러 유생들은 공자의 가르침을 배우는 이들로서 모두가 요순시대의 이상적인 정치를 이루려는 포부를 지니고 있을 것이니, 그 뜻이 입신에 그치지는 않을 것이다. 오늘날과 같이 어려운 시대를 당하여 옛 성인의 이상적인 정치를 지금 다시 이룩하기 위해서는 가장 먼저 힘써야 할 것이 무엇이겠는가. 이에 대한 대책을 논하라.

— 〈알성시 책문策問〉 1515년 8월 19일, 《정암선생문집》

공자의 말씀으로는 3년이면 다스림의 효과를 볼 수 있다 하셨는데 정말 그러한지, 나는 어째서 10년이 지나도록 그 결실을 보지 못함인지, 그렇다면 어떤 정치를 펼쳐야 하겠는지 답하라는 것이다.

조광조가 이 문제에 대해 제출한 〈알성시책謁聖試策〉은 그의 정치사상을 살피는 데 중요한 문장이다. 조광조 또한 그의 스승처럼, 체계적인 저술 작업을 하지 않았기에 실상 이 정도의 '긴' 문장도 남아 있지 않다. 그럴 시간이 없었다. 서른넷까지는 그야말로 글을 읽으며 밤새도록 공부만 했고, 그 이후에는 다시 밤새워 가며 정치 활동에 전념했기 때문이다. 그 자신의 신념도 그랬다. 글을 남기는 것보다 그 학문을 '실행'하는 것이 더 중요하다 생각했다. 조광조에게 그 실행은 밝은 정치를 이루는 것이었다. 〈알성시책〉에는 그런 그의 정치철학이 함축되어 있을 터. 그렇다면 간절한 중종을 구제할 만한 뾰족한 대책이 들어 있을까.

조광조는 임금에게 이상적인 정치에 대한 염원이 있음을 다행으로 여기면서 그 물음에 대해 하나씩 답해나가고 있다. 원론적인 답변이다 싶지만 생각해보면 또 그렇다. 눈에 보이는 것에 문제가 생겼다면 해결책 또한 그에 맞게 똑떨어지겠지만, 중종의 질문은 그야말로 두루뭉술 그 자체다. 어떻게 하면 이상적인 정치를 회복할 수 있겠는가, 라니. 질문 대상은 예비 정치가인 철학 전공자들. 그렇다면 답변 또한 그에 어울리는, 그러니까 철학자의 입장에서 헤아린 가장 근본적인 무언가를 내놓게 되지 않을까.

〈알성시책〉, 임금에게 답하다

조광조는 일단 정치의 '기본'으로 이야기를 시작한다. 질문에 답하기 전에 먼저 중종에게 하고 싶은 말이었다.

> 하늘과 사람은 그 근본이 하나입니다. (중략) 옛날의 성인들은 도리로써 백성을 다스렸기 때문에 하늘의 정밀하고 상세한 이치와, 거칠고 소략한 인간 세상의 일을 잘 어울리게 하여 인륜의 절차를 삼았습니다. 이는 곧 옳은 것을 옳다 하고 그른 것을 그르다 하며, 선한 것을 선하다 하고 악한 것을 악하다 하는 이치가 내 마음에서 벗어나지 못하게 하는 것입니다. 그렇게 되면 천하의 일이 모두 이치에 맞게 될 것이며, 천하의 사물이

모두 고르게 될 것입니다. 그러면 만 가지 교화가 서게 되고 다스리는 도리가 이루어질 것입니다. 그러나 도道는 마음이 아니면 의지할 데가 없으며, 마음은 정성스러움이 아니면 믿고 행할 데가 없는 것입니다. 그러므로 임금 된 자는 진실로 하늘의 이치를 살펴 백성을 다스리는 도리로 삼아야 합니다. 성실하고 정성스러운 마음으로 백성을 다스린다면, 나라를 다스림에 무슨 어려움이 있겠습니까.

— 〈알성시 책문策文〉 1515년 8월 19일, 《정암선생문집》

임금께서는 다스림의 근본을 무어라 생각하시느냐고. 옳은 것을 옳다 하고 그른 것을 그르다 하는, 그 마음에서 시작하면 될 일이라고. 임금이 그 이치를 깨닫고 지킨다면 바른 정치를 하지 못할 까닭이 없을 것이라고. 그러니 정치란 임금의 마음에 달려 있다는 말이겠다. 그리고 이어 공자께서는 어떻게 3년 만에 다스림의 효험을 볼 수 있다고 하셨는가, 그 첫 번째 질문에 답하고 있다.

공자의 도는 천지의 도이며 공자의 마음은 천지의 마음입니다. 천지의 도와 만물의 마음은 모두 이 도를 따라서 이루어지지 않음이 없으며, 천지의 마음과 음양의 감응도 역시 이 마음으로 말미암아 조화되지 않음이 없습니다. 음양이 조화되고 만물이 이루어진 연후에는 그 사이에서 한 가지라도 이루어지지 않는 것이 없이 바르게 구별되는 것입니다. 하물며 공자께서는 이를 본래 지니고 있는 도로써 이끄시니 그 효과를 쉽게 얻을 수가 있는 것이며, 또 본래 지니고 있는 마음으로 감화시키니 쉽게 그 효험을 얻을 수가 있는 것입니다. (중략)

공자께서 《주역》을 해설하시고 《춘추》를 편찬하신 것과 같은 몇 가지 일은 실로 만세토록 천지의 큰 법도와 큰 가르침을 다한 것이어서 결코 바꿀 수 없는 도리입니다. 공자가 비록 살아 계실 때는 세상을 다스릴 자리에 오르지 못하셨지만, 그 이후 만세가 그 가르침을 의지하고 본받아 나라를 다스리게 되었으니, 실로 요순의 공과 같다고 하겠습니다. 후세에 진실로 공자의 가르침이 천하에 우뚝하지 못하였다면 요순의 도도 영원히 전해지지 않았을 것이며, 요순의 정치도 다시 회복될 수 없었을 것입니다.

이런 얘기다. 공자는 본래 지니고 있는 도로써 이끌었으니, 천지의 도와 마음을 가지고 감화시키니 어찌 실효가 없겠는가. 그러나 공자의 가르침을 따른다는 것은 이를 위해서만은 아니다. 3년 만에 실효를 보는 것도 물론 중요하다. 하지만 성현의 가르침이 어찌 몇 달, 혹은 몇 년의 치적을 위한 것이겠는가. 조광조가 생각하는 공자의 가르침은 오히려 가치 있는 기준을 밝히 세워 그 바른 뜻을 이어가게 해주는 힘, 그 정신을 지키게 해주는 데에 진정한 아름다움이 있었다. 이상적인 정치를 행하는 공자보다도, 그런 정치를 가르침으로 전해주는 스승으로서의 공자를 되새긴 것이다.

조광조는 조선의 문제도 다르지 않을 것이라 생각했다. 그 자신의 눈에 비친 조선도 한심하기 그지없는 상황이었다. 어디부터 손을 대야 할 것인가. 본격적인 정치가로 들어서기 전, 조광조 또한 그런 대책을 고민하지 않았을 리 없는데. 그는 아래서부터 작은 문제들을 고쳐 올라가는 방법보다는, 위에서 근본적인 틀과 생각을 바꾸는 쪽이 낫다고 판단했다. 구체적인 사안들을 가벼이 여겼다기보다는, '군주'의 주요한 책임은 잗다란 실무가 아니라 그런 실무가 잘 돌아갈 수 있는 조정을 만드는 일이라고 생각한 것이다. 따져보면 오히려 이것이 더 실제적인 방법이겠다 싶다. 저마다 제 할 일을 제대로 해내는, 효율성을 중시한 것이다.

연산군을 폐하고 중종이 즉위한 지 10년. 조선이 여전히 달라지지 않았다면 그 까닭은 당연히 이것 아니겠는가. 지난 시절과 생각이 달라지지 않았기 때문이다. 정신을 회복하지 못했기에 반정이란 말이 무색하게 정작 정치의 큰 실효를 보지 못하는 것이다. 그렇다고 군주에게 모든 잘못을 돌리겠다는 마음은 아니었다. 중종 자신의 힘으로 이룬 반정이 아니었으니, 공훈을 탐한 권력가들의 욕망이 문제였다. 이제야 그 그늘에서 벗어난 임금이 친정을 펴려 함에, 다스림의 길을 보여달라는 것이 아닌가. 이에 조광조는 군신 간의 역할과 신의에 대한 말로 답을 이어가고 있다. 지금 임금에게 가장 필요한 것은 바로, 믿고 함께할 수 있는 신하들일 것이라고.

법도를 정하고 기강을 세우려면 대신을 공경하고 그에게 정치를 위임해야 합니다. 임금은 혼자의 힘만으로는 다스리지 못합니다. (중략) 임금은 하늘과 같고 신하들은 사시四時와 같습니다. 하늘이 스스로 행한다 하나 사시의 운용이 없다면 만물이 이루어질 수 없습니다. 임금이 스스로 맡는다 하더라도 대신들의 보좌가 없다면 어떠한 다스림도 일어날 수가 없습니다. 하늘이 스스로 행하고 임금이 스스로 정치를 모두 맡는다는 것은 하늘로서의, 임금으로서의 도리에 크게 어긋나는 것입니다. (중략) 옛날의 성군들과 현명한 재상들은 반드시 정성스러운 뜻을 다하여 서로를 믿고, 또 서로가 해야 할 바를 다하였기 때문에 광명정대한 큰 공업을 이룰 수가 있었습니다. 엎드려 비옵건대 전하께서는 진실로 대신들을 공경하시고 그들에게 정치 실무를 위임하시어 기강과 법도를 세우심으로써, 훗날 커다란 근본이 되어 큰 법도가 행해질 수 있는 기틀을 마련하십시오.

임금은 대신에게 정치를 위임해야 한다는 말이다. 군신 간에 자신의 역할을 제대로 나누어 맡을 때 정치가 제자리를 찾는다는 생각인데, 그가 배운 학문에 따르자면 당연한 주장이다. 임금은 세습되는 자리다. 탁월한 자질의 군주가 이어진다는 보장은 있을 수 없다. 임금 혼자 정치를 할 수는 없으며 그래서도 아니 될 일로, '전문가'를 불러야 한다.

지난 시절의 사화도 떠올랐을 것이다. 조선은 이제 반듯한 신하에게 정치를 맡겨 나라의 근본을 회복할 때가 되었다. 하지만 임금의 결심이 있어야 한다. 조광조는 결국 임금의 마음이 가장 중요한 문제임을 거듭 밝히고 있다. 그렇다면 그 길밖에 없지 않은가. 임금 자신이 부지런히 학문을 닦아 도의 참뜻을 익히고 스스로를 삼가는 일. 임금 또한 성현의 제자로서 끝없이 배워야 하는 한 인간임을 되새기는 일. 임금의 자리에 올랐기에 배움의 책임이 더욱 막중함을 깨닫는 일. 한 나라의 최고결정 권자로서 말이다.

공자께서는 나라를 다스리는 일은 도를 밝히는 것〔明道〕에 지나지 않으며, 학문을 하는 일은 아무도 보지 않는 곳에 혼자 있을 때라도 늘 삼가는 것〔謹獨〕에 지나지 않는다고 하셨습니다. (중략)
나라를 다스리는 것은 도일 뿐입니다. 이른바 도라는 것은 천성을 따르는 것을 말합니다. (중략) 옛날의 어진 임금들은 바로 이러한 이치로 다스렸기 때문에 천지를 가득 채울 수가 있었으며, 고금을 꿰뚫고 그 빛을 발하게 되었던 것입니다. 그러나 이 모두가 사실은 나의 마음속에서 벗어나는 것이 없습니다. 그러므로 이러한 도리가 나의 마음속에 훤히 비치게 해야 하며, 잠깐이라도 그 진리의 빛이 사라지게 해서는 안 됩니다. (중략) 대개 사람들은 밝게 드러난 곳에서는 삼가지만, 은미한 곳에서는 뜻이 소홀하지 않음이 없게 마련입니다. (중략) 그러므로 옛날의 어진 임금들은 이렇게 되지 않으려고 조심하며 항상 마음을 밝혀 혼미해지지 않도록 노력

하였기 때문에 깊고 어두운 곳에서 홀로 있을 때는 더욱 근신하였던 것입니다. (중략)

엎드려 비옵건대 전하께서는 성실하게 도를 밝히고, 홀로 계실 때에도 항상 삼가는 태도로 나라 다스리는 마음의 요체로 삼으십시오. 그러면 도가 조정에 서게 될 것이니, 나라의 기강이 어렵지 않게 서게 될 것이며 법도 또한 어렵지 않게 정해질 것입니다. 그런즉 공자께서 세 달이면 가능하며 3년이면 다 이룰 수 있다고 하신 말씀의 본뜻도 바로 여기에 있지 않음이 없을 것입니다.

중종에게 올린 답이었으며, 동시에 임금에게 묻고 있는 것이기도 했다. 정녕 성인의 이상적인 정치를 이루겠다는, 도의 시대를 회복하고자 하는 마음이 굳건하신가. 그런 정치를 이루기 위해 임금 자신부터 근신하며 마음을 바로 세우실 수 있겠는가. 올곧은 신하를 가려 뽑아 진정으로 그들과 신의를 지키며 함께하시겠는가. 지금은 나라의 근본을 바로 세워야 한다. 그릇된 역사를 제자리로 돌리고 썩은 것을 베어내고, 잘못을 잘못이라고 인정하고 바로잡을 때 그곳에서 새로 시작할 기운이 움트지 않겠는가.

현실 앞에서 조광조도 중종만큼이나 답답하고 간절했을 것이다. 자신과 함께할 군주에 대한 기대와 설렘을 이런 물음 속에 담은 것이 아닐까. 이제 중종이 답할 차례였다.

중종, 조광조에게 답하다

중종은 물론 조광조의 이름을 알고 있었다. 이미 몇 차례 '사건'들이 있지 않았는가. 그 일들을 보며 궁금하기도 했을 것이다. 그런데 이 반듯한 답변 앞에서 조금 실망했을까. 성현의 도를 따르면 된다, 임금의 마음을 바르게 하라. 너무도 당연한 말들 아닌가. 중종 자신이 보위에 오른 이후로 항시 들어오던 가르침이었다. 처음엔 아마 그리 생각했을 것이다. 여전히 서책에서 헤어나지 못한 서생이로구나.

어쩌면 그래서 마음이 기울었을까. 옳은 것을 옳다고 말하는 이도 찾기 어려운 시절이었으니. 당위만을 소리 높인 것도 아니었다. 차분하고도 뜨거웠다. 단순하지만 묵직했다. 조광조가 말하는 그런 세상, 옛 요순시대의 이상에 젊은 임금도 함께 희망에 부풀었을지 모른다. 그리고 돌아봤을 것이다. 임금과 신하는 어떤 사이여야 하는지. 임금이 하늘이라면 신하는 사시와 같다……. 하늘의 뜻을 제대로 헤아려 만물에게 베풀어주는 사시와 같은 신하가 있다면, 정말 그럴 수 있다면. 중종은 반정의 그날이 아직도 생생했다. 신하들을 모시며 살아야 했던 그 시절은 이제 정말 끝내고 싶었다.

조광조를 눈여겨봤을 순간이다. 중종보다 여섯 살 많은 서른넷의 조광조. 임금과 함께, 그리고 한 발쯤 앞에서 이끌어가기에 맞춤한 나이다. 중종 입장에서 보면 아버지 세대의 대신들과는 달리 말과 생각이 통할 만한 또래다. 배경도 괜찮았다. 연산군 시대에도, 반정 세력에도 아무런 빚이 없는 인물 아닌가. 그야말로 자신의 새로운 시대에 어울리는 자. 이미 성균관의 천거로 그 학행의 반듯함도 검증된 이였는데, 다시 알성시에서 만나게 되었다.

때맞게 이뤄진 만남이었다. 결국 알성시에 급제한 조광조에게 성균관 전적典籍의 직책이 내려졌다. 정6품의 관직이니까 천거로 임용된 조지서 사지와 별로 다를 바 없어 보이지만, 사실은 크게 달랐다. 조광조의 학문이 쓰일 만한 자리였다. 그리고 다시 세 달 후인 11월 20일, 조광조는 사간원 정언正言을 제수받는다. 이른바 청요淸要직인 대간직으로 들어섰으니 본격적인 정치 무대에 오른 것이다. 중종은 같이 한번 가보자, 조광조에게 답한 셈이다.

하지만 그 답이 머쓱해지고 말았다. 사간원 정언 조광조가 직에 제수된 지 이틀 만인 11월 22일, 파격적인 계啓 하나를 올린 것이다. 사헌부와 사간원 모든 대간의 파직을 청한다는 내용이었다. 그것이 불가하다면 자신은 직을 감당할 수 없겠노라고.

세 달 전인 8월에 불쑥 올라온 후, 중종의 진노와 조정의 시비 속에 여전히 불씨가 꺼지지 않은 한 상소로 인함이었다. 구언求言에 답하여 박상朴祥과 김정이 올린 상소의 처리에 대한 문제 제기였으니, 고작 6품의 초임 간원이 자신이 속한 부처의 장관을 포함한 언관 모두를 탄핵한 것이다. 다시 중종이 답해야 할 차례였다.

5장

출사

1515년 11월

양사 파직 상소로 언로를 확보하다

뜻을 아뢰었으니 전교가 있을 것이다. 조광조는 임금의 답을 기다리고 있었다. 임금께서도 결정이 쉽지 않으시겠으나 이대로 지나칠 수는 없는 일이다. 홀로 기다리고 있었다. 임금께 사은한 바로 다음 날, 동료들과 함께 일할 수 없겠다고 모든 대간을 탄핵한 뒤였다. 사간원도 사헌부도 긴장된 분위기에서 숨을 고르고 있을 것이다. 파장이 예견되는 일이었다.

하지만 정작 조광조의 마음은 흔들림이 없었다. 어차피 서로 용납할 수 없는 입장이었다. 대간이란 뜻을 모아 함께 행동해야 하는 자리다. 하나의 사안에 의견이 달라 시비가 엇갈린다면 어느 한쪽은 자리에서 물러나야 한다. 조광조가 전 대간을 탄핵한 이상, 그들 모두이든 아니면 조광조 자신이든 누군가는 직을 갈음해야 한다.

사간원 앞뜰에 나와 앉았다. 동짓달 차고도 맑은 기운이 가득했다. 겨울은 소리로 오는가. 조광조는 희미하게 떨리는 그 소리에 귀를 기울였다. 겨울은 고요하게, 하지만 너무 적막하지는 않게 주위를 감싸 돌고 있었다. 아직 떨어지지 않은 잎이라도 남은 것일까. 작은 바람에 쓸려 바스락, 마른 소리로 흩날렸다. 나무도 그렇게 계절의 순리를 따르고 있었던 것이다.

시든 잎은 떨어져 흙으로 돌아감이 순리다. 나무는 바람을 견디며 새 계절을 기다림이 순리다. 계절은 날과 밤을 쌓고 쌓아 다시 양명한 빛으로 돌아옴이 순리다. 그렇게 돌아오는 계절을 따라 지난겨울의 그 나무에게도 새 잎이

움틀 것이다. 조광조는 빈 나뭇가지 위로 떠도는 바람 소리를 헤아려보았다. 혹 이 계절이 지나도록 머뭇거리는 나뭇잎이 남아 있다면 작은 바람이 그 갈 길을 도울 수도 있으리라. 계절을 따르도록 말이다. 바람조차 숨죽인 시절이라면 차라리 바람이 되어야 한다. 시든 것과 새 것이 공존할 수는 없다. 옳고 그름이 나란할 수는 없다.

"바람이 찹니다. 어찌 나와 계십니까?"

홍문관 정자正字 기준이었다.

"바람을 보고 있었네. 제 일에 충실하질 않은가."

그다운 모습이었다. 기준은 이미 알고 있으면서도, 바로 그런 조광조를 마주하고 싶어서 걸음을 한 것이었다. 하긴 그가 앞일을 헤아리지 않고 움직였겠는가. 하물며 이 중대한 사안임에랴. 조광조를 따르며 지낸 시간도 벌써 10년. 열 살이나 어린 자신에게도 벗으로서의 대우를 소홀히 하지 않는 그였다. 그의 학문을 배우고 삶을 본받고자 했으니 선배이자 스승이기도 했다. 그의 생각, 그의 행동에 눈을 모으고 귀를 기울였다. 그는 오래 생각하는 사람이었다. 그러나 결심 후의 행동은 단호하고 무거웠다. 오늘의 이 태연함 또한 옳은 일이라는 확신으로 인함이다. 하지만 아무리 그렇다 해도 온 조정을 이리 흔들어놓고 혼자만이 한가롭게 바람에 홀린 것인가.

"불을 지펴놓으시곤 홀로 이리 한가하십니다."
"불을 끄려 한 것이지 어찌 일으킨다 하는가."

조광조는 조용히 시선을 돌리며 혼잣말인 양 답했다. 그의 눈길은 빈 나뭇가지에 닿아 있었다. 그 눈길을 따르던 기준은 그제야 고개를 끄덕였다. 제 할 바에 충실한 바람이라……, 나뭇가지에 머문 바람을 보고 있던 것인가. 바람에 흔들려 떨어지는 겨울 잎을 생각하고 있던 것인가. 계절의 순리 앞에서 잠시 먹먹해졌으리니. 그랬구나. 감히 그의 마음을 헤아렸다 말할 수 있을까마는, 하고 싶은 말을 마음에 담아두지 못하는 건 자신의 타고난 성정이었다.

"바람의 소임이 어찌 불을 끄는 것이겠습니까."

그 바람을 믿고 따르리라. 어찌 나 하나뿐이겠는가. 이 나라의 뜻있는 선비들이 함께할 것이다.

문제의 불씨, 신비폐위사건

조광조가 전교를 기다리고 있을 무렵, 사실 조정 안팎의 모두가 그 결과를 기다리고 있었다. 특히 기준처럼, 조광조를 따르던 이들에게는 긴장된 순간이기도 했다. 임금의 결정도 그랬지만 그보다도 조정의 공론에 더 마음 쓰이지 않았을까. 다소 늦은 그의 출사를 기대감으로 지켜보고 있었는데 생각보다 파격적인 첫발이었다. 낡은 정치를 흔들 만한 새로운 바람이었다. 임금의 진노를 걱정하는 이들도 있었겠지만, 조용히 자리 보존하며 녹이나 받겠다고 나선 것이 아니었으니까.

모두가 바라보던 그 사건, 조광조가 제기한 전 대간의 탄핵은 그 자체로도 그랬지만 여기까지 이르는 길은 더 심각한 것이었다. 모두의 마음이 편할 리 없었다. 이 일 자체가 묻어둔 옛 사건을 다시 거슬러야 하는 것인 데다가 그 당사자는 왕이었으며 신하들도 저마다 조금씩은 책임이 없지 않았기 때문이다. 물론 그 가운데서 가장 괴로운 이는 중종이었다. 옛 사건도, 그 사건을 끄집어낸 상소도, 그 상소를 되짚어본 계사도 모두 잊고 싶었을 것이다.

먼저 문제의 옛 사건을 찾아 중종반정이 일어난 1506년 9월로 돌아가
보면, 이 모든 것이 바로 반정의 독특한 상황에서 시작된 일이다. 임금
자신의 의지와 상관없이 오직 신하들의 힘으로 일으킨 반정이었으니 그
만큼 부작용이 클 수밖에 없었다. 중종이 개인적으로 느꼈을 두려움이
나 모멸감은 일일이 거론할 수조차 없을 정도인데, 그 가운데서도 최악
의 사건은 바로 중전을 폐위하라는 압박 아니었을까. 왕위에 오른 이레
뒤인 9월 9일, 중종은 삼대장을 비롯한 조정 대신들로부터 중전 신 씨를
폐하여 내치라는 '통보'를 받는다. 죄인의 딸이니 더 이상 지존의 짝이
될 수는 없는 일이라고. 도대체 무슨 일인가.

중종의 조강지처 신 씨, 그의 아버지는 바로 신수근愼守勤으로 연산군
의 처남이었다. 여동생과 딸을 나란히 종실에 들여보낸 후 그 권세로 어
지러운 정치의 단물을 빨고 있었으니, 반정 과정에서 시비가 나올 만한
상황이었다. 폐주의 처남이자 금상의 장인인 그를 어찌해야 하는가. 의
견의 엇갈림이 있었겠으나, 반정군은 일단 신수근을 가장 먼저 처리해
야 할 인물로 가려 넣었다. 계획대로 그는 간신 임사홍 등과 함께 반정
의 그날 밤에 먼저 처단되었다. 혹여 거사 후에 있을 임금의 온정이나
세인의 시비를 미리 차단하기 위함이었다. 금상의 장인이었지만 신수
근의 죽음에 대해서는 누구도 말을 더하지 않았다. 그 죗값을 치른 것이
다. 하지만 그의 딸이 중전이 되었다.

공신들은 불안의 싹을 자르기로 했다. 신 씨가 아비의 원수를 잊지 않는다면 뒷날이 근심이었던 것이다. 왕자를 낳아 보위를 잇는다면 더욱 큰일이라고 생각했을 터. 신하가 임금에게 중전을 폐하라 압박하다니, 있을 수 없는 일이었으나 공신들은 군주의 심경을 돌아보지 않았다. 힘으로 임금을 바꾼 그들이었다.

중종에겐 견디기 어려운 수모였다. 죄인의 딸이라 하나 자신의 아내가 아닌가. 중전 신 씨는 그 아비와 달리 심성이 따뜻한 여인이었다. 아직 첫아이도 낳지 않은 젊은 부부는 대군과 군부인으로 큰 욕심도 없이, 조용히 자신들의 소소한 일상을 누리고자 했을 뿐. 그저 여느 지아비와 지어미의 삶을 잇게 되기를 바랐을 것이다. 생각지도 못한 이별이었다. 중종은 저항의 말 한마디 하지 못한 채 신 씨를 폐하여 궁 밖으로 내치라 전교했다. 부부의 연은 하늘의 뜻이었으니 차마 하지 못할 일을 받아들인 것이다. 그녀는 눈물로 궁을 떠났겠으나 힘없는 임금에게는 그 눈물도 허락되지 않았다. 마지막 인사조차도 있을 수 없었다.

그 마음이 어땠을까. 일국의 군주가 자신의 여인 하나 지킬 수 없었다. 한 나라의 왕으로서, 한 여자의 지아비로서 이보다 더 비참한 날이 있겠는가. 하지만 이 짧은 인연 또한 운명이라 생각하기로 했다. 종사를 위한 어쩔 수 없는 선택이라 받아들이기로 했다. 임금이 되었으니 사사로운 정이 우선할 수는 없는 것이라고, 그렇게 스스로를 변명하며 애써 위로하지 않았을까.

그 후 폐비 신 씨는 존재해서는 안 될 존재였다. 아무도 그녀의 이름을 입에 담지 않았다. 누구보다도 중종이 그랬다. 강제 이혼이라니, 그저 상처라기엔 돌이키고 싶지 않은 비참함이었다. 시간 속에서 상처가 아물어가는 듯했다. 새 중전 윤 씨(장경왕후)가 책봉되었으며 여러 후궁들이 지존의 여인들로 부름받았다. 신 씨의 빈자리는 그렇게 채워져갔다.

김정과 박상, 신씨복위상소를 올리다

그리고 10년 후인 1515년, 3월 2일 중전 윤 씨가 승하했다. 원자를 낳은 지 이레, 출산의 후유증 때문이었다. 왕실은 10년 만에 원자를 얻어 큰 근심을 덜었으나 중전의 부재는 또 다른 문제를 몰고 왔다. 다시 비게 된 중전의 자리를 어찌할 것인가. 계비繼妃를 책봉해야 할 문제에 처한 것이다. 다시 간택을 할 것인지 후궁 가운데 누군가를 중전으로 올릴 것인지, 저마다의 헤아림 속에서 궁과 조정이 고요한 혼란에 휩싸인 때였다. 그 빈자리 위로 기억 속의 신 씨를 기억하는 이들이 있었다.

문제의 상소가 올라온 것은 8월 8일. 담양 부사 박상과 순창 군수 김정, 두 사람의 연명 상소였다. 임금의 구언에 응한 것이었다. 지긋지긋하게 이어지는 재변災變들이 대체 무엇 때문인지, 어찌하면 이 재난들을 극복할 수 있겠는지 그 물음에 대한 답이었다. 중종 시대는 재변의 시대라고 할 만큼 천지의 조화가 고르지 않았다. 말 그대로 해마다, 철마다 크고 작은 재해들이 그치지 않았다. 당시의 성리학적 관념에 따르면 이는 그저 지나칠 자연현상일 수 없었다. 왕인 중종이 책임을 지고 하늘에 대죄를 청해야 할 상황. 그리하여 임금은 반성의 뜻으로 온 나라 백성들에게 도와달라고 청한 것이다.

이 구언이라는 제도가 그렇다. 나라의 재변에 대해 임금 스스로 책임져야 할 자임을 자각하고, 그 잘못을 하늘과 백성들에게 사죄하며, 누군가 올린 따끔한 상소를 깊게 받아들이겠다는 일종의 '정치적 행위'인 것이다. 이를 게을리하는 임금은 반성의 뜻이 없는 군주라 하여 신하들의 다그침을 받기도 했으니, 그저 형식적인 것이라 무시할 수도 없었다. 재변이 많던 중종 시대이니 구언 또한 잦았음은 당연한 일. 서로 간에 약속도 있었다. 구언에 응하여 올린 상소에 대해서는, 그 내용이 아무리 군주의 무능을 일깨우고 정치의 무도함을 꾸짖는다 해도 절대로 벌하지 않는다는 것. 언로를 막을까 염려함이었다.

물론 구언에 응한 대부분의 상소는 그 답 또한 원론적인 것이 많다. 하늘을 두려워하고 백성을 사랑하시라는, 바른 마음을 회복하여 정사에 힘쓰시라는, 검약하고 근면한 생활로 군주로서의 모범을 보이시라는, 대략 이런 내용들. 임금은 그대들의 충정 어린 상소를 깊이 새기겠노라, 정도로 답하면 되는 것이었다.

그런데 가끔씩, 구체적인 사건을 원인으로 지목하면서 그 해결책까지

조목조목 밝히는 상소가 올라오곤 했다. 바로 8월 8일 전라도에서 올라온 그 상소처럼. 임금께서 직접 열어보셔야 한다면서 봉투 위아래를 봉한 상태였다. 하지만 소를 열어보기 전까지 임금도 그렇게 심각한 내용을 담고 있으리라 짐작하진 못했다. 두 사람의 상소가 다시 10년 전의 그날을 불러낸 것이다.

그들은 묻고 있었다. 이 모든 재변은 반정의 출발이 바르지 못했기에 생긴 것이 아니겠느냐고. 인륜을 어기고 부부의 도를 버린 데에 그 원인이 있는 것이라고. "신 씨를 폐위할 만한 까닭이 있음을 듣지 못했음에도 전하께서 폐위하신 것은 무슨 명분이냐"* 라고. 이처럼 인륜에 어긋난 일을 행했으니 나라가 편히 다스려짐을 기대하기 어렵다는 것이다. 신하들의 위세에 눌려 임금이 죄 없는 배필을 내친 것이 아니었는가, 그 반성을 촉구하는 내용이었다. 하지만 이것이 어찌 임금만의 잘못이겠는가. "군부 겁제劫制하기를 마치 다리 사이와 손바닥 위에 놓고 희롱하듯 하고, 국모를 내쳐 쫓기를 병아리 새끼 팽개치듯"* 했던 박원종 등의 공신들이야말로 용서받지 못할 진짜 죄인들이라 했다.

나라의 재변도 이 때문이 아니겠는가. 그러니 이제라도 지난날의 잘못을 바로잡아야 한다고 청했다. 그동안은 장경왕후의 자리가 난처할까 차마 올리지 못한 말이었으나, "지금 내정內政의 주인이 비었으니 마땅히 이때를 계기로 쾌히 결단하셔서 신 씨를 왕후의 자리에 앉히시면, 천지의 마음이 흠향할 것이요 조종의 신령이 윤허할 것이고 신민의 희망에 부응할 것"*이라 했다. 군주에게 큰 죄를 저지른 공신들의 죄를 물어 관직을 박탈하여 세상의 도리를 바로 세워야 함을 함께 진언했다.

중종은 경악했다. 잘못을 따져드는 것만도 참기 어려웠는데 다시 그 잘못을 바로잡기 위해 신 씨를 복위시키라는 말이었으니, 이는 보통 문제가 아니었다. 게다가 자신을 왕으로 세운 공신들에 대한 탄핵까지 더해져 있었다. 어찌하면 좋겠는가. 결국 중종이 생각한 답은, 이에 대해 답하지 않겠다는 것이었다. 어차피 시행하기 어려운 문제이니 이 상소는 공론화하지 말고 승정원에 두게 하라고. 아무리 봉서封書라 해도 뜯어보고 그 내용을 헤아린 후 올려야 하지 않겠느냐며, 승정원을 향해 괜한 역정을 내기까지 했다. 하지만 이미 상소는 열린 후였다. 아무리 임금이 답하지 않겠다고 해도 그냥 넘어갈 수는 없는 일이었다.

구언 상소를 벌하신다면

온 조정이 들끓었다. 내막이야 어찌 되었든 임금의 결정으로 인한 것이었으니 임금이 이제라도 잘못을 깨닫고 제자리로 돌리라는 요청이 아닌가. 반정 시의 밝지 못한 사건들을 두루 돌아보게 했던 상소로, 그저 죄 없이 버림받은 한 여인의 운명이 가여워 시작된 것은 아니었다. 정치적인 물음이었다. 반정공신들의 결정이 정치 안정이라는 이름으로 정당화

될 수 있겠는지, 중종의 동조도 종사를 위한 결단이라 이해해줄 수 있는 것인지, 왕비의 아버지가 '대죄'로 처단되었다면 그 딸은 어찌함이 옳겠는지. 무어라 답하면 좋을까.

세종 시대로 올라가 보면 유사한 예가 있다. 바로 세종 비 소헌왕후 심씨의 아비인 영의정 심온沈溫이 역모죄로 몰린 경우다. 워낙 무거운 죄이다 보니 심온은 물론 그 집안 모두가 무사하지 못했다. 하지만 왕후는 별 탈 없이 그 자리를 지켰다. 이 사건을 주도하여 심온을 제거한 상왕 태종의 '배려' 덕분이었는데, 이미 세종과 부부의 연을 맺었으니 오히려 왕후의 폐위가 불러올 문제가 더 크다고 판단했던 것이다. 지존의 배필이니만큼 그 자신의 죄가 아닌 다음에야 연좌제에 해당될 수 없다는 유권해석인 셈이다.

중종도 반정공신들도 당연히 소헌왕후의 사례를 알고 있었다. 그러나 신 씨에게는 그 처지를 배려해줄 누군가가 없었다. 국왕인 지아비는 그럴 만한 힘을 가지지 못했으며, 온 조정 또한 공신들의 눈치만 살필 뿐이었다. 하지만 이 사건은 조용히 묻히기엔 도덕적으로나 심정적으로 상처가 너무 컸다.

중종의 솔직한 마음으로는 상소를 올린 두 사람에게 죄를 묻고 싶었으리라. 감히 왕실의 대사를 논하고 공신들을 탄핵하다니 이야말로 힘없는 자신에 대한 조롱처럼 들리기도 했던 것이다. 박상과 김정에 대한 서운함도 없지 않다. 정치 상황에 어두운 지방의 유생이라면 그렇다고 치자. 하지만 그들은 조정에서 여러 해 근신近臣으로 일하던 자들이 아닌가. 임금의 처지를 알 만한 자들이 조정에서는 아무 말 없던 일을 이제 와서 구언 상소로 올리다니. 아무리 장경왕후의 입장 때문이었다고는 해도 그 또한 변명처럼 들렸다.

원래 구언에 대한 답이라면 그 상소가 아무리 지나친 것이라 해도 처벌하지 않는 것이 법도다. 만약 이를 처벌한다면 뭇 사람들의 입을 막는 폭정이라는 비난을 받을 수도 있었다. 옳다고 생각되면 받아들이고 그렇지 않다면 버려두면 그만이다. 중종은 폭군이라는 말을 견뎌낼 만한 그릇은 아니었다. 분함을 누르며 그대로 덮어둘 수밖에.

하지만 이런 민감한 사안이 그냥 덮일 리 없는 일. 며칠 후인 8월 11일, 중종에게 솔깃한 제안이 올라왔다. 그 무엄한 자들을 의금부로 잡아와 추문을 하는 것이 좋겠다고. 임금을 둘러싼 대신들도 아니었다. 오히려 언로를 지켜야 할 대간들, 대사헌 권민수權敏手와 대사간 이행李荇을 선두로 한 양사兩司의 의견이었다. "그들의 사특한 의논에는 분명 다른 뜻이 있을 것"*이라며, 불편해하는 임금의 속마음을 읽고 그 노여움을 부추긴 것이다. 죄를 내릴 명분이 없었던 중종은 즉시 그들의 추고를 허락했다. 사건은 커지고 말았다.

그러자 이번에는 오히려 대신들이 막아섰다. 상소의 내용을 받아들이라는 것은 아니었다. "구언한 뒤에는 아뢴 바가 비록 광패狂悖하더라도 잡아다가 추문하는 것은 지나친"* 일이니, 상소 내용이 비록 그르다 하더라도 죄를 줄 수는 없다는 것이다. 버려두면 그만일 말을 가지고 벌한다면 이는 임금의 치세에 큰 오점을 남기게 될 것이라 했다. 홍문관에서도 추문을 반대하고 나섰다. 선비들의 입을 막아 결국 폭정에 이른 연산군 시대를 돌아보라는 뜻이었다.

하지만 중종은 자신의 상처를 헤집고 왕실의 수치를 드러낸 그들을 용서하고 싶지 않았다. 그 상소 내용 하나하나에 이미 마음을 심하게 다쳐버린 것이다. 기어이 두 사람을 의금부로 잡아들였다. 죄를 캐묻고 상소를 올린 본뜻이 무엇이냐 다잡았지만, 그들에게 무슨 다른 뜻이 있겠는가. 죄명을 더 얹을 수는 없었다. 하지만 종사의 큰일을 흔들고 공신들에게 죄를 물었으며 장경왕후를 무시하는 마음이 있었다는 죄명을 피할 수는 없었다. 결국 8월 24일, 박상은 남평, 김정은 보은으로 도배徒配되었다.

그러고도 조정은 가라앉지 않았다. 가을이 다 지나도록 두 사람의 죄를 용서해달라는 청이 계속해서 이어졌다. 이미 군주의 위엄을 보였으니 이제 용서한다 해도 사람들이 깨닫는 바가 있지 않겠느냐며 임금의 마음을 달래기도 했다. 중종은 움직이지 않았다. "이는 관계되는 바가 매우 크므로, 죄주지 않으면 사람들이 그것이 그르다는 것을 모르기 때문에 죄준 것"*이라 했다. 따끔하게 본보기를 보일 생각이었다.

두 사람을 용서해달라는 청원도 조금씩 잦아들 수밖에 없었다. 그렇게 가을도 저물어갔다. 이제 이 상소 사건은 해법을 찾지 못한 채 작은 불씨만을 남겨놓았다. 하지만 아직 꺼지지 않은 불씨였다. 정언 조광조가 문제를 제기하는 계를 올린 것이다.

정언 조광조, 전 대간의 파직을 청하다

대간으로 출근해서 처음으로 한 '일'이 상사와 동료 모두를 파직시키라는 것이라니, 누가 보더라도 놀랄 만한 일이다. 내용도 내용이었지만 지금까지 이어진 '신씨복위상소' 문제를 대하는 논의들과는 전혀 다른 접근이라는 점에서도 그랬다.

정언 조광조가 아뢰기를 "언로가 통하고 막히는 것은 국가의 가장 큰일입니다. 통하면 다스려지고 평안하며 막히면 어지러워지고 망하게 되니, 임금은 언로를 넓히기에 힘써서 위로 공경公卿·백집사百執事로부터 아래로 여항·시정의 백성에 이르기까지 모두가 말할 수 있게 하여야 합니다. 그렇다 해도 언책言責이 없으면 스스로 말을 극진하게 할 수 없으므로 간관諫官을 두어 그 일을 맡게 하는 것이니, 그 말이 혹 지나치더라도 마음을 비워놓고 너그러이 받아들이는 것은 언로가 막힐까 염려하기 때문입니다. 근자에 박상·김정 등이 구언에 따라 진언하였는데, 그 말이 지나친 듯하더라도 쓰지 않으면 그만이거니와 어찌하여 죄를 주는 것입니까?

대간이 그것을 그르다 하면서 죄주기를 청하여 금부의 낭관을 보내어 잡아 오기까지 하였습니다. 대간이 된 자라면 언로를 잘 열어놓은 뒤에야 그 직분을 다해낸다고 할 수 있습니다. 김정 등에 대하여 재상이 혹 죄주기를 청하더라도 대간은 구제하여 풀어주어서 언로를 넓혀야 할 터인데 도리어 스스로 언로를 훼손하여 먼저 그 직분을 잃었으니, 신이 이제 정언이 되어 어찌 직분을 잃은 대간과 일을 같이하겠습니까? 서로 용납할 수 없으니 양사를 파직하여 다시 언로를 여소서." 하였다.

– 《중종실록》 1515년 11월 22일

조광조는 박상과 김정을 용서해달라, 청을 보태지는 않았다. 이미 여러 신하들이 간청해온 바였다. 어쩌면 그것이 문제라고 생각했던 것이다. 두 사람이 과연 용서를 구해야 할 죄인들인가. 조광조 또한 그 상소가 받아들이기 어려운 내용이라는 것을 모르지 않았다. 하지만 선비의 기개로 그런 진언을 할 누군가는 있어야 했다.

그렇다면 어찌해야 하는가. 조광조는 문제의 본질을 바라보고자 했다. 조정의 모두가 사건의 결과에 대해 임금의 '은혜'를 구하고 있을 때, 조광조는 그 사건의 시작으로 돌아간 것이다. 구언에 대한 답이었던 만큼, 그 상소의 내용이 시비의 중심일 수는 없다는 생각이었다. 죄를 물을 수 없음에도 죄를 물어서 벌을 내린 그 결정이 문제였다. 그런 상황을 만든 임금과 이를 부추긴 이들의 잘못을 밝힌 것이다. 게다가 그들은 바로 언로를 보호해야 할 양사의 대간들이다. 누군가 그 내용을 시비 삼더라도 막아야 하는 직임이 아닌가. 그러니 그 대간들을 파직해야 한다고 주장한 것이다. 생각해보면 매우 단순하고 당연한 요청이다. 대간으로서의 본분을 그르쳤으니 그들을 파직하라고. 나는 그런 대간답지 못한 선배들과 같은 부서에서 업무를 함께할 수는 없겠다고.

중종은 이 말을 어떻게 받아들였을까. 전교를 내려 자신의 뜻을 알렸는데, 그날 하루 동안 두 사람 사이에 각기 세 차례의 이야기가 오고 갔다.

전교하기를 "언로의 통하고 막히는 문제에 대한 말은 마땅하다. 그러나 김정·박상 등은 아랫사람으로서 말할 수 없는 일을 논하였으므로 대간이 죄주기를 청한 것이다. 이제 대간을 모두 가는 것은 지나칠 듯하다. 어찌 이 때문에 서로 용납하지 못하겠는가?" 하였다.

중종으로서는 다소 당황했을 것이다. 물론 누군가의 잘못을 탄핵하는 것이 대간의 본분이기는 하다. 그리고 강직한 마음으로 그 일을 해보라고 조광조에게 직을 맡긴 것이기도 했다. 그런데 전 대간을 파직하라니, 그것도 자신이 속한 부서의 장관을 포함한 탄핵이었다. 이자가 대체 무슨 생각인가. 하지만 그래봐야 상대는 초임 대간. 중종은 군주로서 침착하게 자신의 뜻을 밝혔다. 언로를 막지 말아야 함을 모르는 것은 아니나 상소의 내용이 너무 지나쳐 그리한 것이라고. 그 정도 일로 전 대간을 파직한다면 아무래도 지나친 것 같다고. 그러니까 새로 임명된 그대가 마음을 풀고 선배들이랑 잘 지내보라, 이 정도의 답을 내린 것이다. 조광조의 답이 이어졌다.

조광조가 다시 아뢰기를 "김정·박상 등이 말한 일이 마땅하지는 않으나, 그렇다 해도 그 상소는 버려두고 따지지 않아야 납언納言하는 덕이 드러납니다. 재상도 상께서 그 말을 쓰지 않으시는 줄 알고서 시비를 논하지 않았는데, 대간이 굳이 죄주기를 청하였으니 임금을 불의에 빠뜨려서 간쟁諫諍을 거절하는 조짐을 만들어 만세에 성덕의 누가 되게 하였습니다. 그러니 이렇게 한 뒤에 국가에 큰일이 있더라도 어찌 감히 구언할 수 있겠으며, 구언하더라도 누가 감히 말하겠습니까? 외방 초야에 있는 사람으로서 말하고자 하는 자가 김정·박상 등의 일을 듣고서 그만두니, 치세에 어찌 이런 일이 있겠습니까? 그때의 대간이 아직도 다 관직에 있는데 어찌 신과 서로 용납되겠습니까?" 하였다.

예상대로, 조광조는 이미 직분을 잃은 대간들이니 어찌 구차하게 그들과 함께 일하겠느냐며 뜻을 굽히지 않았다. 이 사건으로 인해 뜻있는 자들이 입을 닫게 될 것이라는 근심까지 더했다. 언로가 막힐 것에 대한 항변이었다. 받아들일 수 없는 상소라면 조용히 묻어두면 그만인 것을, 그 무게를 지키지 못한 중종에 대한 질책도 깔려 있었다.

이렇게 되자 중종은 사실상 말문이 막혀버렸다. 조광조가 원칙 그대로를 밀고 나갔기 때문이다. 차라리 박상과 김정을 용서해달라 했으면 그들의 '죄'를 논하며 거절할 수 있겠는데, 대간으로서의 자격이 없는 이들을 파직하라는 요구였으니 말이다. 원칙대로 보면 구언 상소에 대해 죄를 청한 대간들의 잘못이기는 하다. 그러자 중종은 논점을 피해가려 했다. 다른 대간들은 별말이 없는데 어찌 그대만이 이렇게 별나게 구는 것이냐는 어조다.

전교하기를 "그때의 대간 중에는 외방으로부터 올라온 자(장령 유옥柳沃과 정언 박명손朴命孫이다)가 있으나 이들 역시 그르다 하지 않고서 서로 용납하였는데, 어찌 정언만이 서로 용납하지 못하는가?" 하였다.

조광조는 가볍게 일축했다. 사람들의 의견이야 저마다 다를 수 있는 법. 그들이 용납했다고 해서 자신 또한 그래야 할 까닭이 있겠느냐고. 괜히 논점을 피하려 하지 말고 언로를 막아선 대간들을 파직하라는 것이었다.

조광조가 세 번째 아뢰기를 "신의 말에는 다른 뜻이 없습니다. 당시 외방에 있던 대간이 혹 서로 용납하였을지라도, 사람의 소견은 같지 않으니 신은 서로 용납하지 못합니다. 신의 아룀은 언로를 위해 그리한 것인데 어찌 구차하게 그들과 함께하겠습니까?" 하니, 전교하기를 "대신에게 의논하겠다." 하였다.

결국 중종은 이 문제를 대신에게 묻겠다고 했다. 또박또박 반박하는 조광조를 설득할 명분도 없었거니와, 대신들도 이 황당한 파직 요청을 받아들이지는 않으리라 생각한 것이겠다. 이제 공은 조정 대신들에게 넘어갔다.

누구의 말이 옳은 것인가

대신들의 답은 중종의 예상과는 달랐다. 논박을 받은 대간이 자리에 있을 수는 없으니, 파직하라는 조광조의 뜻을 따라야 한다는 것이었다. 구언 상소에 대해 죄를 묻는 양사의 행태가 조정 대신들의 마음에도 불편함으로 남아 있었던 것일까. 결국 이틀 후인 11월 24일, 대사헌 권민수와 대사간 이행을 비롯한 전 대간이 파직되고 그 자리는 다른 이름들로 채워졌다. 대사헌 이장곤, 대사간 김안국金安國을 수장으로 양사의 대간들이 새로 임명되었다. 하지만 시비는 가라앉지 않았다. 신임 대간들 가운데 조광조의 파직 요청이 지나쳤다는 이들이 나서면서 대간들의 의견이 다시 양편으로 나뉘었던 것이다.

따지고 보면 시비를 명확히 하지 않은 중종의 태도가 문제였다. 사실, 중종은 여전히 조광조로 인해 불편한 상태였다. 대간들을 파직하라는 그의 요구는 임금의 잘못을 함께 일깨운 것이었기 때문이다. 전 대간을 교체하기는 했지만 그렇다고 자신의 언짢은 심기를 숨기지는 않았다. 자신은 조광조의 뜻을 받아들이고 싶지 않았지만 어쩔 수 없이 대신들의 말에 따른 것뿐이라고, 대간들을 파직했다고 해서 박상과 김정에게 죄가 없다는 말은 아니라는 속마음을 털어놓았던 것이다.

일이 이렇게 되자 새로 임명된 대사헌 이장곤과 대사간 김안국은 자리를 지킬 수 없었다. 그 둘 모두 조광조를 지지하는 입장이었기 때문이다. 김안국은 '임금의 위엄'으로 사람들의 입을 막으려는 상황을 비판한 후, 이처럼 언로가 막혀가는 상황을 조광조가 바로잡았는데 어찌 그를 그르다고 하는 것인가, 자신 또한 그와 뜻을 같이했으니 사직을 청하겠다고 했다. 양사의 장관이 바뀐 지 닷새 만인 11월 29일, 다시 박열朴說과 방유령方有寧이 대사헌과 대사간으로 임명되었다. 하지만 이들 가운데서도 조광조에 대한 시비를 두고 다시 의논이 갈리고 있었다.

이제 논점은 신씨복위상소가 옳은가에서, 조광조의 파직 요청이 옳은가로 번져나갔다. 어느새 조광조를 지지하는가, 반대하는가가 하나의 입장이 되어갔던 것이다. 신임 대사간에 제수된 방유령이 중종에게 올린 진언은 당시 조정 신료들 사이에 오갔을 여러 고민들을 짚어보게 한다.

대사간 방유령 등이 아뢰기를 "조광조가 아뢴 바는 한 사람의 말이 아니라 사림의 공론公論입니다. 한때 혼자 아뢰기는 하였으나 실로 공론에서 나온 것인데 상께서는 옳지 않다고 여기시니, 신은 온당하지 못하다고 생각합니다." 하였다.

– 《중종실록》 1515년 12월 4일

조광조가 '사림의 공론'을 말한 것이라고, 그러니 임금이 이를 옳지 않다고 여기는 것은 온당한 일이 아니라는 주장이다. 흥미로운 사실은 조광조가 이미 사림의 공론을 이끄는 인물이 되어가고 있다는 점이다. 조광조가 다시 제기한 신씨복위상소 처리 문제를 대하면서 모두들 한번씩 돌아보고, 한번쯤 묻지 않을 수 없었을 것이다. 과연 반정의 그 시절 공신들의 행태가 정당했는가. 언관의 올바른 책무란 무엇인가. 일개 대간으로서 그와 같은 탄핵을 할 수도 있는 것인가. 공론이 따라준다면 조정의 대신들도 그 의견을 받아들일 수밖에 없는 것인가. 그 공론을 따르지 않는다면 임금 또한 옳지 않다는 간언을 들어야 하는 것인가.

중종은 심기가 편치 않았다. 공론을 등진 자로 몰리니 억울한 마음도 들었을 것이다. 그런 공론이 있었다면 어째서 지금껏 잠잠하다가 마치 조광조가 정언이 되기를 기다렸다는 듯이 이제서야 그 의견에 동조하는 것인가. 중종은 "광조가 정언이 되지 않았더라면 대신이 이 시비를 몰랐겠느냐"*라며 대신들을 질책하는 전교를 내리기도 했다. 그리고 다시 대사헌과 대사간을 교체했다. 더 이상 양사의 수장을 맡을 만한 인물이 없다며 이조판서가 호소할 지경이었다.

그런데 조광조는 왜 이렇게까지 밀고 나가야 했을까. 이 사건에서 그가 집중한 것은 언로, 즉 소통의 문제다. 조광조는 바른 정치를 위해서는 무엇보다도 먼저 언로가 열려 있어야 한다는 생각이었는데, 밀담이나 야합이 아니라 밝은 자리에서 떳떳하게 서로의 의견을 논할 수 있는 장을 만들고자 했던 것이다. 연산군 시절을 돌아보면 당연한 판단이다. 자칫 이 상소 사건이 언로를 탄압한 하나의 전례로 남게 되지 않을까 염려한 것이기도 했다.

언로를 여는 것이 바른 정치의 기본이라는 주장은 그의 신념이기도 했지만, 실질적인 이유에서도 가장 먼저 해결해야 할 일이었다. 어떻게 자신의 생각을 정책으로 공론화할 것인가. 말의 통로를 확보할 수 있다면 그 길을 통해 자신의 뜻을 펼칠 수 있다. 그 길을 확보하지 못한다면 개혁 같은 것을 실행할 다른 방도를 찾기 어렵지 않을까. 정치 현장에 첫발을 디딘 젊은 사람에게, 언로야말로 유일한 정책 실현의 통로일 수 있다.

하긴 자유로운 언론에 대한 갈망이 어찌 조광조만의 것이겠는가. 언로만 보장된다면 적어도 한 사회가 사망에 이를 정도로 썩어 들어가지는 않는다. 역사가 시작된 이래, 말을 탄압하는 권력의 속뜻은 예나 지금이나 다르지 않다. 말할 것이 없어서 입을 다무는 것은 아니다. 말할 수 없게 하니 입을 다무는 것이다. 모두가 알고 있는 사실 아닌가. 침묵은 폭정의 그림자다.

공론을 이끄는 자

이제 모두가 조광조를 주목하지 않을 수 없었다. 성균관 시절부터 언행이 독특하긴 했지만 이런 과감함은 또 다른 면모였다. 그의 정치력을 가늠할 첫 사건이기도 했는데, 정치 신인으로서는 꽤 무거운 사건으로 등장한 셈이다. 그 결과가 그 자신은 물론 조정 안 여러 정치 세력들에게도 어떤 식으로든 영향을 미칠 만한 것이었다. 발언의 내용 자체가 새로운 것은 아니었다. 언로를 막아서지 말라는 조광조의 주장은 모두가 알고 있었던, 말하고 있었던 일상의 일이라 해도 좋았다. 하지만 누구도 이처럼 선명하게 그 가치를 되새겨 일깨워 주지는 않았다. 문득 생각해보게 된 것이다. 시선이 모이는 것이 당연했다.

사안의 시사성이나 해법의 논리, 그리고 자신감 있는 태도까지. 이 사건을 통해 조광조는 정치적 중심을 잡을 만한 무게를 보여준 것이다. 한쪽에서는 경계심으로, 다른 한쪽에서는 기대감으로 그를 바라보게 되었다. 주요한 공론을 이끌어갈 새로운 이름으로 등장하기에 부족하지 않았다.

사실 조광조는 지도자로서의 매력을 두루 갖춘 인물이다. 무리 가운데서 매우 눈에 띄는 이였으니 학문과 기질, 심지어 외모마저도 그랬다. 선비가 학행이면 되었지 겉모습이 대수인가. 그랬던가 보다. 당시 사신史臣의 평을 보면 "외모가 단정하고 말이 분명하며 풍채가 남들을 감동시키므로 사류士類가 사모하여 문하에 가득히 모여들었다"라고 하는데, 정사正史인 실록의 표현이 이러할 정도다. 단아한 선비들에게 더해지던 일반적인 수사와는 차원이 다르다 싶은데, 역시나 이런저런 기록 가운데 그 빼어난 외모로 인한 일화들이 적지 않다. 풍모에서 학식과 언행까지, 사모하는 사류들이 가득 모여드는 것도 이상한 일은 아니었다.

중종 또한 조광조를 눈여겨본 것만은 분명했다. 물론 한동안 투덜거림은 여전했다. 임금의 결정을 문제 삼고 조정을 이처럼 소요에 빠뜨리다니. 조광조 때문에 다시 대간들이 시비하는 풍토가 생기지 않았느냐고, 어찌 별것도 아닌 일을 가지고 조정이 조용할 날이 없느냐고.

하지만 어째서인지 중종은 이 괘씸한 조광조를 한직으로 물리치지 않았다. 처음에는 그저 젊은 선비의 치기라 생각했을 것이다. 그런데 그를 지지하는 인물들의 면면을 보면서 생각이 달라졌을 터. 도덕적 원칙 앞에서 힘 있는 공론이 형성됨을 보았다. 어쩌면 임금 자신이 원하는 새로운 인물이야말로 바로 이런 자가 아닐까.

조광조 자신의 말처럼, 옳은 것을 옳다고 그른 것을 그르다고 할 수 있는 신하. 정치적 이해를 따진 행동이 아니었으니 모종의 거래 역시 없었다. 그 힘을 오직 군주를 위해 쓸 수 있다면……, 그런 기대가 솟을 만하지 않은가. 중종 입장에서도 이제 군주다운 군주의 다스림을 꿈꿀 만한 때가 되었다. 그러자면 조정의 신하들을 압도할 힘이 필요했을 것인데, 그때 바른 명분으로 공론을 이끄는 젊은 지도자가 나타난 것이다. 원론주의자였으나 의외로 정치 현장에서도 밀리지 않는 내공까지 갖추었으니, 중종에게 망설일 이유가 있겠는가. 조광조보다도 중종 자신이 더 간절히 누군가를 필요로 한 때였다. 당시 조선에서 중종만큼 지난날의 그 사건들에서 벗어나고 싶은 이도 없었을 테니까.

　사건이 가라앉아 가는 이듬해 3월. 조광조는 홍문관 부수찬에, 다시 20일 후에는 수찬의 자리에 올랐다. 홍문관의 관원으로 들어섰으니 경연관으로서 임금의 경연에 함께하게 된 것이다. 외로운 상소가 아닌, 마주 앉아 이야기하는 자리였다.

6장

신의

———

1516년 35세

《소학》운동, 삶의 도리를 되새기다

가끔은 그의 말소리에 잠겨 그 뜻을 놓치기도 한다. 야대夜對에서 마주한 날은 특히 그랬다. 작은 등촉에 의지한 경연청 안, 그의 소리는 낮은 빛 사이로 스며들며 어두운 대기 속에서 차분한 울림을 빚고 있었다. 마냥 가라앉는 것도 아니었다. 맑은 결이 살아 있는, 그 자신의 풍모와도 잘 어울리는 소리였다. 가끔씩 쉬어가듯 숨을 멈추었다. 임금도 그에 맞춰 짧은 숨을 내쉬었다.

임금 자신만이 알 뿐이다. 군신의 예를 지키느라 고개를 숙인 채 구절들을 풀어 올리는 그는, 임금이 그 뜻이 아닌 소리에 잠겨 있으리라 생각지는 못하리라. "하문하소서." 어려운 대목에 이르러 그의 소리가 멈추어 서곤 한다. 막히는 부분은 없는지, 흐름을 잘 따라오고 있는지 묻는 것이다. 임금은 짐짓 생각에 잠긴 양 잠잠하다. 그는 시간을 주며 조금 더 기다려주다가, 별다른 질문이 없으면 다음 장으로 넘겨 강을 이어간다.

임금은 다시 소리에 잠긴다. 그의 소리는 마음을 흔든다. 그 가르침을 듣고 있노라면 옛 성현의 도리들이, 먼 요순시대의 아름다움이 정말 나의 나라에서 피어날 것만 같다. 어느 신하들에게서도 느껴보지 못한, 처음 들어보는 소리다. 낯설었다. 기대고 싶었다.

"밤이 깊었습니다."

오늘 강은 여기까지라는 말이다. 밤이 이렇게 한참이나 지난 줄도 몰랐다. 오늘 임금의 공부는 가르치는 이의 마음에 들었을까. 간간이 질문을 놓쳐 답을 못 하기도 했는데, 그의 표정을 보니 역시나 썩 만족스럽지는 못했던 것 같다. 아무리 그렇기로 임금 앞에서 내색을 할 것까지야. 하지만 임금은 언짢기보다는 오히려 조금 다급해졌다. 변명인 양 에둘렀다.

"요사이 정무가 많아 글 읽을 시간이 여의치 않다. 하여 이렇게라도 익히고
자 야대를 청한 것이다."
"정무를 아니 보실 수는 없사오나 대체만 정하시고 실무는 신하들에게 맡기
소서. 신의 뜻으로는 전하께서 공부에 더욱 전념하셨으면 하옵니다."

공부에 전념하라는 그의 말을 그대로 따를 수야 없겠으나 그 진심 앞에서 다른 뜻을 비치지는 못했다. 고요한 시간에 홀로 생각에 잠겨보라고, 그 시간에 글을 읽으며 깊이 파헤쳐보라고……, 그가 하던 말이었다. 임금은 어느새 그에게 묻고 있었다.

"어떤 글을 더 읽으면 좋겠는가?"
"《근사록》을 읽으심이 좋겠습니다. 전에도 이미 말씀을 올린 일이 있사온

바, 《근사록》은 우리 문종 임금께서도 특별히 권하지 않으셨습니까."

"수찬은 《근사록》을 스승에게서 읽었는가?"

"예, 전하. 신이 김굉필에게 수업할 때에 《소학》과 《근사록》을 읽었나이다. 한때 선비들이 화를 당하여 이 책들마저 버림을 받았으니 어찌 안타까운 일이 아니겠습니까. 《근사록》으로 학문의 중심을 잡으시고 《소학》을 널리 장려하소서."

임금은 그리하리라 고개를 끄덕였다. 사습이 퇴폐하여 학문이 올바른 선비를 찾는 일도 어려운 시절이었다. 나라를 다시 일으켜 정치를 회복하자면 이를 맡길 인재가 있어야 하질 않겠는가. 조광조가 그 스승 아래서 읽은 책이라면 그리할 것이다. 그의 안목을 따를 것이다.

임금의 공부 시간, 경연

경연에서 마주 앉은 중종과 조광조를 떠올려보면 무게중심이 한쪽으로
많이 기울어 있다. 그도 그럴 것이 경연은 군신 간의 의리보다는 사제
간의 도리로 만나는 시간이다. 중종은 기대감으로, 그리고 약간의 초조
함으로 조광조를 대하지 않았을까. 학식이며 성격, 그리고 외모까지도
상대를 긴장시키는 사람이었으니까.

조광조가 홍문관원으로 제수되어 경연에 들어선 것이 병자년(1516년)
봄. 이 한 해 동안 조광조의 주요 업무는 임금과 경연청에서 만나는 일
이었다. 당시 새롭게 떠오를 '권력'에게 주요 업무가 될 만큼 경연은 의
미 있는 자리였던 것이다. 반대쪽에서 접근하는 것도 가능하다. 그처럼
경연관으로 신임을 쌓아나갔기에 새로운 권력이 될 수 있었다고. 임금
과 신하가 마주하여 학문을 논하는 자리였으나 딱딱한 공부 시간이었던
것만은 아니다. 의당 그 배운 바를 실제 정치와 연결하여 논하는 시간이
기도 했다. 실제로 많은 정치적 사안들이 경연 자리에서 논의되었는데

조금은 개인적인 의견을 담은, 특별히 임금에게 간하고 싶은 주제들도 이 자리에 기댄 바가 컸다.

그렇다고 경연관이 고관들에게만 주어진 자리인가 하면 그렇지 않은 데에 묘미가 있다. 군주의 학문을 담당해야 했으니 직위가 문제가 아니라 학식이 관건이다. 물론 나이 지긋한 대신들도 참석했으나 수업 자체는 홍문관에서 주도했다. 하급 관원이라 해도 실력이 남다르다면 핵심적인 경연관으로 들어설 수 있는 것이다. 주로 문과 급제자들 가운데서도 학문으로 이름이 오르내리는 인물들이어야 한다. 조광조의 경우도 그랬다.

하루에도 조강, 주강, 석강 등이 있었고 때에 따라 밤공부인 야대가 추가되기도 했으니 만만찮은 강도다. (더하여 1517년부터는 불시소대不時召對까지 있었는데, 중종이 조광조의 청을 받아들인 결과다.) 조선의 모든 임금이 하루 몇 차례의 경연을 빠지지 않고 참석한 것은 아니었지만 그래도 임금 노릇이 녹록지 않다. 만약 경연에 소홀하다면? 당연히 경연관들의 질책이 이어졌다. 더위 때문에, 추위 때문에 그리고 때때로의 미령함이 이유가 되기는 했지만 적당한 선에서 쉬어야 한다. 새해 연휴도 사흘을 넘기지 않았으며, 심지어 결혼 휴가도 너무 여러 날 이어지면 자칫 여색에 빠진 군주로 지탄받을 수 있었다. 연산군처럼 아예 대놓고 성군포기선언을 한 임금이 아니라면 외면할 수 없는 일과다.

물론 스승의 수준이 곧 군주의 능력으로 이어지는 않았다. 세자 시절의 연산군을 보면, 호학하는 부왕 성종 덕에 그야말로 한다하는 학자들을 스승으로 두었지만 오히려 역효과. 어려운 책 읽힌다고 스승인 정여창을 미워하다가 결국 유배 끝에 부관참시까지 명하지 않았던가. 실수가 잦은 스승 이수李隨를 끝까지 감싸주던 세종의 일화와는 여러모로 대조된다. 선조宣祖는 어떤가. 대성리학자 이황, 이이李珥에 유희춘柳希春, 기대승奇大升까지, 스승만으로 본다면 가히 역대 최강 진영이었으나 실제 국왕으로서의 정치력은 신통치 못했다. 공부는 스스로 할 탓인 거다.

어쨌든 이렇게 경연관으로 자주 만나다 보면 친밀도가 높아지게 마련이다. 세자 시절의 스승이 즉위 후의 중신으로 보좌하는 예를 봐도 그렇다. 세자 시절이 없었던 중종, 그것도 연산군 시절의 모든 것을 뒤엎고 바르게 돌아가겠다는 포부였으니 국왕으로서 착실히 경연에 참석해서 공부하는 것은 당연한 일이다.

그동안은 공부할 분위기가 아니기도 했다. 폭군인 이복형의 눈치를 보며 살아야 했다. 입바른 소리 한다며 학자들을 몰아 죽이고 그들이 읽던 책은 금서로 지정했으니 분서갱유 시대가 따로 없었다. 진성대군 시절의 중종은 당연히 책과 가까운 환경이 아니었다. 즉위 초기의 상황이라고 크게 나을 것도 없었다. 중단되었던 경연이 다시 시작되기는 했으나 맘 편히 책장을 넘길 만한 분위기는 아니었다. 공신들의 기세에 눌려 여전한 불안함 속에서 지낸 시간들이었으니 그 학문의 미진함이 그의 탓만은 아니다. 그래도 어쩌랴. 그는 조선의 국왕이었고 조선에서 국왕은 공부를 해야 한다, 누구보다 열심히.

그런 중종이 경연에 부쩍 부지런히 참석하며 공부에 열을 올린 기간은 역시나 조광조가 경연관으로 들던 그 몇 년간이다. 재위 11년 차. 좀처럼 공부할 환경이 조성되지 못했던 임금에게 이 독특한 선생이 들어왔던 것이다. 물론 임금 자신의 선택이었다.

경연관으로 들어선 조광조 입장에서는 마음이 좀 급했을지도 모른다. 이미 서른을 바라보는 군주, 그런데 그 학문이 체계적으로 잡혀 있지 않았던 것이다. 세자 시절을 거쳤다면 이뤄졌을 왕으로서의 배움도 부족했다. 학문의 기본이 될 《근사록》은 펼쳐보지도 않았으며, 《고려사》 같은 읽기 쉬운 역사서도 끝나지 않은 채였다. 경연이라고는 하지만 그 이치를 탐구하여 서로의 의견을 묻고 답하는 시간은 없이 그저 짧은 강해만 있었다. 무엇보다 임금 스스로도 복습이나 예습을 염두에 두고 있지 않았다.

조광조는 군주로서 익혀야 할 서책을, 그리고 그 방법을 꾸준히 진언하면서 군주의 학문 성취를 위해 꽤나 고심한 눈치다. 전하, 이제는 성리서를 깊게 읽으소서. 전하, 공부란 스스로 그 이치를 터득해야 하는 것이옵니다. 제대로 해보겠다는 마음이었을 텐데, 하긴 조광조가 벼슬에 나선 까닭이 무엇인가. 연보의 기술대로라면 "뜻을 가다듬고 임금을 바르게 하여서 요순시대의 임금과 백성이 되게 하여 사문斯文(유학)을 일으킬 것"을 목표로 삼았다고 한다.

중종은 읽어야 할 책과 공부 방법을 세밀히 살펴주는 조광조의 조언을 따랐을까? 몹시 그랬다. 착실히 학문을 닦아 '성군'이 되겠다는 다짐도 한몫했으리라. 가을에 들어서면서《근사록》을 읽기 시작하더니 나라의 모든 백성들에게《소학》을 읽으라는 전교를 내리기까지 했다.

《소학》의 가치를 따르라

"(상략) 생각하건대 진秦나라가 분서焚書한 뒤부터, 선왕 때에 교육하던 대소大小와 순서의 절목節目을 고찰하여 강구할 수 없게 되었다. 그러다가 송 대에 주자朱子가《소학》을 저술하였으니, 수신하는 큰 법이 모두 그 속에 들어 있고 규모나 절목이 또한 갖추어지지 않은 것이 없어, 천만세토록 스승 된 자는 여기에 의거하여 가르칠 수 있고 배우는 사람들은 본받아 익힐 수 있게 했다. 일상의 인륜에 절실하고 교학의 본령이 되는 데에 이보다 중요한 것이 없다. (중략)

이런 법을 두었음이 아름다운 일이 아닐 수 없는데 유사有司들은 받들어 거행하기에 태만하여 시강試講할 즈음에 심상히 여기고 엄하게 밝히지 않으며, 학교에서 사장師長의 책임을 맡은 사람도 어릴 때 교양하여 근본을 다지는 것은 생각지 않고 한갓 기송記誦이나 사장詞章에만 구구하여,《소학》의 도리가 거의 없어지게 되었으니 내가 매우 걱정스럽게 여긴다.

《소학》은 이미 숭상하지 않는 풍속이 되었으므로 공사公私 간에 소장한 것도 적을 것이니 시급히 광범위하게 인출印出 반포하여 경외의 학교와 시골 촌락에 이르기까지 학습하지 않는 사람이 없도록 하고, 스승이 후진들을 가르치고 부형이 자제들을 교훈할 때나 조정에서 과거 보일 때에 대체로 이를 우선하도록 하라. 가르치면 배우고 배우면 행하여, 버릇이 천성대로 되고 교화가 가르침에 따라 일어난다면, 어찌 풍속이 바르지 못하고 인재가 아름답지 못한 근심이 있겠는가?

나의 지극한 이 뜻을 체득하고 중외에 효유하여 《소학》이 공사 간에 널리 퍼지도록 하고, 학습을 권장하는 절목 및 생원·진사 복시 때에 엄격하게 강 받기를 거듭 밝히는 절목을 모두 자상하고 극진하게 마련하여 시행하도록 하라."

— 《중종실록》 1516년 11월 6일

조선을 이끌 젊은 인재들이 사장에만 매여 바른 공부를 외면할까 근심한다는 뜻이었다. 그저 가르치라 말한 것만도 아니었다. 전국 모든 학교에 이를 알리고 부족한 책을 인출하여 반포할 것은 물론, 과거를 볼 때에도 이를 우선하라고 명한다. 그야말로 국왕의 지극한 마음이 담긴 전교라 할 만하다.

대체 《소학》은 어떤 책인가. 이 정도로 주목을 받자면 그것도 당대의 지성 조광조가 임금 앞에서 추천하며 그 가치를 역설하던 책이라면, 심오한 삶의 이치나 학문의 깊이를 담고 있어야 마땅할 터. 물론 그 내용만으로 보면 그렇기는 하다. 다만 당시 조선에서 《소학》을 받아들인 맥락은 이와는 조금 다른 점이 있었다.

《소학》은 1187년 주희朱熹, 그러니까 성리학의 대가인 바로 그 주자의 지시에 따라 편찬한 책으로, 역대의 경전 가운데 '좋은 말씀'을 가려 뽑아 수록한 선집選集 형태의 저작이다. 그 내용을 보면 한 인간으로서 갖춰야 할 덕목을 정리한 것이다. 선집의 형태인 만큼 말 그대로 주옥같은 가르침이 가득했으니, 실제 배움의 현장이나 삶에서 적용하기에도 효과적인 면이 있었다. 게다가 편찬자가 바로 주자 아닌가. 성리학과 주자의 위상을 생각해볼 때 이 책이 지닌 무게가 여간치 않음은 당연했다. 그런데 제목이 주는 이미지 때문인지, 아니면 인간으로서 지켜야 할 마땅한 도리와 사상을 담아낸 때문인지 일단 어린 학생들의 필독서로 인식되어 왔다. 《소학》에 담긴 내용은 결코 가벼운 것이 아니었으나, 그 경구들을 그대로 외우는 데 주안점을 둔다면 이런 학습 또한 가능한 일이다.

'선집'이라는 형식이 그런 면이 있다. 얕은 지식〔薄識〕을 넓은 지식〔博識〕으로 대략 포장하기에 그럴듯한 구성이다. 사실 어느 시대든 읽지 않고도 읽은 체하기에 좋은, 그런 지침서 몇 권쯤은 항시 인기를 끌지 않았던가. 다만 사람에 따라 이를 소화하는 방식은 그야말로 천차만별. 그저 구절만 달달 외울 수도, 그 원전 하나하나를 파고들며 공부할 수도, 이를 깊이 새겨 삶에서 독실篤實하게 실천할 수도 있었다. 이것이 《소학》이 지닌 내적인 상황인데, 중종의 전교가 내려질 무렵의 조선에는 또 다른 상황이 기다리고 있었다. 바로 조광조의 선택이 그것이었으니, 그는 《소학》을 가장 진지하게 받아들인 '독실 실천파'와 인연이 남다른 인물이었다.

조광조와 '《소학》의 무리'

중종의 '《소학》 전교'를 보면 이미 임금의 마음이 조광조의 생각 쪽으로 꽤나 기울고 있음이 역력하다. 중종이 언제부터 온 백성의 교양 수준을 걱정했는가 말이다. 왜 《소학》인가. 왜 책읽기운동인가. 조광조가 꿈꾸는 세상, 그가 이루고 싶은 조선의 모습을 생각해보게 한다. 그는 근본을 바로 하면 말단은 저절로 따라올 것이라 믿고 있었다. 정신이 바뀌면 그에 따라 모든 것이 차츰 달라질 것이라고. 이때의 조선은 한 홍문관원이 근심해야 할 만큼 인륜의 도가 땅에 떨어진 상태였을까. 국왕이 염려하여 권장 도서를 반포해야 할 만큼 어수선한 시절이었을까. 아니지는 않았다.

이 책읽기운동이 정치와 상관없는, 교육 분야의 소관일 수는 없다. 교육이야말로 가장 효과적인 정치다. 역사가 가르쳐주지 않던가. 읽어야 할 책을, 추구하는 사상을 장악하는 쪽이 궁극적인 승자가 된다. 《소학》

은 이른바 이전 시대 정치범들의 텍스트였다. 물론 바른 삶을 살아야 한다는 내용을 담은 책이었다. 조광조가 주장했던, 그리고 중종도 기대했던 요순시대 임금과 백성들의 생활 태도는 그래야 하기는 했다. 하지만 이것이 핵심일 수는 없다. 그 안에 담긴 내용이 효든, 충이든, 수신이든 그것만이 문제는 아니었던 것이다.

연산군 시절이라 해서 《소학》에 담긴 그 내용 자체를 대놓고 부정한 것은 아니었지 않은가. 하지만 이 책을 '경전'으로 내세웠던 이들이 탄압을 받으면서 《소학》도 그들과 함께 사라져야 했다. 그런데 이 불온서적이 다시 필독서로 되살아난 것이다. 심지어 과거 시험의 공식 교재로 채택하라는 어명이 더해졌다. 이미 복권되기는 했지만, 이야말로 그 시절의 피화자들이 다시 주목을 받으며 선명하게 되살아나는 순간이다. 누구보다도 그, 김굉필로 말하자면 '소학동자小學童子'를 자처하던 인물이었으니, 남효온이 《사우명행록》에 남긴 평에 따르면 이와 같을 정도다.

김굉필의 독특한 행실은 비할 데가 없으니, 평상시에도 반드시 의관을 갖추고 있었으며 집 밖에는 일찍이 읍 근처에도 나가지 않았다. 손에서 《소학》을 놓아본 적이 없었고, 파루를 친 뒤에야 침소에 들었으며 닭이 울면 일어났다. 사람들이 나라의 일을 물으면 그는 반드시 "《소학》 읽는 아이가 어찌 대의大義를 알겠는가." 하였다.

그는 일찍이 시를 지어 말하였다.

글공부가 아직 천기를 알지 못하나	業文猶未識天機
《소학》글 가운데서 어제의 잘못을 깨달았도다	小學書中悟昨非

　이 정도라면 《소학》의 진정한 추종자다. 독실한 실천파가 이상적으로 여겼을 모습 그대로가 아닌가. 그리고 그 제자들에게 《소학》은 하나의 신념으로 이어진 것이다. 조광조가 《소학》을 다시 꺼내 든 이유는 무엇보다도 그런 실천에 대한 갈망 때문이었다. 조선에서, 바른 삶에 대한 기준이 흔들려버린 조선에서 새로운 도덕적 기준을 제시해야 한다는 절박함이었을 것이다. 지극히 기본적인 도리에서 시작하자는 뜻이었는데, 현란한 언사보다는 단순한 원칙을 내세워 사회의 기강을 세우겠다는 의지라 하겠다.

　그러니 《소학》은 하나의 텍스트가 아니라 일종의 운동인 셈이다. 책이란 읽는 이의 생각을, 그리고 행동을 움직이게 하는 힘이다. 책이란 무엇인가, '함께' 읽는 책이란 무엇인가. 조광조야말로 그 의미를 절절히 되새기지 않았을까. 연산군 시대, 《소학》이 폐해지고 《근사록》이 버려진 이유가 그저 그 책을 읽고 가르치던 선비들에 대한 응징 때문만은 아니었음을. 그 책에서 말하는 도리 자체를 무력화하고자 함이었음을.

　조광조가 다시 《소학》을 이야기하는 배경은 버려져야 했던 그 배경과 다르지 않다. 이제 그 도리를 밝히는 시대가 되었다면 잊혀야 했던 이유도 함께 기억해야 하리라는. 그 기억을 제대로 기억한 자리에서 새로운 시대를 꿈꿔야 하리라는. 그런 뭉클함 아니었을까. 이후 조광조와 그를 따르던 사람들을 '《소학》의 무리'라 일컬을 정도로 《소학》은 '조광조의 무리'에게 하나의 상징이 되었다. 지금까지의 여러 정치 세력과 차별화되는 상징이기도 했다.

《소학》 운동'의 명과 암

이 '《소학》 운동'에 전격적으로 나선 또 다른 인물이 김안국이다. 김안국은 이미 앞서의 신씨복위상소 사건에서 조광조와 뜻을 함께하느라 사직을 청했던 인물. 그 또한 김굉필에게서 학문을 익힌, 《소학》의 열광적인 지지자였다. 조광조보다 네 살 위였으니까 친구가 될 만한 나이지만, 서른넷에 출사한 조광조와는 달리 이미 약관의 나이로 문과에 급제하여 관료 경력이 스무 해 가까운 중진이었다. 젊은 사람들이 조광조를 따랐다면, 김안국 등의 중진 세력은 그를 지지하며 큰 바람을 막아줬다고나 할까.

조광조를 보면서 아슬아슬한 느낌도 있었을 것이다. 예전의 스승과 닮은 듯, 하지만 아주 닮지는 않은. 그래서 부러운 마음도 들지 않았을까. 열일곱 살 조광조가 유배지의 스승을 찾아갔던 이야기는 이미 알고 있었을 테니, 엘리트 관료의 전형적인 길을 밟던 자신과는 여러모로 다른 후배 앞에서 이런저런 생각도 스쳤을 법하다. 그런 인물이 불쑥 나타나, 바뀌어야 할 조선을 이야기하며 임금의 마음을 움직이고 있었으니까. 경연에도 긴 시간 참여해온 김안국이었다. 하지만 누군가의 말을 그토록 진지하게 듣는 임금을 본 적이 없었다.

김안국은 주변으로 세력이 모이는, 어째서인지 저절로 리더가 되어버리는, 그런 유형의 인물은 아니다. 진실하고 성실한, 다소 깐깐한 면모도 없지 않았던 사람으로, 기획보다는 실천에 적합했다. 그런 그였던 만큼 '《소학》 반포 운동'이라든가, '향약 운동' 같은 것이 어울렸겠다 싶다. 《소학》이나 향약의 시행에 대해 누구보다도 그 필요성을 절감하고 그 내용을 훤히 꿰고 있었는데, 마침 1517년 봄에 경상도 관찰사라는 적합한 자리가 주어졌다.

실록이 전하는바 "영남에 있을 적에는 더욱 교화에 치중하여 유생들에게 먼저 《소학》을 강독하도록 하여 순순히 이끌어주었다. 혹시 조금이라도 방향을 아는 사람이 있으면 반드시 옆에 데려다 놓고 가르치므로 선비들이 모두 즐거워했다." 하니, 선생의 역할도 기꺼이 맡았던 것이다. 조정에 있던 조광조도 김안국에 대해 여러 생각이 오갔을 것이다. 좋은 기획이 빛을 보려면 일선에서 실행하는 이들의 실력이 관건일 수도 있다.

그런데 이 《소학》 운동이 폐해가 없지 않았던가 보다. 책의 내용을 깊이 탐구하고 그것이 체화되어 드러나는 것이 아니라, 말 그대로 흉내만

내는 이들이 생겼기 때문이다. 겉멋만 잔뜩 든 젊은이들이 나타난 것이다. 하긴 《소학》 공부에 그런 약점이 있다. 경전을 막힘없이 외우고 문장을 힘써 익히는 기존의 학습법과는 차이가 있어서, 그 내용을 몸으로 행하라는 것이었기 때문이다. 그런데 진심을 다해 따르는 것인지 흉내만 내는 것인지 어찌 분별하면 좋겠는가. 이러다 보니 겉모습만 군자를 따랐지 그 머릿속에는 시 한 구절 읊어낼 지식 토막도 없다는 수군거림이 나올 수밖에.

조광조도 이런 사태를 알고 있었을까. 시간이 조금 지난 후이긴 하지만 알고 있었을 뿐 아니라 근심하기도 했던 것 같다. 조광조가 《소학》을 선비들의 기본 경전으로 삼아야 한다고 말한 것은 과거 공부만 하느라 수양이 형편없는 이들을 경계함이었지, 학문의 기초도 없이 겉모습만 군자인 척하라는 뜻은 당연히 아니었다. 겉모습만 흉내 낸다? 이런 지경에까지 상상력이 미칠 수 없었던, 당황했을 조광조의 모습이 그려지지 않는가.

어쨌든 이는 조금 뒤에 일어날 일, 일단 《소학》 운동은 조정 대신들에게도 부정적인 평가를 받지는 않았다. 《소학》을 가르치고 무너진 도를 일으킨다는 데에야. 젊은 대간과 시종들을 중심으로 이런저런 진언들이 들고일어나니 조정이 좀 들떠서 소란스러운 듯도 했지만, 젊은 임금에게 이런 시절도 필요한 것 아니겠는가. 대신들의 눈에도 이 시대는 사습이 무너져 쓸 만한 인재를 얻기 어려워 보였으니까. 적어도 연산군 시절의 포악무도함으로 돌아가지 않으려면 온 나라에 그 뜻을 알리고 격려함도 필요할 것이다. 분위기를 새로이 하여 일어서자는 것이리라, 그리 생각했다. 하지만 모두의 마음이 하나 될 수 없는 것 또한 정치의 속성일 터.

중종의《소학》전교를 읽으며 마음 복잡했던 이라면 남곤南袞 정도가 아닐까. 군주가 학문에 관심을 보이시니 분명 다행스러운 일이다. 덕치를 내세우는 조선이 아닌가. 임금의 호학은 칭송할 일이긴 했다. 하지만 임금께서 이렇게 선비들이 읽어야 할 책을 직접 지명하여 과거 시험까지 거론하신다? 그것까지는 그렇다 해도, 남곤이 특히 불편했을 부분은 사장을 폄하하는 그 대목이었을 것이다.

남곤 또한 김종직의 문인門人이자 반정으로 조정에 돌아온 연산군 시절의 유배객이었다. 이력으로 보자면 '《소학》파'와 아예 척을 진 사이는 아니었다. 당시 조선에서 문한文翰에 대해서라면 최고라 평가받는 인물로서 시문詩文은 물론, 명으로 올리는 외교문서들도 주로 그의 손에서 이뤄졌다. 남곤은 자신의 재능과, 그 재능이 필요한 자리를 잘 알고 있었다. 그러니 사장을 가벼이 여기는 조광조의 생각과 그 생각을 따르는 임금의 전교를 마주하며 신경이 곤두서지 않았을 리 없다.

아직까지 커다란 세력을 형성한 것은 아니었지만 조광조가 지닌 무게가 조금씩 달라짐도 느끼지 않았을까. 남곤 또한 여느 대신들과 마찬가지로 조광조의 주변을 찬찬히 돌아봤을 것이다. 그를 둘러싼 젊은 기운들도, 그에게 힘을 보태주는 조정의 중진들도. 그저 짧은 바람으로 지나가 버릴지 어떨지, 자신 또한 같은 배를 타야 할지 어떨지 가늠하며 기다리고 있었던 듯하다. 임금의 눈길이 머문 자리가 잔잔할 수는 없는 일. 바람이 인다면 한 걸음 떨어져 그 바람을 지켜보는 것이 상책일 테니, 불편함을 내색할 이유도 없었다. 바람을 막아서지도 따르지도 않으리라 생각했다. 바람에 들떠 있는 임금의 표정이 어떻게 변해갈지 조용히 살펴보면서, 이렇듯 남곤처럼 숨을 고르고 있는 이들도 적지 않았을 것이다.

내수사와 기신재 혁파

중종이라 해서 마냥 바람에 들떠 있을 상황은 아니었다. 《소학》은 군왕에게는 꽤 부담스러울 만한 내용을 담고 있다. 군신 간의 의리에 대한 신하들의─어차피 주희도 군왕은 아니었으므로─다소 냉정한 입장도 없지 않을뿐더러 군주이자 한 인간으로서 자신을 갈고닦아야 한다는 주문이 가득하다. 임금 역시 《소학》의 '규율'에서 자유로울 수 없었다. 중종이 《소학》을 장려하기로 한 이상, 반듯하게 수신하며 자신을 돌아보라는 신하들의 요청 또한 받아들여야 했다.

　중종은 그렇게까지 심각하게 생각하지는 않았다. 아직까지는 그럴 필요가 없었을 것이다. 누구보다도 임금 자신이 이 '도덕 운동'의 지지자였으므로, 엄한 규율이 가져올 피곤함 따위는 생각하기 전이었다. 사실 이 운동을 왕이 나서서 격려했다는 것은 쉽게 지나칠 일이 아니다. 이 운동의 목적이 단지 바른 생활 회복만은 아니지 않은가. 한 시대가 버린 이름들을 다시 세움으로써 이전 시대와의 이념적 차별화를 확실히 다진 일이었다. 《소학》 전교가 내려지던 11월까지, 그러니까 조광조와 경연에서 마주한 봄부터 가을 사이에 중종에게는 그야말로 작지 않은 변화가 있었음이 분명하다.

심드렁하게 바라보던 문제들을 자신의 것으로 마주하기 시작했다. 이를테면 젊은 대간들의 요청을 수용하여 '내수사 장리'와 '기신재忌晨齋'를 혁파한 일이다. 내수사의 장리 문제는 오랫동안 시비의 대상이었다. 임금이 사사로운 재산을 두는 것도 못마땅한 마당에 심지어 백성들을 상대로 고리의 장리를 놓기까지 했다. 군왕으로서 백성과 이익을 다투다니, 유학의 가르침으로 보면 있을 수 없는 일이었다. 게다가 불교식의 제사인 기신재까지 이어지고 있었던 것. 이 또한 유교 조선의 지향과 어긋나는 잔재였다. 이미 성종 때에도 이를 바로잡으라는 상소가 잇달았다. 아직 이십 대의 새파란 유학幼學 남효온이 올린, 당시 꽤나 커다란 반향을 일으킨 상소는 이런 정도였다.

"(상략) 내수사를 없애야 합니다. 신이 듣건대, 임금은 천하를 집으로 삼고 사해를 궁궐로 삼으니 천하의 백성은 한집 사람이며 모두가 임금의 백성입니다. 이런 까닭에 옛 임금은 백성과 더불어 이利를 다투지 아니하였고 사사로이 간직해두지 아니하였습니다. (중략) 그런데 지금은 그렇지 아니하여 사사로이 곡식과 포백을 비축하여 날마다 백성들과 더불어 매매하여 이익을 취합니다. (중략) 아아! 하늘이 낸 재물은 그 수數가 정해져 있으니, 백성에게 있지 아니하면 나라에 있을 것이고 나라에 있지 아니하면 백성에게 있을 것입니다. 신이 모르기는 하나 내수사의 재물과 곡식들은 우리 백성에게서 나온 것이 아니란 말입니까? 우리 조정의 다스리는 도道가 멀리 삼대三代를 따랐는데 유독 내수사 하나만은 한나라 환제와 당나라 덕종의 고사를 그대로 따르니, 신은 그윽이 이를 부끄러워합니다. (하략)"

— 《성종실록》 1478년 4월 15일

조목조목 시원하지 않은가. 이런 말을 듣고서도 혁파하지 못한다면 군주로서 꽤나 낯 뜨거울 것 같다. 하지만 성종은 허락하지 못했다. 특히 대비전을 비롯한 왕실 어른들이 편치 않게 여기는 터라, 바른 정치를 위해 애를 쓰며 간언에 너그러운 성종조차도 이를 쾌히 받아들이지 못했다.

그런데 1516년 6월, 이 문제들이 해결되었던 것이다. 중종이 대간들의 청을 수용한 결과였는데, 그 자신으로 보면 삼대의 이상적인 정치를 회복하겠다는 의지를 천명한 임금이었다. 백성들의 생활과 직결되는 것인 만큼 상징적인 의미도 없지 않았으며 무엇보다도 연산군 시절 폭정의 이미지를 걷어내는 데도 효과적인 조치였다. 중종 또한 그 지점을 염두에 두었을 것이다. 대간들의 시비가 불편하기도 했겠지만 자신을 위해서도 손해 보는 결정은 아니었다. 그러면서 곰곰 생각해보게 되었을까. 유교 국가 조선이 나아갈 길에 대해서 말이다. 조광조의 이야기에 더 기울어지게 되는 까닭도 비슷한 맥락일 것이다.

이 무렵 조광조 무리의 행보를 보면 연산군 시대를 극복함은 물론, 그이전 성종 시대의 선배들이 이루지 못했던 '이상'을 하나씩 실현해나가겠다는 의지가 역력했다. 이미 언로의 소중함을 다시 일깨우며 그 통로를 확보해놓았으니 그 자체로서도 의미 있는 첫 번째 정책을 실현한 것이었다. 사실 이들에게는 '말'이 공식적으로 주어진 유일한 권력 아닌가. 내수사와 기신재 문제를 해결하고, 《소학》의 가치를 되살리자는 운동이 가능했던 것도 임금과 마주할 수 있는 자리를 통해서였다.

이런 일들은 언뜻 보기엔 무어 그리 중요한가 싶지만, 매우 근본적인 문제들이다. 특히나 그 출발을 다른 일도 아닌 임금이 제 도리를 지키라는 요구에서 시작했음도 의미 있는 대목이다. 조광조가 꿈꾸는 조선은 그런 나라였다. 모든 것이 도리에 맞게, 순리를 따라 제자리에 충실한 세상. 그런 나라가 되었을 때 사람들의 삶도 제자리를 찾을 수 있을 테니까.

임금의 사랑과 기대 속에서

역사 속 인물들의 결정적인 만남 앞에서 그런 물음이 들곤 한다. 무엇이 서로를 끌어당기는 것일까. 한쪽이 군주인 경우라면 대개 선택권은 이쪽에 있다. 대체 상대의 어떤 면이 군주로 하여금 특별한 사랑을 베풀게 한 것일까. 만남에 이르기까지 곡절이야 저마다 다르겠으나 그 이후의 결정적인 이유란 결국 그것 아닐까. 그냥, 그 사람에게 끌리는 것. 조광조를 향한 중종의 마음 역시 다르지 않을 것이다.

그런 조광조, 경연에서는 좋은 선생이었을까. 중종이 스승으로서의 그를 신뢰했던 것만은 분명해 보인다. 1516년 3월 종6품인 홍문관 부수찬이 된 후, 1518년 1월 당상관인 정3품 부제학에 오르기까지 채 2년도 걸리지 않았다. 부제학은 홍문관의 실질적인 책임자다. 경연은 물론 국왕의 자문에 응해야 했고, 외교적인 문제와 나라의 예법 앞에서 전례를 상고해야 했다. 더하여 양사의 간언에 대해 최종적인 의견을 보태기까지. 임금을 가장 자주 만나게 되면서도 실무에서는 비껴 있는, 그렇지만 정치 현안에 대해서는 매우 민감해야 하는 자리다. 개인적으로 자문을 하고 싶은 인물을 앉히기에도 적당하지 않았을까. 우익羽翼이 되어달라는 중종의 마음이 느껴진다.

인간적으로도 그랬던 것 같다. 실력 있는 스승이나 신하로서가 아니라 벗으로서 사랑한 것이다. 실력만으로 누군가의 마음을 얻기는 어려

운 일 아닌가. 심지어 조광조는 실력을 검증받으며 차근차근 올라온 것
도 아니었으니, 앞으로의 실력을 기대하여 임금 스스로 뽑아 올린 인물
이다. 중종 입장에서도 과감한 패를 꺼냈던 셈인데, 그 기대만큼 사랑
또한 부족하지 않았다. 세인의 눈에 "능히 임금의 뜻을 움직인다"[5]라고
보일 정도였다.

그렇다고 조광조가 군주의 마음을 따뜻하게 맞춰주는 달콤한 유형도
아니지 않은가. 조광조는 그야말로 금지 사항을 입에 달고 사는 선생이
었다. 그런데도 중종은 그대의 뜻대로 하라면서 한 신하에 대한 지지를
숨기지 않는다. 그 신선한 열정에 빠져든 것일까, 지극히 원론적인 말들
이었으나 사심 없는 솔직함에 마음이 흔들린 것일까.

중종이 '도덕적인 조선'을 만들자는 조광조에게 적극적으로 힘을 실
어주는 장면을 보면 정말 그 마음이 보이는 듯하다. 임금의 경연 출석이
좋아졌다. 유학의 근본으로 돌아가 잘못된 정치를 바로잡으시라는 간언
을 들어주기 시작했다. 제법 난이도 있는 이야기 아닌가. 군주에게까지
도덕적인 기준을 들이대는, 보기에 따라서는 매우 무엄한 요구일 수 있
다. 그런데도 중종은 이 새로운 바람이 궁극적으로는 자신의 치세에 도
움이 되리라 생각했던 것이다. 옛 시대를 청산하고 새로 시작해보자고,
그런 나라의 임금이 되겠노라고. 뭐랄까, 조광조와 함께라면 할 수 있을

---

5 김정국金正國, 《사재척언》, 이긍익, 민족문화추진회 옮김, 《(국역)연려실기술》, 민족문화추진회, 1967.

것 같은 기대감으로 부푼 모습이다.

하긴 조선이 건국된 지 이미 한 세기를 넘어선 시대였다. 이때쯤 한번, 중간 점검을 하기는 해야 한다. 마침 반정으로 명분까지 얻은 차였으니까 중종이 처한 상황은 보기에 따라서는 나쁜 것만도 아니었다. 잘만 한다면 중흥의 군주가 될 수도 있다. 하지만 선조들의 왕업을 보존하지 못할 수도 있었으니 이 소심한 군주, 한편으론 마음 졸이며 좌고우면했을지도.

조광조로서도 마침 뜻이 있는 군주를 만났으니 의지가 남다르지 않았을까. "크게 혼란했던 뒤이니, 지극하게 다스려야 할 기회가 바로 오늘입니다. 지금 힘쓰지 않는다면 뒷날을 어찌 기필하겠습니까? 이 기회에 힘을 다하소서"*라며 임금의 의지를 격려하고 있는데, 이 소중한 기회를 놓칠까 초조한 마음도 없지 않았던가 보다. 군주 한 사람의 그릇된 판단이 정치를 혼란으로 몰아넣고 백성을 도탄에 빠뜨림을 확실히 깨달은 뒤였으니까.

이제 새로운 시대를 열어야 할 중종에게 조광조가 기대한 모습은 어떤 것이었을까. 그의 주문은 바로 '백성에게 감동을 주는 군주'가 되어달라는 것. 조광조다운 표현이다. 꽤나 근사한 기대감인데 그만큼 쉽지 않은 요구다. 감동을 준다는 것, 저 혼자만 열심히 잘한다고 될 일이 아니다. 상대의 마음을 움직이게 하려면 수치로는 잡히지 않는 그만의 무언가가 필요하다.

중종에게 그리 말하고 있었지만 조광조 또한 군주에게 감동을 주지 않으면 곤란한 상황이었다. 무릇 이런저런 '개혁'을 시행하기 위해서는 군주와의 관계가 안정적이어야 한다. 군주의 지지가 있어야 가능한 일 들이니까. 어땠을까. 조광조가 중종을, 그리고 사림의 공론을 움직이는 힘을 지닌, 즉 감동을 주는 사람이었던 것은 확실해 보인다. 군주와 사림의 마음을 사로잡은 그만의 감동 요소는 과연 무엇인가. 빼어난 학식도, 수려한 외모도, 확고한 신념도 모두 그 배경이 되어주었을 것이다. 하지만 결정적인 하나는 바로 그 존재 자체가 지닌 '순정純正함' 아니었을까. 이는 한 인간이 지닌 성품의 결이지, 배움이나 노력만으로 얻을 수 있는 자질은 아니다. 개혁을 추진해야 할 지도자로서 그런 듯이 맞춤한 매력이다.

조광조는 근본주의자라 불릴 정도로 반듯하게 유학을 숭상한 이였지만, 개혁주의자로 평가되는 인물이기도 하다. 근본과 개혁 사이, 모순이 없었을까. 오히려 그 자신은 매우 당연하게 여겼을 것이다. 개혁이라는 것이 바로 근본, 즉 원칙으로 돌아가는 길이었으므로. 실제로 조광조의 언행을 보면 근본주의자에 대한 일반적인 이미지, 도무지 말이 통할 것 같지 않은 인물과는 거리가 있다. 그가 따른 것은 형식이 아니라 정신이었다. 그랬기에 그 근본 '정신'을 따라 고칠 것은 과감히 고쳐야 한다는 생각이었다. 그 정신에 어울리지 않는, 혹은 그 정신을 훼손하는 구태라면 당연히 바로잡아야 한다고.

그렇다고 해서 조광조가 어딘가에서 느닷없이 등장한 새로운 종족은 아니다. 그 또한 흔히 훈척이라 불리는 이들과 출신 자체가 다르지는 않다. 조광조의 새로운 꿈이 계급적 이해에 충실하기 위한 무엇은 아니었다는 얘기다. 그렇다면 더 놀라운 일이 아닌가. 그는 같은 곳에서 시작했다. 그런데도 다른 꿈을 꾸었던 것이다. 자신이 배운 그 학문의 이상을 따르겠다는, 놀랄 만큼 단단한 이성의 힘이다.

다른 꿈을 꾸는 이들에게 주어질 심란한 운명을 모를 리야 있으랴만, 자신이 추구한 학문의 이상은 현실에서 완성되어야 할 꿈이었으므로 조광조는 그 현실에서 비켜서지 않았다. 오히려 역사 속의 그들을 하나씩 기억하고자 했다. 정몽주鄭夢周, 사육신, 그리고 김굉필. 자신의 생각 때문에 죽음을 맞은 이름들이다.

7장

개혁

1517년 36세

역사의 가치와 민본의 의미를 묻다

"신의 뜻은 말씀드린 그대로입니다. 불가한 일입니다."

예상보다 강한 어조였다. 영의정 정광필의 거부는 조정 대신들의 흐름을 급속히 한곳으로 쏠리게 했다. 대세를 따르겠다는 뜻이었을까. 임금은 그저 논의를 지켜보고만 있었다. 조광조로서도 이대로 밀릴 수는 없었다. 수상이 반대하고 나선다면 어려운 일, 어차피 문제를 제기한 쪽에서 상대를 설득해야했다. 임금 앞이었다. 더욱 밀려서는 안 될 일이다.

"누군가의 삶을 이야기하려면 그 시대를 보아야 합니다. 성삼문成三問과 박팽년朴彭年이 세조에 맞선 것은 이미 노산에게 자신을 허락했기 때문이니, 세조에게는 역적이겠으나 노산에게는 충신이 되는 것입니다. 절의로 숭상함이 마땅하지 않겠습니까."

아직 세조의 시절에서 자유롭지 못한 이름들이 있는 조정이었다. 당장 임금만 하더라도 세조의 증손자가 아닌가.

"하지만 이는 당대에 결정하기에는 조금 이른 듯합니다. 아직은 때가 아닐것입니다."

"당대에 할 일이 아니라니요. 사기를 진작해야 할 때가 바로 지금입니다. 역
사를 바로 세우고 참다운 도의를 밝히지 않는다면 다시 누가 위란의 시절에
바른 삶을 살고자 하겠습니까."

무엇이 옳고 그른가를 확실히 밝히자는 말이었다. 정광필 또한 사육신 추장
推奬이 필요한 일임을 모르지는 않았다. 그래서 짜증이 치민 것일까. 하필이
면 왜 지금이어야 하는가. 이 무거운 일을 자신이 수상으로 있는 조정에서 결
정하고 싶지 않았다. 여기에 더하여 정몽주와 김굉필의 문묘종사 논의라니.
이 또한 자신이 떠맡을 마음은 없었다. 이미 오십 대 중반에 들어선 수상의
마음은 자꾸 역사를 들추며 힘들게 가고 싶지는 않았던 것이다.

"정몽주의 논의 또한 뒷말이 없지 않을 것입니다. 그가 왕씨가 아니라 신씨
를 섬긴 것이 사실인즉, 어찌 왕씨의 나라를 위해 목숨 바친 충신이라 하겠
습니까."
"이 또한 정황을 보셔야 합니다. 당시의 모든 이들이 신우를 왕씨로 알고 있
었으니 이것이 어찌 정몽주의 불충이겠습니까. 비록 조선을 반대하였으나
자신의 나라를 위해 의연히 죽었으니, 만대의 사표가 되고도 남을 일입니다.
도학을 잇게 한 공로 또한 덮지 못할 것입니다."

조광조의 말이 그른 것은 아니었다. 잠시 뜸을 들이는가 싶더니 정광필은 결국 김굉필을 입에 올렸다. 그대의 본뜻이 혹, 스승을 추앙하는 데 있지 않느냐는 은근한 압박이기도 했다.

"정몽주야 그리 말할 수는 있겠으나 김굉필까지 문묘에 종사함은 아니 될 일입니다. 그를 어찌 정몽주에 비할 수 있겠습니까. 남긴 학문도 없이 그저 제자들이나 조금 가르쳤을 뿐이니 도를 전했다고 말하기는 어려울 것입니다."

김굉필의 제자에게 묻고 있었다. 그대들의 도학이 그리 대단한 것이라면 그 증좌를 내어놓아 보라고. 정광필로서는 마지막 패를 내민 셈이다. 중종 12년 가을, 정국은 새로운 논의로 어리둥절한 중이었다. 성삼문과 박팽년을 추증하여 표창하자고, 정몽주와 김굉필을 문묘에 종사하자고, 조광조가 역사 속 이름들을 불러낸 것이다. 이쪽도 저쪽도, 그리고 임금도 저마다의 골몰함 속에서 해법을 찾는 중이었다.

기억해야 할 이름들

중종 12년(1517년) 8월, 영의정 정광필과 홍문관 응교 조광조가 제법 높은 수위로 대립하고 있었다. 기억해야 할 역사 속 인물들에게 그 이름에 어울리는 추장이 있어야 한다는 조광조 측의 제안과, 이에 대해 난감함을 표하는 대신들의 입장이 부딪친 것이다. 사안은 크게 두 가지였다. 고려를 위해 목숨을 바친 정몽주와 그의 정신을 따라 조선의 도통을 이은 김굉필을 문묘에 종사하자는 것. 그리고 단종복위사건으로 죽음을 맞은 성삼문과 박팽년 등의 명예를 회복시켜주자는 것. 출사 3년 차 조광조의 가을은 이렇게 시작되었다.

　의미 있는 이름들을 기억함으로써 역사를 바로 세워가자는 말인데, 몹시도 당연해서 반대할 이유가 없을 것도 같지만 당시 조정의 분위기는 그렇지 못했다. 당시까지는 아직 조선 6대 국왕에게 제대로 된 묘호廟號도 바쳐지기 전이었으니, 단종이 아니라 노산군으로 불리고 있었다. 그뿐인가. 고려의 우왕禑王이 고려 왕실의 후예임을 부정하기까지 했다.

즉, 왕우王禑가 아니라 신돈辛旽의 아들인 신우辛禑라는 말이었다. 이 때문에 우왕에게 충성을 다한 정몽주도 결국 가짜 왕을 섬긴 것이 아니냐는 시비까지 일었던 것이다. 1517년의 조선은 아직 지난 세대의 역사를 마음 편히 대하기 어려운 때였다. 역사를 평가하는 저마다의 기준에 따라 기억하고 되새겨야 할 이름이 달랐던 까닭이다.

그렇다면 그 기준의 정당성을 어디에서 찾을 것인가. 조광조는 보편적인 가치를 고민했다. 권력자의 입맛대로, 그 눈치를 살펴가며 역사를 기억해서는 안 된다는 얘기다. 조선이라면 유교의 가르침을 건국의 이념으로 내세운 나라다. 그 조선에서 사대부에게 적용될 보편적인 가치라면 충과 의가 기본이 되어야 할 터. 그러니 유교의 가르침을 실천하고자 죽어야 했던 이름들을 버려둘 수는 없는 일 아닌가. '우리 조선'의 건국을 반대한 이름일지라도, '우리 임금'의 선조에게 저항한 이름일지라도, 그들이 지향한 가치와 보여준 행적에 따라 평가받아야 마땅할 것이라고. 비록 임금이 불편해할 사건이더라도 말이다. 새로운 시대를 펼치겠다는 개혁가의 입장에서는 당연히 바로잡아야 할 기준이기도 했다.

조광조로서는 제대로 논의해야 할 일이라 마음먹고 있었을 텐데, 그 발언 시기에 대해서는 고민했을 법도 하다. 한 사건의 역사적 의미에 대한 시비는 논외로 하더라도, 이런 '역사바로잡기' 같은 제안은 보기에 따라서는 아무짝에도 쓸모없는 추상적인 논의일 수 있다. 정적政敵 가운데 실용주의자를 두었다면 한 소리 들을 만한 일이기도 하다. 먹고살기도 힘든 시절에 이 무슨 한가한 짓거리냐고. 하지만 또 그렇지 않은가. 먹고살기 힘든 때를 들먹이는 이들 대부분은, 그다지 먹고살기 힘든 이들이 아니다.

정신적 가치에 대한 논쟁은 민생이라는 화두 앞에서 아무래도 밀리기 마련이건만, 이때 조선에서는 정작 민생을 염려하는 측에서 그 사회의 정신적 가치를 고민하고 있었다. 다소 이상주의적인 신념을 담은 것이었다 해도, 조광조가 생각한 도덕은 '민본'을 위한 가치 수립이다. 역사 하나도 제대로 세우지 못한 나라에서 어찌 임금과 벼슬아치들이 백성을 위해 일할 수 있겠느냐는 말이다.

왜 불쑥 이 문제였을까. 정치 현안이 산적한 때였다. 이미 짐작되긴 했지만, 확실히 조광조는 조금 다른 방식으로 문제를 풀고 있다. 이런 말 같기도 하다. 이 안건이 바로, 지금 끙끙거리는 그 문제들을 해결할 실마리라고.

사기士氣를 바로 세우려면

논의가 솔솔 올라오기 시작한 것은 다른 현안을 논하던 중이었다. 왕실 재산이 백성에게 미치는 폐해를 바로잡는 방법을 논의하던 차에, 그런데 있잖아요, 하면서 화제를 돌리게 된 것. 8월 5일의 조강 시간이다.

그날의 논의는 젊은 검토관 기준의 이른바 '잠실의 폐단'에 대한 발언으로 시작되었다. 농사에 힘써야 할 백성들이 누에치기 같은 말단에 종사하게 되는 문제점을 지적하면서 왕실에서 운영하는 신잠실을 폐해달라고 요청했던 것이다. 그리고 백성들이 즐겨 농사짓지 못하는 까닭이 부역과 조세의 과중함 때문이니 이 문제를 해결해야 할 것이라고. 이어 공물의 폐해에 대한 논의로까지 확장되면서, 당시 조선 백성들의 피폐한 생활과 법제의 모순을 해결하자는 뜻으로 목소리가 높아졌다. 그야말로 '민생' 문제에서 시작된 것이다.

이어 기준은 이야기의 방향을 조금 틀어, 백성이 이처럼 곤궁한 때에 벼슬아치 가운데 '현우賢愚가 뒤섞여 있는' 상황을 걱정하고 있다. 그럴 법한 이야기다. 당장 법제를 손보는 것도 그랬지만 사욕이 앞선 벼슬아치들로 인한 피해도 적지 않았으니까. 결국 반듯한 인재를 얻어야 한다는 당위에 도달한 후, 급기야 절의를 숭상한 자들에 대한 포상 논의로 이어졌다. 바로 정몽주와 성삼문, 박팽년 등에 대한 처우 문제다.

기준 등의 젊은 시종과 대간을 중심으로 나온 이야기인 만큼, 조광조 진영에서 이미 교감이 있었음을 짐작할 수 있는데. 언뜻 뜬금없다 싶지만 논리적 흐름이 없지 않다. 민생을 위해서는 좋은 제도와 바른 벼슬아치가 필요하고 이런 벼슬아치를 얻으려면 사기士氣를 바로 세워야 하는데, 사기를 배양하려면 절의를 숭상해야 한다는 것.

그때까지도 세조의 찬탈에 대한 입장 표명은 여전히 껄끄러운 일이기는 했다. 성종 대에도 해결되지 못한 채 다음 세대를 기약한 것들이었다. 연산군 대에는 그 불씨로 인해 사화까지 일어나지 않았는가. 단종의 복위를 꾀하다 목숨을 잃은 사육신의 명예를 회복시켜야 한다면, 그들을 처벌한 세조의 행위를 다시 묻지 않을 수 없다.

　즉답하기 어려웠던 중종은 이 문제를 대신들에게 의논케 했는데, 그만큼 쉬운 일은 아니었다는 뜻이다. 1517년이면 조선이 세워진 지 120년 남짓으로, 세조의 찬탈로부터 60년이 흘렀다. 건국 시절 정몽주의 절의는 그렇다 해도, 세조와 얽힌 사육신 문제는 그리 먼 조상들의 이야기가 아니었던 것이다. 당시 조정의 신하들 가운데 세조의 찬탈로 영화를 얻게 된 공신의 후예도 적지 않았다. 어차피 세력 있는 집안에서 다음 세대의 인재가 배출되게 마련이다. 당장 좌의정 신용개申用漑만 해도 바로 세조의 장자방張子房이라 할 신숙주申叔舟의 손자였다. 그러니 여전히 민감한 사안일 수밖에.

　그런데 조정을 긴장시킨 이야기는 이 안건만이 아니었다. 사육신 추장에 대한 논의가 시작된 바로 그날, 연이어 김굉필과 정여창 등에 대한 재평가 문제가 제기되었다. 이들의 학덕이 충분히 대접받지 못하고 있으니 그 절의를 기려 그 후손이라도 녹용하는 대우를 보여야 하지 않겠느냐고. 이 문제에 대해 중종은 바로 다음 날 허락의 전교를 내린다. 그리고 다시 하루 뒤인 8월 7일. 이번에는 김굉필 등을 문묘에 종사하자는 성균관 유생들의 상소가 올라왔다. 중종은 이를 조정에 논하게 했는데,

이에 대한 신료들의 반응이 두 가지로 갈렸던 것이다. 대신들의 긴장감이 느껴지는 순간이다.

조정의 두 세력

조정의 현안 앞에서 갑론을박하기는 했지만, 사실 당시까지 조정의 형세는 칼로 자르듯 두 편으로 나뉜 상태로 보이지는 않는다. 사안에 따라 그 선 양쪽을 오고 가는 이름들이 없지 않았던 것인데 어느 사이, 오고 가는 걸음이 뜸해지기 시작했다. 입장을 밝혀야 할 현안들이 점차 개인의 형편을 반영해야 하는 것들로 번져나갔던 까닭이다.

　대략으로 보면 삼정승을 포함한 중신들이 한쪽에, 그리고 대간과 시종들로 구성된 젊은 사림이 한쪽에 자리했다. 권력이나 관록으로 상대가 되기 어려워 보였지만, 이 시기는 그야말로 독특해서 어찌어찌 양쪽이 호각을 이루는 중이었다. 왕은 젊은 대간 팀에 힘을 보태는 것처럼 보이지만 가끔씩 대신들 뒤에 숨어 상황을 살피기도 했는데, 대간 팀의 말을 들어주기에는 자신 또한 귀찮고 난처한 일들이 많았기 때문이다.

　이 무렵의 대신 팀은 그나마 흔히 간신이라 일컫는 인물들은 거의 정리된 형국이었다. 지난해 내수사 장리 혁파 논란 중에, 연산군 시대의 재상이기도 했던 영의정 유순이 물러나면서 새로운 의정부가 구성되었으니 영의정 정광필, 좌의정 김응기, 우의정 신용개가 그들이다. 정광필은 정승으로 자리를 지키던 인물이고, 신용개는 신숙주의 후손으로 새로이 정승 반열에 오른 이다. 김응기는 대간들의 탄핵과 지병을 내세우며 이즈음이면 거의 자택에서 사직소를 올리는 중이었다.

이 삼정승을 중심으로 남곤, 안당, 심정沈貞, 이장곤 등이 주요 부서에 자리 잡고 있었다. 이들 중에는 그간의 행적으로 비난의 표적이 되고 있는 심정 같은 이도 있었지만, 젊은 사람들에게 공감하는 이들도 없지 않았다. 안당은 조광조의 출사 시절부터 그에게 힘을 보태주는 인물이었고, 이장곤도 대체로 조광조의 의견에 동조하면서 정책에 따라 이런저런 목소리를 내던 이다. 묘한 자리에 처한 인물이 바로 남곤인데, 정책으로 보자면 사림파와 대립하고 있으면서도 그들의 앞을 대놓고 가로막지는 않는 정도랄까. 명석했으나 교활하다는 평이 있던 만큼, 사림파 측에서 자리를 같이하려 하지는 않는 인물이었다.

젊은 사림 팀은 그야말로 이삼십 대의 젊은 관료들이 어울려 있었다. 이자가 부제학에서 승지로 자리를 옮겼으며, 부제학 자리는 김정이 승진을 한 상태였다. 신씨복위상소로 유명해진 바로 그 김정이다. 당시 조광조는 7월에 응교, 그리고 다시 8월에 전한으로 승진하게 된다.

이자는 조광조와의 친분이 남다른, 후일 함께 자연에서 늙어가자며 말년을 약속한 지기다. 이 팀에서 그나마 가장 연장자인 서른여덟 살, 모나지 않은 성품으로 양 팀 사이의 완충 역할을 해낸 인물이기도 하다.

김정 또한 이자처럼 출사가 빨라서 이제 겨우 서른둘의 나이로, 깔깔한 성격답게 부딪치는 일도 많아서 다소 과격한 언행이 지인들의 염려를 사기도 했다. 대략 이 두 사람이 조광조를 도울 만한 자리에 있었는데, 직급만으로 보자면 조광조는 아직 이들의 부하 직원인 셈이다. 하지만 그렇게 바라본 사람은 없었던 듯하다. 이들을 조광조의 무리라 부르고 있었으니까.

이들 외에 기준, 정응鄭譍, 김구, 윤자임, 박훈, 박세희朴世熹 등이 힘을 모으는 중이었다. 모두 조광조를 따르며 뜻을 함께한 대간과 시종들이었다. 이 무렵이면 천거를 통해 김식도 조정으로 들어와 있었다.

대신들과 맞서는 의견으로 짱짱하게 기세를 보이기는 했지만 사실 조광조를 비롯한 이들 대부분은 도성에 기반을 둔 명문가 출신으로 대신들과 그리 먼 사이도 아니었다. 당장 조광조만 하더라도 개국공신인 조온趙溫의 후손이었으며, 이들 가운데서 가장 저돌적인 인물로 꼽히는 김정은 영의정 정광필의 처조카사위, 이자는 김안로金安老와 동서지간이다. 윤자임은 정국공신 윤금손尹金孫의 아들이자, 기준의 처남이기도 하다. 그들은 서로서로 이렇게 저렇게, 친·인척 관계를 맺고 있었다. 바로 윗대인 대신들 입장에서 보면 이런 철부지들이 있나, 세상을 꿈으로만 살 수 있겠는지 한번 겪어봐라, 이런 정도로 혀를 차지 않았을까. 어느 시대인들 개혁의 꿈이 없었겠느냐 약간의 변명도 없지 않았겠고.

이 무리가 여느 철부지들과 다른 점은 리더의 능력이, 그리고 목표 의식이 확실했다는 것이다. 그 개인의 매력에 기댄 바가 크기도 했지만 무리 내부의 균열도 없었다. 젊은 날의 치기로 끝날 결심이 아니었다. 혹 시련을 맞는다면 그때 다시 결속력을 확인해야 할 일이겠으나 일단 조광조를 둘러싼 젊은 사림들의 의지는 흔들림이 없어 보였다.

고제회복과 역사바로세우기

이처럼 조정이 대략 두 세력으로 정리되고 있던 때가 바로 이해 1517년 여름, 그 배경은 바로 '고제회복古制回復'을 둘러싼 대립이다. 젊은 사림 팀이 사육신과 문묘종사 문제를 꺼내 든 그때까지도 여전히 이 고제회복으로 팽팽히 맞서던 중이었다.

고제를 회복한다? 바로 삼대의 정치를 따르자는 말이다. 고제를 회복할 것이냐, 조종조祖宗朝의 법을 따를 것이냐. 즉, 옛 유교의 근본으로 돌아갈 것이냐, 조선 100년의 관례를 이어갈 것이냐를 놓고 맞선 상황이었다. 당연히 조광조 측은 근본으로 돌아가자, 대신 측은 지금까지 해오던 대로 그냥 살자는 것. 삼대의 정치 회복은 이미 중종이 천명한 바이기도 했으니 새삼스러운 일은 아니다. 그런데 하필 이때에 주목을 받은 까닭은 또 무엇인가.

이해 7월, 중종의 가례嘉禮가 있었다. 세 번째 비, 즉 후일의 문정왕후로 불리는 윤 씨를 비로 맞은 것이다. 국왕의 가례는 조정과 왕실의 커다란 행사다. 그 결혼식을 어떤 형식으로 치를 것이냐, 가례 후 왕비의 묘현례廟見禮를 허락할 것이냐가 바로 이 고제 논의에 불을 당겼다. 옛 법도대로 친영과 묘현을 주장한 대간 측과, 그냥 조선에서 해오던 조종조의 법을 따르자는—물론 이쪽의 절차가 간편하다—대신 측이 맞서는 중이었던 것. 친영은 대간 측의 주장대로 행해졌는데 묘현 문제 앞에서 대신들이 다시 제동을 걸었다. 중종은 신료들에게 의논해보라며 결정을 미뤘으나, 내심 복잡한 절차를 생략해주기를 바라고 있었다.

대단한 문제도 아닌 일인데, 싶지만 또 그렇지도 않은 것이 이야말로 정치적 이념과 지향에 대한 입장이라 할 수 있다. 당장의 친영과 묘현은 시작일 뿐, 그 '판례'에 따라 이후의 사건들이 방향을 잡게 될 수도 있었다.

그런데 그렇게 대립하던 때에 바로 이 역사바로잡기 문제가 등장한 것이다. 일견 느닷없는 얘기를 꺼낸 것도 같다. 대신들도 갑자기 이건 또 무슨 일인가, 의아해했을 법한데. 하지만 그랬을까. 조광조에게는 이것이 고제회복의 정신과 같은 장에서 논의될 만한 일이었다. 유자로서의 바른 삶이 무엇인가를 밝히자는 것이었으므로, 무엇을 위해 유교의 근본으로 돌아가야 하는가라는 물음과 나란한 고민이라 생각했으리라.

'지금이 시작'이라는 조광조 측 표어의 한 실천 대목이자 반대편 인물들에게 던지는 회심의 일타일 수 있다. 그대들이 항상 말하는 조종조의 법이란 것, 그에 대해 진지하게 생각해봤느냐고, 100년 동안 조선에서 이어져온 그 법들이 정녕 지금의 조선을 이끌 수 있겠느냐고, 지금의 조선은 근본부터 선비들의 '정신'부터 바로잡아야 하겠다고. 이런 정도의 마음 아니었을까.

이 문묘종사는 간단한 문제가 아니다. 신하들은 물론 국왕에게도 그랬다. 문묘에 종사된다는 것이 무엇을 의미하는가. 공자를 비롯한 성현들을 모신 문묘 제사에는 국왕이라 해도 무릎을 꿇고 그 예를 다해야 했다. 그 성현들도 한때는 어느 군주의 신하였겠지만 이미 문묘에 종사된 이상, 더 이상 한 임금의 신하로 남지 않는다는 뜻이다. 임금 입장에서는 조금 언짢을 수도 있었겠다. 이처럼 군신의 도를 사제의 예로 바꾸어 공경해야 했던 만큼, 왕의 마음에 들지 않는 이름을 그 반열에 올릴 수는 없는 일이다. 그 옛날의 성현인 공자와 그 제자들도 아닌, 당장 정몽주나 김굉필처럼 역사책 바로 앞 장에 등장했던 인물이라면 성현이라기엔 너무 '신하' 같다는 생각이 들 법하지 않은가.

사육신의 추장과 문묘종사에 대해서는 대신들 대부분이 꺼리는 분위기였는데, 특히 이들을 대표하는 영의정 정광필은 확실하게 반대의 뜻을 표했다. 중종 입장에서는 아무리 조광조를 총애한다고는 해도 역시 영의정에게 의지하는 바가 클 수밖에 없다. 어쨌든 힘든 시절 동안 조정을 지켜준 대신이었다.

정광필의 발언들을 보면 그의 입장을 이해하지 못할 것도 없다. 수상인 자신에게 조목조목 할 말을 다 하고야 마는, 임금과 함께한 자리에서도 조금도 머뭇거림 없는 조광조에 대해 편치 않은 마음도 있었을 것이다. 옳은 이야기라 하더라도 그 속도가 과하다는 생각도 들었을 테고.

하지만 정광필의 반대 의견은 그 개인의 소신이기도 하겠지만, 책임질 일은 벌이고 싶지 않다는 소심함 때문이기도 했으리라. 영의정인 정광필도, 국왕인 중종도 그런 마음이지 싶다. 조광조의 말이 딱히 그른 것은 아니지만 그렇다고 해서 꼭 지금 해야 하겠느냐고. 혹 잘못된 결정이라는 평을 듣게 될까, 그 점을 걱정하고 있었다. 임금도, 영의정도 한 시대를 대표하는 이름으로 앞장서서 무언가를 이루고자 하는 인물이 아니었던 것이다.

여기에 정광필의 진심이 하나 더 있기도 했을 텐데, 바로 조광조 무리의 정치적 세력화에 대한 염려가 아니었을까. 역사에 대한 평가도, 누군가에 대한 기억도 어차피 정치로 풀어야 할 일이다. 조광조도, 대신들도 이 지점에서 밀리지 않기 위해 정치적인 힘을 모아야 했다. 대신파의 격정처럼 이 문제로 인해 젊은 사람들이 본격적인 정치 세력으로 결집될 수도 있었다. 아니, 그 결집이 필요한 때라 판단한 조광조가 문제를 던진 것일 수도 있었다.

문묘에 종사된다는 것

어쨌든 모두가 유자일 수밖에 없는 조정 신료들이었다. 성삼문과 박팽년에 관한 재평가 문제는 어느 정도 공감을 얻고 있는 참이었으므로, 그 후손들—살아남은 외손들—에 대해 따뜻한 대우를 해주라는 정도로까지 이야기가 진행되었다. 정몽주의 문묘종사에 대해서도 한 왕조의 마지막을 죽음으로 함께한 충신이자 큰 도학자로서의 업적을 되새겨야 한다는 긍정적인 반응들이 대세를 이루던 중이었다.

그러나 사육신 추장과 정몽주의 문묘종사까지는 논리에 밀려 애매하게 찬성 쪽으로 기울어진 대신파였지만, 김굉필의 문묘종사만큼은 물러나지 않으려는 마음이 역력했다. 정광필의 논지는 이런 것이다. 김굉필이 선생 노릇을 하기는 했지만 그걸로 어찌 '도'를 이었다고 할 수 있겠느냐, 절의가 있다 하기엔 그 행적이 너무 미미하지 않겠느냐. 좀 더 솔직하게 풀어보면 이런 정도다. 나라를 위해 목숨을 내건 것도 아니지 않느냐, 그저 동네에서 제자들 좀 가르친 정도로 일국의 스승이라 할 수 있겠느냐, 제대로 된 학술서 하나 없으니 학문적 업적을 이룬 것도 아니지 않느냐. 결론적으로, 김굉필이 조광조의 스승이 아니었다면 이런 자리에서 논의될 이름일 수 있겠느냐는 말을 하고 싶은 것이겠다.

그의 말처럼 김굉필이 좀 가르친 것뿐이라는 제자들 중에 조광조가 있다는 것이 관건이긴 했다. 그렇다면 이쪽의 논의도 이 면을 부각할 수 있다. 김굉필에게 뛰어난 제자들이 있다는 사실, 그것이 바로 그 자신의 학문을 증명하는 바가 아니겠느냐고.

어지간한 공격 앞에서 막히지 않던 조광조가 마지막으로 어떻게 대응했을까. 그의 변호인즉. 스승님은 학문이 미진해서가 아니라 그런 학술 논문 따위에 얽매인 분이 아니셨을 뿐이다. 이미 주자로 인해 성리학이 완성되었으니 보탤 것이 무어 더 있겠느냐. 게다가 그 당시의 상황을 보라, 학문으로 이름을 세울 만한 시대가 아니지 않았는가. 그리하여 학문을 몸소 그 자신의 삶으로 보여주시지 않았느냐……. 자구字句나 파헤치는 학자가 아니라 실천하는 지식인이라는 얘기다. 실록이 전하는 이 스승 변호 장면을 떠올리다 보면 조광조가 조금은 식은땀을 냈을 것도 같은데, 어쩌면 아니었을까. 의외로, 어찌 그런 것이 문제가 될 수 있겠느냐는 진지한 표정이었을지도 모르겠다.

결국 사육신의 절의에 대한 추장도, 정몽주의 문묘종사도 모두 실현되었다. 하지만 김굉필의 문묘종사는 성사되지 못했다. 조광조의 스승을 만대의 스승으로 모시는 것만큼은 조정 대신들이 받아들일 수 없던 것이다. 여기서 막지 못한다면 그다음은 조광조의 차례가 아닌가. 이미 도덕적 우위를 차지한 그들에게 공식적인 권위까지 더해줄 수는 없다는 절박함이었다.

그렇다면 조광조가 무리한 패를 꺼냈다가 패하고 만 것일까. 그렇게도 보이지만 이후의 진행 과정을 따르면 그렇지는 않다. 일단 조광조는 정몽주 문묘종사에 성공함으로써 '문묘종사 후보'에 대한 기준을 세우는 데 성공했다. 그리고 김굉필은 그 후보자로 거론되는 유일한 인물로 재평가되었으니, 연산군 시대 피화자들인 일군의 학자들 가운데 김굉필의 이름은 거론되는 수준 자체가 달라진 것이다. 심지어 그 스승인 김종직은 논의의 대상이 되지도 못한 자리다. 상황이 바뀌어 누군가 문묘에 종사될 이름을 찾는다면 그 '도통'은 정몽주에서 김굉필로 이어진다는, 그 사실을 각인시킨 셈이다. 실천적 지식인이 탐구형 학자보다 못할 것이 없다는 주장을 확인시킨 장면이기도 하다.

중종 당시 조선 성리학이 처한 정도로 보면 아주 터무니없는 추앙이라 할 수는 없다. 성리학이 심화 과정을 거쳐 본격적인 학설에 이르려면 조금 더 기다려야 한다. 조광조의 이름을 들으며 공부에 매진했을 십대의 이황, 조광조 무리에서도 가장 젊은 축이었던 기준의 조카인 기대승, 이런 인물들이 바로 조광조 무리의 삶을 자양분으로 삼아 비로소 학문다운 학문에 전념할 수 있었으니, 조광조와 그의 스승은 그렇게 될 수 있는 터를 닦아준 셈이다. 적어도 심화 과정에 이를 수 있는 사회적 분위기를 만들어주지 않았는가. 유학을 따르는 조선은 어떤 모습이어야 하는가에 대한 지향을 보여주면서 말이다.

개혁의 이상을 정치 현장으로

문묘종사 논의가 한창이던 이해 8월 말, 조광조는 첫 '사직상소'를 올린다. 조선시대 사직서는 그야말로 겸양의 미덕인 경우가 많았으므로 몇차례 정도의 사직서가 본인의 진심이라고 말하기는 어렵다. 혹 정승 반열의 인물이 올린 사직서를 임금이 덥석 받아 그대로 처리했다가 정승을 대우하지 않는 인정 없는 처사로 비난을 받기도 했으니까.

그렇다면 조광조의 사직서도 이런 것이었을까. 그 자신의 사양처럼 조금 심한 승진이기는 했다. 7월에 4품직인 응교에 제수되었는데 다시한 달 뒤 전한에 올랐으니 출사 2년 만에 3품직에 임명된, 어지러울 정도의 속도다. 하지만 임금의 총애를 받는 신하에게 이 정도가 대수인가. 조광조의 학문이나 국량으로 받지 못할 직위도 아니었는데, 그렇다면 이때의 사직서는 임금의 신임 정도를 확인해본 것이었을까.

당연히 받아들여질 사직서는 아니었다. 조광조가 전한에 임명된 배경이 없지 않았기 때문인데, 당시 이조판서인 남곤과 중종 사이에 이런 이야기가 오갔다.

이조판서 남곤이 정청에서 아뢰기를 "조광조는 이학에 뛰어나고 실천이 독실하기 때문에 전날 생원으로서 바로 6품직에 임명되었으며, 동료들에게 추복받아온 지 오랩니다. 그러므로 출신出身한 지 얼마 안 되어 부교리에 임명되었으되 오히려 그 사람의 자격에 차지 않는다고 여겼습니다. 단 자급資級이 부족하기 때문에 비록 4품에 궐원이 있어도 준례에 따라 초 서超敍하지 않았으니, 이 사람은 자급을 헤아릴 것 없이 궐원이 있으면 4 품에 의망擬望하는 것이 어떻겠습니까?" 하니, 전교하기를 "조광조는 그 사람됨이 과연 아뢴 바와 같다. 유생 때로부터 현자라고 일컬었기 때문 에 6품에 발탁하여 임용하였으며, 급제한 뒤로는 오래도록 시종의 반열 에 있었으니 대저 선류善類들은 차서次序에 의하지 않고 발탁하여야 한다. 자급이 비록 부족하더라도 발탁하여 전한에 임명하는 것이 어떠한가?" 하매, 남곤이 회계하기를 "임금의 분부가 지당합니다. 관원은 차서대로 서용할 것이나 조광조는 자급을 헤아리지 않고 의망하는 것이 어떠합니 까?" 하니, 전교하기를 "짐작하여 주의注擬하는 것이 가하다." 하였다.

– 《중종실록》 1517년 7월 28일

　　남곤은 7월에 조광조 측과 문제의 사장 논의로 제법 시끄러운 충돌을 벌인 뒤였으나 그렇다고 임금의 마음을 헤아리지 못한 것도 아니었다. 그는 조광조를 극구 칭찬하면서 이런 인물은 의당 품계에 매이지 말고 고속 승진시켜야 한다고 건의했는데, 중종은 기다렸다는 듯 그 말이 가 히 옳다면서 바로 초탁해서 벼슬을 내리라 했다. 이런 승진이었으니 중 종이 사직을 받아들일 리는 없었다. 뿐이랴. 다시 12월에는 직제학에, 그리고 한 달 후에는 부제학의 벼슬을 내린다.

조광조가 역사와 기억의 문제를 과감하게 꺼내 든 것도 중종의 이런 확실한 지지를 믿었기 때문이다. 우리 편에게 보여줘야 할 기획이기도 하다. 개혁을 밀고 나가기로 했다면 계속해서 새로운 기획을 내놓고 추진함으로써 그 결실을 직접 확인시키는 것이 무엇보다 중요한 일. 젊은 그들이 무언가를 하고자 '뭉쳤다'는 느낌을 준다면 그 무언가는 여느 대신들이 생각지 못한 그들만의 것이어야 했다. 이미 시작했으니 계속 전진하지 않을 수 없는 입장이다. 개혁이라는 것의 속성상, 멈추는 순간 그대로 허물어질 수도 있었다.

이 역사와 문묘종사를 쟁점으로 삼으면서 조광조의 무리는 정치 세력으로서의 색채를 확실히 다졌다는 느낌이다. 지금까지는 정치 세력이라 부르기엔 다소 애매해 보였었다. 어느 시대에나 있게 마련인 개혁적 성향을 띤 젊은 무리 정도랄까. 그런데 새로운 정책을 주장하며 이를 위해 조직적으로 '정치'를 해나가기 시작했을 때, 무리의 리더가 임금의 믿음을 얻으며 무게를 더해가기 시작했을 때, 그제야 기존의 조정 대신들도 그들을 새롭게 마주하기 시작한 것이겠다. 김굉필의 문묘종사를 끝까지 막아서는 장면의 긴장감이 그렇다.

그럴 만도 하다. 조광조의 무리를 보면 그 결속력의 배경이 학문적 경향과 가치관에 있었으니, 조선에서 처음으로 만나게 된 새로운 유형의 정치 세력이다. 물론 그 선배 세대, 지난 시절 두 사화의 피화자들인 김종직과 그의 제자들을 떠올리게 하지만, 그들은 이런 '정치' 세력으로 활동하지는 못했다. 대부분은 권력 주변, 혹은 재야에서 이상을 품은 채 살아갔을 뿐.

조광조의 남다름이 바로 이 지점에서 빛난다. 배운 대로 실천하며 사는 것이 이들이 익힌 학문의 도였으나, 그 배움을 실천하고자 해도 뜻대로 되던가. 수기라면 모를까, 치인을 실현하려면 그럴 만한 자리가 있어야 한다. 정치적인 권력, 임금의 지지 말이다. 이상을 꿈꾸는 이들에게는 주어지기 어려운 자리였고, 그 자리가 주어진 이들은 그런 이상을 꿈꾸려 하질 않았다. 그런데 만날 수 없었던 두 이야기를 조광조가 하나로 엮은 것이다.

재야의 이상을 정치 한가운데로 끌어내고, 그 이상을 현실로 바꿔가겠다는 또 하나의 이상을 실현해갔다. 정치판에서 돌아보지 않던 이야기들을 정치로 풀고자 했다. 역사라든가, 도덕이라든가, 심지어 고제회복까지. 그런 문제들이 서책 속에 잠들어 있는 낡은 정신이 아니라, 현실에서도 고민하고 되돌아봐야 할 가치라고 주장한 것이다. 그리고 정치라면 의당 그런 가치를 바로잡는 것이 우선이어야 한다고. 조광조를 좋아하든, 혹은 그렇지 않든 이런 등장 자체가 놀라운 사건 아니었을까. 도학의 꿈을 품은 이가 세상으로 들어와 현실에서 그 꿈을 나누는 일은, 조광조 이전에는 상상할 만한 선택지조차 아니었다.

이 지점쯤에서 조광조를 바라보는 중종의 시선도 그 색채가 제법 달라지고 있음 또한 당연하다. 출사의 길로 나선 것은 조광조 자신의 결심이기도 했지만, 그 배경에는 중종의 선택도 큰 자리를 차지했던 것이 사실. 조광조의 초고속 승진은 중종의 사랑과 기대였으니, 임금이 신하에게 내리는 관직의 무게는 그를 향한 마음의 깊이와 다르지 않다. 자리는 권력이고, 권력은 발언의 크기다.

중종은 일단 대신들에게 의논하는 형식을 취하기는 했으나, 기본적으로 조광조의 이런저런 정책들을 따라주고 있다. 여러모로 결단을 요구하는 그의 간언이 무거울 때도 있었으나, 이상적인 정치를 실현하자는 취지였으니 명분으로서도 근사하지 않은가. 자신의 스승을 문묘에 종사하자는 조광조의 발언 앞에서, 조금은 멈칫했을지도 모른다. 하지만 이런 문제는 건너편의 대신들이 알아서 반대표를 몰아줬으니까. 조광조의 인기가 높아지고 있었지만, 그것은 곧 그를 등용한 임금에 대한 지지로 이어질 수 있었다.

어느 사이 목소리 크던 대신들의 세력이 젊은 대간들과 묘한 균형을 이루어감을 느끼고 있었다. 임금이 그들 사이에서 무게중심을 잡기에 좋은 형세로 이동 중이라고나 할까. 이제야 임금의 결심이 의미 있는 결정으로 이어지는, 임금 노릇 할 만한 시절을 만난 셈이다. 젊은 기운과 함께 새로운 판을 구상할 정도였으니까, 권력에서 소외된 지난날의 중종과는 그야말로 달라진 모습 아닌가.

민본, 개혁 정치의 기본

백성들이 느끼는 체감 정치는 어땠을까. 근본을 바로잡아 새로운 조선을 만들자는 개혁파의 고민이 실제로 백성들의 삶에도 변화를 가져오기 시작했을까. 조선시대의 '개혁'주의자라면 '민본'주의자다. 그들이 말한 개혁은 근본, 즉 옛 시대의 원칙으로 돌아가자는 것이었다. 복고라니, 어째 각이 나오지 않는 주장 같지만 유교 정치의 근본이란 무엇인가. 민본으로 돌아가라는 것이다. 그러니 군주로서의 모범도 다르지 않아야 했다. 관료들의 탐오도 있을 수 없는 일이다. 이 무렵 전후, 민생을 근심하는 조광조의 제안들을 보면 대략 이런 것들이다.

> 옛사람이 말하기를, 쓰임을 절약해서 사람을 사랑한다 하였으니 이는 참으로 만세의 법입니다. 이제 국가의 경비가 너무 많기 때문에 세금을 감할 수 없으니, (중략) 그 경비를 감한 연후에 백성을 사랑하는 도를 베풀수 있는 것입니다.
>
> — 〈계사〉 1517년, 《정암선생문집》

국가가 백성에 대한 사랑을 어떻게 실현할 것인가. 조광조는 백성들에 대한 과다한 세금을 줄이기 위해서는 먼저 국가의 경비를 줄여야 함을 이야기한다. 필요한 곳이 많으니 갈수록 세금이 느는 것이 아니겠냐는. 더하여, 제도의 잘못을 바로잡아야 함은 물론이었다. 백성들에게 전세田稅보다도 더 커다란 고통이었던 공납 문제를 해결하자는 건의다.

> 지금 각 읍의 공물을 본다면 토산품이 고르지 아니하며, 방납도 한 되를 납입할 것에 한 말을 징수하고 한 필을 납입할 것에 세 필을 징수합니다. 그것이 적폐가 되어서 이러한 극단까지 이르렀는데 조정에서는 어찌 백성들을 위한 계책을 생각하지 아니하십니까. 옛적의 임금과 신하들은 서로 경계하며 고친 것이 백성들의 일이 아님이 없었는데, 후세에 이르러서는 한갓 작록爵祿만을 생각하고 백성들의 생계를 생각하지 아니한 것입니다.
>
> — 〈계사〉 1518년 2월, 《정암선생문집》

공납의 폐해를 잘 알고 있었던 것이다. 그렇다면 이처럼 민폐가 되는 제도를 폐하지 않는 까닭은 무엇인가. 그것은 바로 임금과 신하들이 자신들만을 위할 뿐 백성들의 생계를 우선하지 않기 때문이다. 다스리는 자들이 제정신을 차려야 한다는 것이다. 무엇보다도 사리사욕을 앞세우는 신하들과, 이를 예사로 넘기는 분위기가 문제였다.

"대개 청렴이란 신하의 분수 안의 일입니다. 사람이 만일 청렴하지 못하다면 무슨 일인들 잘하겠습니까? 청렴은 사대부가 할 보통의 일이요, 특이한 행실이 아닙니다. (중략) 청탁하는 기풍은 폐조 적에 극심하였는데 반정한 뒤에도 아직 남아 있습니다. 대간이 만일 어떤 사람의 탐오한 일을 논하면, 마땅히 결단하여 진심으로 그를 미워한다는 뜻을 보여야 옳습니다."

– 《중종실록》 1518년 1월 18일

성종 때에는 관후한 정치를 숭상하여서 간사하거나 도둑질하는 죄에 이르러서도 너그럽게 하였으므로 뇌물이 행해짐도 대개 이때에 시작되었습니다. (중략) 이런 일을 통절하게 다스려서, 조금이라도 범한 자는 조정에 들어서지도 못하게 한다면 사람마다 무서운 것을 알고 스스로 연마할 것입니다.

– 〈계사〉 1518년 2월, 《정암선생문집》

청렴한 관리의 중요성, 청탁과 뇌물에 대한 단호한 처벌을 주장하고 있다. 그 대가가 무서운 것을 안다면 알아서 처신할 것이 아니냐는 말이다. 하지만 법과 제도를 고치고 관례로 행해지던 일들을 문제 삼는 데에 반대가 없지 않을 것임을 알고 있었을 텐데. 조광조의 답은 이렇다.

나라의 법제는 비록 경솔하게 고칠 수 없지만, 그러나 학문이 고명하여 사리를 통찰한다면, 대신들과 같이 한마음으로 협력하여 덜어낼 것은 덜어내고 보탤 것은 보태어 융평隆平한 세상을 기약해 이루어서 조종祖宗의 법전을 준수해나감이 옳을 것입니다.

– 〈계사〉 1518년 2월, 《정암선생문집》

법과 제도가 도대체 무엇을 위해 존재하는가를 먼저 생각해보자는 말이다. 조종의 법을 준수한다는 말이 그저 있는 그대로 따르라는 뜻은 아닐 것이니, 이제 조선을 제대로 만들어보자고. 그렇다면 조광조가 꿈꾸는 조선은 어떤 모습인가. 그 사회의 구성원들이 한마음으로 협력하여 덜어낼 것은 덜어내고 보탤 것은 보태어 이룩해낸 '융평한 세상'이다. 보다 가치 있는 삶을 지향하고 나라의 백성 모두가 그 풍성함을 함께 누리자는 뜻 아닌가. 아름다운 꿈이다.

오늘 실행하면 내일은 제도가 된다

임금의 최측근이 이런 주장들을 강도 높게 쏟아내고 있었다. 상황이 이러하니 유자를 자처하는 벼슬아치들의 행동에 제약이 없을 수 없겠고, 관례로 넘기던 것을 제대로 따지기 시작하니 부정의 소지가 줄어드는 것은 당연지사. 연줄을 믿고 행해지던 청탁도 점차 수그러들지 않을 수 없었으며, 혹 부정에 연루되었다면 젊은 대간들의 탄핵을 피하기 어려위졌다. 자정하지 않으면 살아남기 어려운 분위기가 퍼져나갔다고나 할까.

조광조가 길을 나설 때 "우리 상전 지나가신다"[6]라는 백성들의 칭송이 따랐다는 기록을 보면 개혁파가 제법 지지를 얻고 있었던 것 같다. 게다가 사람이란 그런 존재 아닌가. 당장 밥 한 그릇 더 생기지 않더라도, 누군가가 자신의 한 그릇 밥을 위해 고민해주고 있다면 그것만으로도 기운이 솟지 않았을까. 연산군의 폭정을 거쳐 다시 중종 초기 반정공신들의 탐욕까지, 자신들의 영달밖에 모르고 민본 같은 것은 들어본 적도 없다는 지배층이 다스리던 나라였다. 그런데 누군가 불쑥 나타나 다른 이야기를 시작했다면 의당 돌아보게 되지 않겠는가.

결국 이런 일들을 실행하는 데는 실질적인 힘이 필요하다는 것이 개혁파의 남은 고민이었으리라. 그리고 어쨌거나 무리의 선두에 섰으니, 이 힘을 가져오는 일은 조광조가 해결해야 할 문제였다. 조광조가 처한 상황은 안팎으로 쉽지 않았던 것이다. 중종을 설득해서 힘을 얻어야 했다. 대신들과 맞서가며 그 힘을 지켜야 했다. 동료들을 결집시켜 힘을 제대로 실행해야 했다. 그래봐야 아직 3품의 홍문관원. 언제 흩날릴지 모르는 작은 힘일 뿐이다.

지지자들이 있다고는 해도 외로운 싸움이었다. 어쩌면 그래서였을

---

6 이이, 《석담일기》, 민족문화추진회 옮김, 《(국역)대동야승》, 민족문화추진회, 1971.

까. 국왕의 신임이 확인된 후 조광조가 진행시킨 일들은 구체적인 정책들보다는 큰 그림 그리기에 가까워 보인다. 차근차근 벽돌을 쌓아 올리는 것이 아니라 큰 골조를 먼저 세우겠다는 쪽인데, 그 뒤에 세밀한 제도들을 채우면 된다는 생각이었을 것이다. 정신적인 가치, 역사적인 평가, 민본의 이념 확립 등, 표리부동하지 않은 조선을 꿈꾸고 있었다. 그리고 그 일을 해야 할 시기는 바로 '지금'. 조광조의 말처럼 "오늘 실행하면 내일은 제도가 된다"*는 것이다. 어정쩡하게 미루기만 하는 대신들에 대한 질타이자, 통 크게 결정하지 못하는 중종에 대한 촉구이기도 했다.

조광조의 생각들을 따르다 보면 조선을 처음 만들어가던 정도전鄭道傳과 겹치는 부분이 많다. 어떤 나라를 꿈꾸는가, 무엇에 정치의 기본을 둘 것인가, 군신의 관계는 어떠해야 하는가. 근본적인 물음을 던지는 자세가 그렇고, 그 물음에 대한 답 또한 그렇다. 두 사람 모두 큰 그림을 그리는 설계자였으니, 정도전이 조선이라는 국가의 첫 기초를 세웠다면, 조광조는 100년이 지난 조선을 다시 증축해야 할 필요성을 제기했다.

새 집 짓기보다 어려운 것이 헌 집 고치기 아닌가. 혁명도 그랬지만 개혁도 그에 못지않게 힘겨운 일이다. 게다가 성공 확률은 더 낮을 수도 있는, 주어진 문제마저도 명확하지 않은 난감한 과제다. 조광조가 제기한 일련의 개혁안들은 한 세기 동안 조선이라는 사회가 가동되면서 쌓였던 문제들을 하나씩 해결하려는 시도라고나 할까. 조광조도 그 의미를 인식하고 있었겠지만, 조선 500년 역사를 살피다 보면 조광조가 처한 위치가 정녕 그렇다. 이쯤에서 누군가 해야 할 일이었다.

문제를 끄집어내고 또 풀어야 했기에 조광조는 그야말로 쉴 틈이 없었다. 이 무렵 조광조에 대한 실록의 평이 흥미롭다. 문묘종사 논의가 마무리된 후, 홍문관 직제학을 제수받았을 때의 기록이다.

> 광조는 소시부터 검칙檢飭 청수淸修하여 크게 중명重名이 있었다. 처음에는 조행으로 천거되어 사지가 되었고, 얼마 안 가서 과거에 제2등으로 뽑혀서 여러 번 청요淸要한 벼슬을 지내고, 이때에 이르러 이 직을 제수받게 된 것이다. 출신한 지 30개월이 채 못 되었으므로 사람들은 고금에 없는 일이라 하였다. 그를 따르는 자가 날로 많아졌고 주상도 그를 의중倚重하였다. 그 사람됨이 의론議論이 청고淸高하고 인물의 옳고 그름을 가려, 개연히 세상을 바로잡고 풍속을 변화하는 것으로 자기의 임무를 삼으니, 공경公卿 이하가 모두 외경畏敬하고 혹은 삼가 피하기를 원수처럼 하는 자도 있었다.
>
> — 《중종실록》 1517년 윤12월 13일

사람들의 눈에 비친 조광조는 이런 사람이었다. 그의 임무가 바로 '세상을 바로잡고 풍속을 변화시키는 것'이라 했으니, 당시의 시선으로도 조광조는 '바로잡는' 역할을 맡은 인물로 보였던가 보다. 이러니 세상

사람들이 그에게 품는 감정 또한 두 가지 가운데 하나다. 외경하거나 혹은 원수처럼 피하거나. 좋아하지 않는다면 미워해야 할 사람이다. 좋고 싫음이 뚜렷한 그 자신의 성격 때문일 텐데, 그런 그가 추진하는 정책들도 한몫했다.

이해가 얽혀 불편해하는 이들이 생기기 시작했다. 직접적인 것은 물론, 임금의 마음이 기울어지는 데서 오는 미묘한 것까지 헤아린다면 그 불편함의 폭은 제법 넓어질 수도 있었다. 고깝지 않은 정도로만 보던 이들의 시선이 적대감으로 바뀌어갔던 것이다. 조광조가 언로를 열어달라며 전 대간의 파직을 청할 때까지만 해도, 정치판에 들어선 신참의 멋모르는 치기라고 여기던 이들도 있었겠지만, 어느새 젊은 사람의 영수로서 임금도 그를 의지하고 중하게 여기는 인물이 되어 자신의 생각을 하나하나 이뤄가고 있었다. 잠깐 일어났다가 제풀에 잠들어버릴 바람이 아니었던 것이다. 기득권 세력에게는 불편함을 넘어서 위험한 인물이다.

조광조 또한 모르는 일이 아니었다. 이미 자신을 빗댄 비난의 상소가 올라오고, 그 상소를 둘러싼 시비를 가리느라 조정은 한동안 소란에 빠져들기도 했다. 하지만 조광조는 그 불편함들까지 돌아볼 마음은 없었다. 그들 마음의 불편함이 아닌, 조선이 처한 불편함을 돌아보기에도 벅찬 시절이었다. 근거 없는 비난은 결국 진실 앞에선 맥없이 흩어지는 허깨비일 뿐이라 생각하며 마음을 다잡았으리라. 그러나 하나둘 늘어나는 허깨비들이 형체를 갖추는 것은 어쩌면, 시간문제일 뿐인지도 모른다.

8장

갈등

—

1518년 37세

소인 군자 논쟁이 소격서 혁파로 이어지다

평온한 계절을 맞이한 것이 그 언제 일이던가. 조광조는 나서야 할 시기를 가늠하고 있었다. 가을이 시작되는 8월에 이르기까지, 임금은 여전히 윤허하지 못한다며 버티는 중이었다. 대간들도 지쳐가기 시작했다. 소격서를 혁파해달라는 상소가 시작된 지 벌써 달을 넘기고 다시 새 달로 들어서고 있었던 것이다.

어찌 이리하시는가. 명분은커녕 실익도 없는 일에 어찌 이토록 매달리시는가. 조광조는 임금의 마음을 헤아릴 수가 없었다. 그동안 어렵게 걸어오던 지치至治의 뜻이 이 작은 걸림돌 앞에서 주춤대고 있었으니. 조광조는 자신의 자리를 돌아보았다. 임금의 마음을 움직이지 못한다면 자신의 출사에 무슨 의미가 있으랴. 아직도 나를 온전히 믿지 못하시는가. 아직도 우리의 이상에 대한 확신이 부족하신가.

조선이 아무리 유자들의 학문으로 다스리는 나라라 해도, 이 모든 다스림이 군주의 결단 없이는 불가한 일. 임금이란 유일한 존재다. 그 자리를 나누지 못할, 단 한 사람. 그의 마음을 바꿀 수 없다면 이 나라를 바꿀 수 없다. 그 누구보다도 총명강단聰明剛斷을 갖춰야 할, 그 한 사람인 것을. 조광조는 마음속 소란스러움을 정리하듯 긴 상소를 올렸다. 뜨거움보다도 서늘함이 묻어나는 어조였다. 스스로를 어지럽히는 그늘 때문일까, 아니면 군주에 대한 일말의 실망 때문일까.

대저 시비를 가리는 것을 총聰이라 하고, 사정邪正을 살피는 것을 명明이라 하고, 미혹하지 않는 것을 강剛이라 하고, 확실하게 의심 없는 것을 단斷이라 합니다. 무릇 이 네 가지는 모두 임금의 일상생활에 한시라도 떠날 수 없는 것이니, 이것을 지니시어 변함이 없으면 사물을 접응接應함에 있어 갈피를 못 잡고 주저하는 병통이 없을 것입니다. (하략)

— 〈소격서혁파상소〉 1518년 8월 1일

중종은 서운함으로 가슴이 시려왔다. 조광조가 올린 상소가 어디 하나둘인가. 조목조목 잘못을 따지며 임금의 결단을 요구하던 것이 어디 하루 이틀인가. 그렇지만 지금의 이 상소는 여느 때의 것과는 다른 느낌이었다. 소격서를 혁파해달라는 그 내용이 문제가 아니었다. 부제학으로서 당연히 해야 할 말이었으며, 하물며 대간들이 의지하는 사림의 영수가 아닌가. 하지만 그동안 그가 했던 이야기들은 임금을 위한 간언으로 가득했었지 임금에 대한 자신의 심경을 내비친 것은 아니었거늘. 이런 어조는 어인 일인가. 임금이라면 의당 총명강단을 갖추라, 그리하면 갈피를 못 잡는 병통이 없을 것이다……. 그러니까 그렇지 못한 이 군주를 책하는 말이 아닌가. 그대의 눈에 비친 나의 모습은 그대의 생각 속 군주가 아니라는 말인가.

임금은 상소 위로 감도는 조광조의 심경이 느껴지자 그만 마음이 엉켜버리

기 시작했다. 아닐 것이다. 그가 어떤 사람인데 자신의 군주에게 실망 따위를
운운하겠는가. 내가 그를 얼마나 믿고 아껴왔는데……. 윤허받지 못하는 이
문제 때문에, 재촉하는 대간들의 압박 때문에 그 또한 힘에 겨워 불쑥 솟구친
감정일 것이다. 하지만 그렇게 다잡으려는 마음 반대편에서 다른 목소리의
전교가 내려지고 있었다.

"조종조에서 혁파하지 못한 일을 내 어찌 스스로 잘난 체하여 고치겠는가.
윤허하지 않는다."

–《중종실록》 1518년 8월 23일

어째서 이처럼 빈정대는 대답이 삐져나온 것일까. 임금 스스로도 이해할 수
없었다. 조광조의 답변이 눈에 그려졌다. 겨우 이런 문제 때문에 그의 마음을
상하게 하고 자신의 마음 또한 흐트러져버리다니. 이러자는 뜻이 아니었다.
아니다. 마음속 속삭임에 이끌린 것일지도 모른다. 아무리 그대의 말이 옳은
것이라 해도, 그래도 내가 그대의 군주인데, 한 번만 내 뜻 앞에 굽혀주면 아
니 되겠는가.

대지진, 소인 군자 논란으로

1518년 여름이 지나고 있던 무렵, 부제학이 된 조광조와 중종의 사이가 심상치 않다. 물론 여느 때와 크게 다른 장면은 아니다. 무언가를 청하는 조광조의 상소와 이를 둘러싼 윤허 과정에서 빚어진 실랑이. 그런데 두 사람 사이에 오가는 대화의 강도가 이래도 괜찮은가 싶은 정도다. 지난 3년 동안 그 둘을 지켜본 입장에서라면 더욱 그렇다.

꽤나 심각해 보이는 이때의 상소는 '소격서 혁파'에 관한 것이었는데, 시작은 몇 달 전의 지진 때문이었다. 항시 그래오지 않았던가. 재변이 있으니 이에 대한 원인을 고민하고, 그에 대한 대책을 논의하게 되었던 것. 하지만 조광조의 상소가 이런 어조에 이른 것은 지진에서 소격서 혁파 상소에 이르기까지, 그사이에 벌어진 사건들 때문이기도 하다. 별것 아닐 수도 있는 재해가 불러온 마음의 지진이었다.

1518년 5월, 문제의 그 지진이 있던 날로 돌아가 본다. 자연재해가 심하던 중종 시대 가운데서도 이날의 지진은 유례가 없을 정도였다고 전해진다. 중종은 바로 그날 저녁, 중신들을 불러 '대책 회의'를 열었다. 땅이 흔들리다니, 하늘이 노한 연유가 무엇인지 찾아내어 이를 바른 곳으로 돌려야 할 일이었다. 신하들과 마주 앉은 그 시간에도 "임금이 앉아 있는 용상이 마치 사람의 손으로 밀고 당기는 것처럼 흔들릴"* 정도였으니까.

회의는 날을 이어 계속되었는데 이때의 논의는 유독 '인사人事'에 집중되고 있었다. 군자 사이에 숨어 있는 소인에 대한 근심, 인재를 제대로 등용할 수 있는 제도의 문제 등등. 더하여 중신들이 제 역할을 못하기 때문이라는 비판에 이어, 그러니 능력 없는 소신을 물러나게 해달라는 정승들의 사직 읍소까지. 중종 또한 소인이 군자를 모해하려는 조짐이 아닌가, 깊은 우려를 표했다.

"이번 지진의 변괴는 음이 성하고 양이 쇠해서 그런 것인데, 음은 소인이
요 양은 군자인 것이다. 지금은 소인이 있다 해도 술책을 부릴 수가 없겠
지만, 당우唐虞 때에도 사흉四凶이 있었으니 지금도 소인이 있어 군자를
눌러서 그런 것이 아닌가?"

– 《중종실록》 1518년 5월 16일

음이 양을 억눌러서 생긴 변고라는 말에는 이견이 없었는데, 문제는 누가 군자이고 누가 소인인가 하는 점이다. 그리고 군자를 등용할 만한

방법이 무엇인가 하는 점이다. 소인을 물리치고 군자를 불러들여야 한다는 일반론에는 모두가 공감하고 있었으나 딱히 누군가를 소인이라 지목하기는 쉬운 일이 아니었다. 그 소인들이 주도했던 지난 시절의 사화는 아직 빛바랜 역사는 아니었던 까닭이다.

그런데 그때, 예조참판 조계상曹繼商이 누가 들어도 누군가를 떠올리게 하는, 구체적인 소인의 행적을 지적하고 나섰다.

> "소인이 있다 해도 알아내기 어려운 일이니, 겉으로는 군자와 같지만 그 속이 소인이기 때문입니다. 소인은 대개 재간이 많은 자들이니 어찌 그 행적으로 죄상을 드러내겠습니까? 그 하는 짓은 옳은 일 같아 보이는데, 임금이 옛 성현을 좋아하면 그 대세를 따라서, 시행할 수 없는 때임을 생각지 않고 겉으로는 고도古道로 임금을 인도하는 체하나 실은 자기가 원하는 바를 관철하려는 것입니다. (중략) 재변은 반드시 인사의 잘못으로부터 오는 것입니다."
>
> – 《중종실록》 1518년 5월 16일

겉보기에 소인과 군자는 다를 바가 없으며, 게다가 소인은 거의 재간이 많은 자들이어서 그 죄상을 드러내지 않는다. 여기까지는 모두가 수긍할 만한 내용. 문제는 다음이다. 그 소인들이 하는 짓거리에 당시까지도 힘겨루기가 그치지 않던 그 고제회복 논의를 거론한 것이다. 고제회복을 주장하는 그들, 임금의 바른 정치가 아니라 자신들의 뜻을 관철하는 것이 목적인 그자들이 바로 소인이라는 주장이다. 오늘의 이 지진도 바로 그런 자들을 등용했기 때문이라는 결론이었다.

후폭풍이 예상되지 않는가. 명확한 증거나 특별한 대안이 없는 한, 상대가 가만히 앉아서 들어줄 수 있는 이야기는 아니다. 혹 어떤 발언이라도 모두 받아주겠다는 군주의 특별한 사랑이 있다면 모를까. 그런데 오히려 군주의 특별한 사랑을 받는 누군가에 대한 공격이었다.

구습을 타파하다

누군가의 정책을 반대하는 것과 반대파를 소인이라 몰아붙이는 것은 전혀 다른 차원의 일이다. 군자의 대척점에 선, 간신을 뜻하는 말이기 때문이다. 물론 조광조를 미워하거나 경계하는 이들이 적지는 않았다. 하지만 누구도 조광조를 향해 소인이라 말하지는 않았다. 아니, 말할 수 없었다. 비록 그의 정책과 맞선 정승들일지라도 그 취지가 아닌, 실현 가능성 때문에 반대하는 경우가 많았다. 비록 그의 급격한 승진이 아니꼬운 이들일지라도 쉬이 시비를 걸지는 못했다.

실제로 조광조는 비난받을 만한 허점이 없었다. 실력이 부족한 것도, 직무에 태만한 것도 아니었다. 도덕성이야 말할 것도 없다. 그 자신의 신념 그대로, 사소한 청탁 하나 받아주지 않는 깔끔함에, 어지간한 인격들도 피하지 못하는 여자 문제까지 깨끗했다. 법적으로 '허용된' 소실조차도 두지 않았으니까. 권력자가 흔히 무너지는 돈과 여색 앞에서 탈탈털어도 나올 것이 없었으니, 그를 미워하던 상대편의 마음은 어땠을까. 뭐 이런 자가 있는가. 그냥 미워하고 있을 수밖에 없다. 이런 인물을 무너뜨릴 방법이 무엇일까. 겉으로 드러난 조광조의 주장이 실제의 속마음과는 다르다는, 증거 자체를 제공할 수 없는 음해밖에 없지 않을까.

조계상의 발언이 이런 맥락이었을 것이다. 개혁 정치를 추진 중인 젊은 사람의 리더를 향해 소인이라 지목했으니 그저 넘길 만한 사안은 아니었다. 개혁에 반대하는 구세력의 저항이라 해도 좋겠는데, 하지만 젊은 사람들만이 발끈한 것은 아니다. 소인이라는 말 앞에서, 다시 끔찍한 사화의 기억을 떠올린 조정의 중신들도 이 신중하지 못한 발언에 대해 거리를 두었다.

바로 그날부터 조계상에 대한 탄핵이 시작되었다. 이 소인 논쟁은 조광조가 걱정했던 문제이기도 했다. 전조도 없지 않았다. 이미 지난해 가을, 조광조 자신을 겨냥한 이성언李誠彦의 상소가 올라왔었다. 마음의 소요는 이쪽이나 저쪽이나, 그리고 국왕마저도 다르지 않았을 것이다. 군자와 소인을 잘 구분하셔서 지치를 이루셔야 한다고, 경연 자리에 마주 앉은 조광조가 그토록 여러 차례 간언한 것도 머지않아 이런 문제가 터질 것임을 예상했기 때문이었을까.

조광조 또한 조계상에 대한 강력한 처벌을 주장했다. 이성언의 상소에 대해서는 조정의 논의를 지켜보다가 한 달이나 지난 뒤 마지막으로 정리 멘트를 날린 것과는 다른 행동이다. 그만큼 이 사안은 자칫 자신들의 이미지를 실추시킬 수 있겠다고 판단했던 듯하다. 더 커다란 소란으로 번지기 전에 싹을 잘라야 했다. 이런 시비까지 짊어진 채로 개혁을 성취할 여력은 없었을 테니까.

그런데 중종은 조금 망설이고 있었다. 재상급의 중신을 내치는 것이 껄끄러웠던 까닭이다. 하지만 탄핵은 그치지 않았다. 결국 며칠 후인 5월 20일 주강 시간, 조광조는 처벌 수위에 대한 방침을 제시한다. 중신을 찬축하는 것이 너무 심한 벌이라 생각하신다면, 그렇지만 사림들을 소인으로 몰아붙인 자들을 조정에 둘 수는 없으니 "고신告身을 빼앗고 파직하는"* 선으로 결정하시라고. 중종은 즉시 그리하라는 명을 내렸다.

그렇게까지 큰 사건은 아닐 수도 있었지만 조광조는 이 사건을 꽤 무겁게 생각한 것 같다. 오히려 구체적인 과오나 무능에 대한 지적이 아니었기 때문이다. 누가 소인이고 누가 군자인가. 결국 최종적인 판단은 임금의 몫이다.

그런데 이 조계상 사건에서 보여준 중종의 태도에, 스스로 확실하게 판단하고 결정하지 못하는 임금을 보며 솔직히 걱정스럽지 않았을까. 당시 사관의 평대로 중종은 "자못 치도治道에 뜻을 두기는 했으나 용단력이 부족한"* 임금이었다. 조광조로서는 섭섭한 마음도 없지 않았을

　　　　　　　　　　　　　　— 8장 | 갈등 | 1518년 37세

것이다. 자신을 소인이라 몰아붙인 자에게 임금께서 이처럼 애매한 태도를 취하시다니. 우리 사이의 신의가 겨우 이 정도였었나, 돌아보지 않았을까. 자신만을 믿고 따르는 무리들에게도 낯이 서지 않는 임금의 대접이었다.

그래서 바짝 고삐를 당겨야겠다는 생각이 들었을 법하다. 임금은 분명 자신의 말을 믿고 따라주고는 있었으나, 그렇다고 모두 믿어주는 것 같지는 않았으니까. 임금은 좀처럼 중심을 잡지 못했다. 오늘은 이 말을 따르고 내일은 저 말에 끄덕였다. 물론 군주는 뭇 소리에 귀 기울여야 하는 존재다. 하지만 조광조가 모신 군주는 그 소리에 흔들리는 유약한 인물이기도 했다. 그러니 이처럼 우유부단한 군주의 태도가 시빗거리를 찾는 이들에게 하나의 기회로 보이지 않았을까. 이것이 조계상 한 사람만의 생각은 아닐 수도 있었다. 무수한 조계상들이 기회를 엿보고 있음을, 조광조라 해서 모를 리 있겠는가.

그들에 대한 처벌이 정해진 후 현 정세를 정리하듯, 조광조는 '시폐 상소'를 올리게 되는데 무엇보다도 임금의 중심 잡기에 대한 간언이 가득하다. 아니, 차라리 임금에게 묻고 있는 것이다. 아직도 군자와 소인을 구분하지 못하시겠느냐고. 옛 도를 사모한다 말씀은 하시면서 왜 아직도 머뭇거리며 시간만 낭비하고 있느냐고.

이어 '없어져야 할 구습'을 없애버리는 데에 힘을 쏟은 것도 비슷한 맥락이다. 조광조는 당시 조선 사회에서 그리 중요하게 생각하지 않는 '개인적인 도덕' 문제를 매우 심각하게 받아들였다. 수기도 제대로 하지 못하는 인간이 어찌 치인의 길에 나설 수 있겠느냐고. 이때 주로 건의된 일들이 여악과 변방의 창기를 혁파하라는 등의 문제였으니, 사회의 기강을 바로 하자는 뜻이겠다. 임금에 대한 주문도 잊지 않았다. 남발되는 사면과 특지에 대한 간언이었는데, 이렇게 특별법을 마구 공포하는 사회는 당연히 안정되지 못한 사회. 권력자의 마음이 아니라 '법'에 따라 움직이는 나라가 되어야 한다는 주장이었다.

사실 이런 생활 속의 구습을 뿌리 뽑는 일이 진짜 힘든 싸움이다. 굳이 들춰내고 싶지 않은, 대충 덮어둔 채 지내고 싶은, 그래도 별일 없어 보이는 일들. 조광조의 주장이 불편했을 이들의 솔직한 심정일 것이다.

군신, 그리고 사우師友의 도

그렇다고 조광조가 중종에게 힘든 길만을 요구했던 것은 아니다. 기록 곳곳, 군주를 향한 따뜻한 마음이 가득하다. 홍문관 부제학으로 임명된 이해 1월, 조광조는 임금이 경연에 자주 참석하느라 옥체를 상하실까 염려하는 마음을 보인다. 경연을 힘들게 이끈 당사자가 그 자신이었음을 떠올려보면 웃음이 나기도 하는데. 중종은 이 깐깐한 선생이 자신의 학구열을 알아주니 못내 좋았던가 보다. 아이처럼 기쁜 마음을 숨기지 않으며 즉답한바. "어진 사대부를 접견하고 싶은 때가 많기 때문이지 억지로 하는 것은 아니다."*

이뿐인가. 정치의 실효가 영 나타나지 않는다고 국왕을 압박하는 신하들 사이에서, 조광조는 그렇지만은 않다며 임금을 위로하기도 한다. 지레 낙심하여 포기할까 그것이 걱정이었을까. "위에서 베푸는 혜택은 비록 작더라도 백성이 그 은혜를 받는 것은 많다"*라면서 너무 빠른 효과를 기대하지 말고 마음의 여유를 가지시라, 군주를 다독이는 장면도 보인다. 사관의 눈에도 엄격하던 조광조의 이런 모습이 남다르게 느껴졌던지, 남긴 평이 인상적이다.

> 지금 성상께서 바야흐로 마음을 가다듬어 교화를 일으키고 있으니 어찌
> 조그마한 효과가 없겠는가. 신하가 되어 늘 백성이 조그마한 혜택도 입지
> 못한다고 말하면 성상의 입지가 해이해지지 않겠는가. 광조는 항상 당장
> 의 퇴폐해가는 폐단을 들어 더욱 성학聖學에 정진하는 방법을 누차 임금
> 앞에 아뢰었는데, 지금에 또 이것을 말하니, 광조의 의논은 참으로 극진
> 하여 권계權戒를 병진並進하였다고 할 수 있다.
>
> – 《중종실록》 1518년 3월 25일

이런 군신 사이였다. 그저 아첨도 아니었고 막연한 위안도 아니었다. 중종이 조광조를 사랑한 것도 그의 진심 때문이었을 터. 조광조로서는

그래서 더 안타깝지 않았을까. 폭군도 아니고 심성 자체도 나쁘지 않은 군주. 나름 학문에도 열심을 보이면서 성군이 되겠다고 도와달라는 군주. 그렇다면 그 노력의 결과가 좀 눈에 보여야 누구보다도 임금 자신이 힘이 날 것 아닌가. 지치를 위해 달려가는 조광조에게, 우유부단한 군주의 결심이 흐트러지기 전에 지치의 큰 설계를 마쳐야 한다는 조급함이 자신도 모르는 사이 그 걸음을 재촉했겠는데. 누군가 다시 나서서 소인이라 지목할지, 임금이 그 말에 흔들리며 신임을 거둬들일지, 사실 알 수 없는 일이었다.

이처럼 바쁜 시절, 조광조는 홍문관 부제학에 재임 중이었는데 여기에 성균관 동지사를 겸하게 된다. 성균관을 총괄하는 대사성 위에 이름을 얹는, 일종의 명예총장 같은 느낌을 주는 자리로 적극 추천한 이는 바로 국왕인 중종이다. 추천 이유는 간단하다. 유생들이 조광조에게 배우기를 간절히 원하고 있으니 학풍을 진작시키고 학교를 바로 세우기 위해 이 자리를 맡아달라는 것이다. 주변 인물들의 찬동 역시 예상대로였는데 조광조는 거듭 사양하며 명을 거둬줄 것을 청한다. 일단 자신의 품계보다도 높은 관직—중종은 이 또한 특별히 품계를 높이라 명한다—에 오르는 것이 조심스러웠다. 그리고 자신 또래의 유생들을 가르치는 일이 마음 편치 않다는 것이었다. 물론 임명은 국왕의 뜻대로 진행되었다.

이미 임금의 총애를 받는 신하에게 학문적인 권위까지 더해준 셈이다. 조광조가 등장하게 된 배경 자체가 그의 학문으로 인한 것이긴 했다. 하지만 정치 일선에서 실무로 잔뼈가 굵은 이들과도, 공훈으로 당당한 여느 권력가와도 닮지 않은 이미지다.

조광조의 학문에 대해서는 모두들 그 수준 자체가 다르다는 점을 인정하고 있었다. 그를 추천하는 이들의 어조는 대략 이런 정도. 당시 이조판서인 이장곤의 말처럼 "조광조는 학문 자체가 다르니"* 그의 학문을 거론하는 것이 도리어 새삼스러운 일이 아니겠냐고. 그렇다면 학문의 수준이 정치가로서의 역량과 비례하는 것인가. 과거를 통과하는 정도의 공부가 아니라, 과거를 통과한 이들에게서 공부의 수준이 다르다는 평을 듣는 그런 정도의 학문이 정치 현장에서 꼭 필요한가. 이 무렵의 조선이 학문의 고매함을 발탁의 근거로 받아들일 만한 시절이었는가.

'(철)학자'에게 '정치'를 맡길 수 있을까. 중종은 그럴 가능성을 생각했는데, 당시 조선이 처한 상황으로 볼 때 괜찮은 선택이었다. 다시 나라의 근본을 물으며 버릴 것은 버리고 세울 것은 세워야 할 시대였으니, 누군가의 열정적인 학문이 정치 현장에 필요한 때이기는 했다. 이렇게 임금의 총애가 날로 더해가는 조광조. 그 자신이 이상적으로 생각하는 군신 관계는 어떤 모습이었을까. 사우師友의 도를 논하는 그의 말 속에서 군주와 신하 사이의 따뜻한 믿음을 꿈꾸는, 한 이상주의자의 얼굴을 본다.

"무릇 사람이 학문을 하는 도리는 항상 사우와 함께 강구하고 연마하여 늘 잊지 않고 착실하게 해야만 그 학문이 날로 진취될 것입니다. 옛날에는 배우는 자만 이 사우를 가졌던 것이 아니라 임금도 사우를 가졌습니다. 이른바 사우란 예법으로 규정한 것이 아니라, 노성한 신하가 있을 때 그를 마음에 늘 존경한다면 그가 바로 사師요, 말을 들어주고 계략을 따라준다면 그가 바로 우友인 것입니다."

– 《중종실록》 1518년 1월 10일

길을 알려주는 이가 스승이라면 함께 걸어주는 이를 벗이라 부를 수 있지 않을까. 중종에게 조광조는 어떤 신하였을지, 누구보다도 중종 자신이 그 무게를 생각해봤을 대목이다. 홍문관 부제학 조광조를 성균관의 스승으로 임명하는 국왕의 마음을 헤아리기란 그리 어렵지 않다. 다만 중종이 생각한 철인정치哲人政治가 조광조의 생각과는 거리가 있을 가능성이 의외의 상황을 몰고 올 수는 있다. 바로 그 문제의 소격서 논란이다.

군왕의 자격, 총명강단聰明剛斷

6월에 시작된 소격서 혁파 상소는 여느 상소와 그 시작이 다르지 않았다. 역사적 사건으로서의 유명세에 비하면 사실 그리 큰 문제는 아니었다. 소격서라고 해봐야 도교식으로 제사를 지내고 소원을 비는 작은 기관이었을 뿐. 우의정 안당의 말처럼 "즉위하신 이후로 불교를 통렬히 배척하여 양종兩宗을 혁파하고, 소릉을 복구하고, 기신재·내수사를 혁파하고 이제 소격서 하나만 남았기에"* 마무리를 하자는 것이었다. 배경도 갖춰진 상태다. 지진이 일어난 연유가 바로 이처럼 사도邪道를 신봉하기 때문이라는, 당시 조선에서 충분히 제기될 만한 사안이었다.

조광조로서는 앞서의 여러 사건을 정리하자는 뜻이 아니었을까. 사교를 혁파하고 유교를 되새기는 모습을 보여줌으로써, 소인 군자 시비로 어지러워진 조정 분위기를 깔끔하게 다잡고 다음 단계로 넘어가자는 생각이었을 것이다.

하지만 의외로, 국왕의 허락이 좀처럼 떨어지지 않은 채 달을 넘기더니 다시 8월이 되도록 매듭을 짓지 못하고 있었다. 중종의 답은 한결같았다. 소격서는 그 유래가 오랜 것이니 함부로 폐할 수 없다는 것. 대신들은 양편으로 나뉜 채 사태를 관망하는 중이었다. 이에 대간들에게 힘을 실어주던 조광조가 급기야 8월 1일, 전격적인 상소를 올리게 된 것이다. 앞서 짧게 살펴본 '군주의 총명강단' 호소에 이어진 그 상소를 계속 읽어본다.

그런데 전하께서는 오히려 고집하여 굳이 거절하시면서 반드시 조종을 들어 말씀하십니다. 조종께서 과연 신봉하였더라도 이와 같이 조종께 돌리시면 이는 선조의 허물을 드러내는 것으로서 무례한 것이요, 옛날 풍속에 따라 우연히 둔 것인데 조종께 돌리시면 이는 선조께 누를 끼치는 것으로서 불경한 것이니, 불경과 무례는 사람으로서 감히 할 수 없는 것입니다. (중략)

재앙을 구제하는 방법은 여러 사람들의 마음을 통창하게 열어서 천심을 화하게 하는 것입니다. 무릇 인심을 답답하게 하는 어그러진 도와 해로운 정치를 제거하여 인심을 위로하고 기쁘게 하면, 사람의 기운이 자연히 화창해지고 하늘도 어그러지는 일이 없을 것입니다. (중략)

원하옵건대 전하께서는 학문으로 마음을 밝히시고 밝음으로 정일精 —하게 하셔서, 이단에 미혹하지 말고 궤설에 빠지지 마시며, 순일純 —한 덕을 따라 백성을 바른 데로 교화하시면 우리의 도道가 매우 다행이겠습니다.

― 〈소격서혁파상소〉 1518년 8월 1일, 《정암선생문집》

꽤 긴 상소의 대략을 발췌한 것이 이 정도인데, 소격서의 시작이 잘못되었음을 밝히고 그런 사도가 있음으로 인해 왕정이 순수하지 못해졌음을 안타까워하고 있다. 군왕으로서 갖춰야 할 총명강단을 과연 전하께서 지니고 계신가, 묻고 있기까지 하다.

여기에, 항상 선왕들이 신봉한 것이기에 혁파하지 못한다는 중종의 답변을 지적하여, 이는 오히려 선조들의 허물을 드러낸 일이니 후손으로서 무례와 불경을 범한 것이라 이야기한다. 이런 잘못이 바로 재앙의 근원이 되고 있으니, 어서 그동안 익혀온 학문으로 마음을 바로잡아 이단을 끊고 순일한 정치를 회복하라는 요청이었다. 이 정도라면 상소의 강도가 아슬아슬하기까지 하다.

이어 중종과 조광조 사이에 자존심 싸움을 연상케 하는 논쟁이 시작된다. 논쟁이라 하기엔 한쪽의 단문형 의견과 다른 쪽의 긴 논박으로 이뤄진 조금 이상한 대화다. 조광조로서는 임금이 이렇게까지 버틸 줄을 짐작하지 못한 것일까. 임금 또한 조광조가 이처럼 끈질기게 나올 줄은 생각지 못한 것일까. 중종은 제법 감정이 실린 언사를 서슴지 않는다. 조광조와의 줄다리기에서 처음 있는 일이었다.

중종은 여전히 마음을 닫은 채였다. 대신들에게 기대는 마음도 없지 않았다. 본격적인 논의가 시작되기 전까지는 영의정을 비롯한 대신들이 "비록 사도에 속한 것이지만 그 연원이 오래이니 그대로 두어도 괜찮다"*라는 태도를 보였던 것이다. 하지만 어느새 대신들도 점차 소격서 혁파 쪽으로 기울어지기 시작하더니, 그 범위가 넓어져 급기야 종친과 유생들까지 혁파를 청하는 상소를 올리기 시작했다.

그렇게 공방이 오가던 8월 22일, 청을 들어주지 않음으로 인해 대간들 전원이 사직하고 물러나는 사태가 발생했다. 다시 조광조가 나섰다. 어서 소격서를 혁파하여 대간들이 본연의 임무로 돌아올 수 있게 해달라고. 자칫 언로를 막은 시대로 기억될까 염려된다는 것이었다. 하지만 중종은 뜻을 굽히지 않았다. 이후 중종과 조광조 사이에 오간 대화를 실록은 이렇게 담았다.

> "만약 고칠 만하다면 곧 고쳐야 하겠지만, 고칠 수 없다는 뜻을 이미 다 말하였으니 사직하더라도 이 일은 윤허하지 않겠다."
>
> — 《중종실록》 1518년 8월 22일

조광조는 즉각 자신의 답을 올렸다. 고민과 대화 속에서 답을 찾으려 하지 않는, 이미 정해진 뜻은 신하들의 사직 정도로 흔들릴 수 없다는 그 '불통'의 완고함에 놀란 것이다.

> "전교에 '내 뜻이 정해졌으므로 고치지 못하겠다.' 하시니, 듣기에 매우 놀랍습니다. 대저 옳은 일은 혹 미리 정할 수도 있으나 때에 맞추어 하는 것만 못합니다. 그런데 이는 삿되고 그릇된 일을 고치지 않겠다는 뜻을 미리 정한 것이니, 신 등이 시종의 자리에 있으면서 이 전교를 들으니 놀라움을 견딜 수 없습니다."

소격서 논란으로 대간이 사퇴함으로써 경연까지 중지되는 사태에 이르렀다. 조광조는 이 또한 일의 경중이 잘못된 것이라는 간언을 더하지만 이에 중종은 한층 격한 답으로 대응한다.

"조종조에서 혁파하지 못한 일을 스스로 내가 잘난 체하여 고치는 것은 진실로 불가하다."

- 《중종실록》 1518년 8월 23일

이 정도면 이미 감정싸움으로 흐르는 모양새다. 나는 잘난 임금이 아니라서 일을 바로잡지 못하니 어쩔 것이냐는, 빈정대는 어조였다. 신중하지 못한 이 말을 그저 듣고 있을 조광조가 아니었다. 이미 어느 쪽도 그만두기는 어려운 상황이 되어버렸다.

"조종 때의 일이라도 한때의 잘못은 자손이 고쳐야 하며, 또한 전대의 공렬을 더 빛낼 수 있습니다. 더구나 이는 전조前朝의 구습을 답습하였을 뿐이니, 조종 때의 일이라고 할 수 없는 것입니다. 그리고 전조의 잘못을 조종께 돌리는 것도 불경한 일입니다. 지금 혁파하더라도 스스로 잘난 체하여 고치는 것이 아니니, 이 분부는 평탄하고 정대한 왕자王者다운 말씀이 아닌 듯합니다."

국왕의 자리에서 할 만한 답이 아니라는 것이다. 그야말로 임금답지 못한 이 투정에 조광조도 실망이 컸을 터. 하지만 중종에게 빠져나갈 방도를 알려주기도 한다. 소격서는 조선에서 시작한 것이 아니라 전 왕조인 고려의 것이었다고. 그러니 이를 혁파한다고 해서 선왕들께 불효를

소인 군자 논쟁이 소격서 혁파로 이어지다 —

행하는 것은 아닐 뿐 아니라, 오히려 혁파하지 않는 것이 불경한 일이라고. 소격서 설치의 잘못을 고려조로 넘김으로써 중종의 마음을 가볍게 해주려는 것이었다.

소격서 논쟁이 남긴 것들

하지만 중종은 조광조가 열어준 문으로 나가려 하지 않았다. 다시 선조들에게 기대기로 한바, 이번에는 신하들에게 성군으로 추앙받는 세종과 성종을 내세웠다.

> "소격서는 그 유래가 오래되었다. 아조我朝의 세종과 성종께서 태평의 정치를 이룬 것은 본디 우연한 일이 아닌데도 혁파하지 않으셨다. 이는 지금 창설한 것이 아니니 혁파함은 마땅하지 않다."
>
> – 《중종실록》 1518년 8월 28일

조광조는 세종도, 성종도, 그 어떤 성군이라 해도 유교의 근본을 따르지 않았다면 그 부분은 잘못이라고 밀고 나갔다. 임금이라 할지라도 따라야 할 것은 따라야 한다는 원칙을 일깨운 것이다.

"세종·성종께서 대성大聖이라 하더라도 소격서를 혁파하지 않으신 것은 큰 잘못입니다. 지금 만약 세종·성종께서 혁파하지 않으셨다 하여 끝내 혁파하지 못하시면 뒤를 잇는 자손도 반드시 성상을 핑계하여 말할 것이니, 유행하는 폐단이 오늘날보다 더 심할 것입니다."

중종에게 남은 핑계가 더 있었을까. 이에 중종은 작금의 시급함을 이야기한다. 마침 이 무렵 과거 시험이 임박한 때였는데, 대간이 없으면 시험을 주관할 수가 없었던 까닭이다. 중종은 과거를 연기하든가, 대간들의 청을 들어주든가 선택을 해야 할 처지에 놓인 셈이다. 그러나 중종이 택한 길은 둘 모두가 아니었다. 8월 30일, 전 대간을 체직하고 대간 전원을 새로이 임명하라는 전교를 내렸다. 하지만 새로 임명된 대간들이라 해서 그 직을 받아들일 리가 있겠는가. 그야말로 자충수를 둔 것이다.

그때 조광조가 마지막 수를 던진다. 임금을 바른 길로 인도하지 못했으니 자신도 사직을 청하겠노라고. 대간들이 모두 사직한 마당에 홍문관 부제학으로서 그들과 뜻을 함께했으니 '일을 볼 마음이 생기지 않는다'는 말이었다. 홍문관은 양사와는 업무의 성격이 조금 달랐으므로 행동을 함께할 이유는 없었으나, 어차피 논의의 중심은 조광조 자신이었으니 스스로 결말을 보겠다는 마음이었다.

"어찌 전하께서는 자신을 뽐내어 스스로 전단專斷하시다가 혼미한 지경에 빠지는 줄을 모르십니까? 신 등은 보양輔養이 직분이라, 상께서 잘못하셨으면 진실로 그 죄를 스스로 저야 하며, 정치에 정도를 잃음이 있으면 의리상 묵묵히 있을 수 없습니다. 논열하는 마음은 대간과 다름이 없는데, 신 등만 꾸짖어 물리치지 않으므로 조정을 지키며 머뭇거리니 마음에 부끄러움이 있습니다."

- 《중종실록》 1518년 8월 30일

중종은 대간 체직이라는 사태의 심각성을 그제야 깨달은 듯하다. 소격서만이 문제가 아니었다. 그깟 작은 일 때문에 대간을 체직하고 국시를 미루게 되었다는, 그 상황을 초래한 자신의 처지가 다급해진 것이다. 결국 다음 날인 9월 1일, 중종은 대신들을 핑계 삼으면서 자신의 잘못을 시인하게 된다.

"대신들이 말하기를 '별시라면 물려 정해도 가하겠지만 이것은 식년시이므로 물릴 수 없다.' 하므로 이와 같이 하였던 것이다. 그런데 지금 다시 생각해보니 내가 과연 잘못하였다."

- 《중종실록》 1518년 9월 1일

이에 조광조는 소격서를 혁파해달라는 청을 다시 올린다. 심지어 퇴

근도 하지 않고 밤을 새우며 임금을 압박하는데, 논리적으로 대응하던 지금까지와는 달리 자신의 답답한 심정을 호소하기까지 한다.

"매양 그 유래가 오래되었다고 핑계하시니 이는 쓸데없는 말씀입니다. 만약 분명히 말씀하기를 '의리상 무슨무슨 일이 합당하지 않기 때문에 들어주지 않는다.' 한다면 아랫사람들도 모두 알 터인데, 매양 핑계하는 말로 굳이 거절하시니 무엇 때문에 이와 같이 하시는지 모르겠습니다."

– 《중종실록》 1518년 9월 2일

핑계만 대지 말고 합당한 논리로 설득해보라는 말이었다. 무엇 때문에 이와 같이 하시는가, 그동안 모셔온 군주에 대한 실망도 숨기지 않았다. 결국 9월 2일, 중종이 결단을 내렸다.

"이 일을 내가 어찌 헤아리지 못하였겠는가? 다만 그 유래가 오래되었기 때문에 어렵게 여겼을 뿐이다. 지금 군정群情을 보니 다 혁파하라 한다. 내가 전 대간을 체직한 것은 국시를 물리지 않으려 하였기 때문이다. 지금 국시는 임박하였는데 새 대간이 또한 취직하지 않으니, 어찌 이런 작은 일 때문에 국시를 물려서야 되겠는가? 대신들이 입궐하게 되면 의논하여 처리하겠다."

조광조는 국왕의 뜻을 반갑게 받아들이면서 자신의 심정을 밝히는바, 단지 사교를 혁파하여 유교의 도를 세운 것만이 성과가 아니라는 내용이다. 군주가 다시 신하들의 간언을 받아들였다는 사실, 군신 사이의 의리를 회복한 것이 더 큰 기쁨이라고.

"이제 전교를 들으니 감격이 실로 큽니다. 어찌 소격서를 혁파하는 것 때문에 이처럼 기쁘겠습니까?"

이런 식의 결말이었으니 중종의 마음이 제법 상하기도 했을 것이다. 이렇게 버텨야 했던 그의 진심은 무엇인가. 조광조에게 서운했던 것일까, 지치의 무게가 힘겨워지기 시작한 것일까. 아니면 주로 왕실 여인들의 소원을 빌어왔던 소격서마저 혁파하는 일이 가장으로서 자신의 역할에 대한 묘한 상실감을 가져온 것일까. 유교의 도리 앞에서는 군왕도 여느 선비와 같아야 한다는 그 논리가 불편했던 것일 수도 있다.

문제는 속마음을 드러낼 수 없는 중종의 상황이다. 무엇보다도 논리 앞에서 무력했다. 군주로서의 위엄도, 군자로서의 무게도 보여주질 못했다. 중종이 이 논쟁에서 유일하게 의지한 것은 선왕들의 권위, 그러니까 조종조에서 해오던 일이라는 점이다. 어찌 감히 선왕들의 행적에 가감을 하겠냐는 말이다. 신하들 위에 군림하는 임금의 자존심이랄까, 그런 오기가 느껴지기도 한다. 한 나라의 국왕이라면 이런저런 규식에 매이지 않는, 그런 권위도 누릴 수 있는 존재가 아닌가.

그런데 조광조는 군왕이라 해도, 아니 군왕이기에 더욱 '편법'을 사용하면 안 된다고 한다. 자전慈殿에 대한 효 때문에, 왕실 여인들에 대한 배려 때문에 소격서를 혁파하지 못한다는 생각 자체가 말이 안 된다는 것이다. 어쩌면 이 순간, 중종은 그런 마음으로 흔들리지 않았을까. 조광조가 정녕 나를 위한 신하인가, 자신의 학문을 군주보다도 더 사랑하는 것은 아닐까.

외양으로는 대간들의 청을 들어줌으로써 납언의 아량을 보인 것이기는 했다. 신하들의 청 또한 '전하의 치세'에 흠이 될 만한 사도를 혁파하라는 것이었으니 결과적으로 임금 자신의 성덕을 드러내는 일이 될 수도 있다. 하지만 이번에도 스스로의 결단에 의한 것이 아니었다. 조광조의 아쉬움도 그것이다. 왜, 어차피 결정할 일을 꼭 이렇게 궁지에 몰려 간신히 허락하는가. 그러니 공은 모두 신하들의 것이 되어버리지 않느냐고. 그렇게 보일 만한 일이다. 긴 상소와 마지못한 윤허 과정에서 임금에게 남은 것은 전투의 상처와 그보다도 더한 마음의 허전함이었다.

2 마음속의 지진

소격서 혁파에 성공함으로써 조광조는 유교가 지향하는 조선에 한 걸음 더 가까이 다가선 인물로 기억되었다. 사실, 이렇게까지 큰 사건이 아닐 수도 있었지만 오히려 국왕이 강하게 거부함으로써 더 중요한 문제로 부각된 면도 없지 않다. 유생들까지 참여한 형태로 확대되면서 사건 자체가 하나의 상징으로 선명해진 것이다. 워낙에도 유생들 사이에 선망이 되어온 조광조였는데, 이 소격서 혁파를 관철시킴으로써 유교 원칙 수호자로서의 명망을 더하게 된 셈이다. 뒷날 성균관 동지사로 임명되는 과정에서도 그 분위기가 생생히 전해졌거니와, 조광조를 흠모하는 정도였던 이들까지도 조광조의 정책을 지지하는 실질적인 '세력'으로 변하게 만든 사건이 아니었을까.

유생들이라고 해봐야 정책에 어떤 영향을 미치겠는가 싶지만, 이들 가운데서 다음 세대의 정치가들이 나오게 마련이다. 게다가 조선은 어쨌거나 유교를 숭상하는, 사림의 공론을 중시하는 나라다. 공론을 무시한다는 비난 앞에서는 임금조차도 자유로울 수 없었다.

그리고 두 달 뒤인 11월, 조광조는 사헌부 대사헌으로 자리를 옮긴다. 사헌부라면 관료들을 감찰하고 탄핵을 담당하는 곳이니, 어딘가에서 불어올 바람을 정면에서 마주해야 한다. 마무리 논평으로 상황을 정리하는 부제학 시절과는 달라져야 했다. 마지막이 아닌, 시작을 담당해야 하는 자리다. 이제 정치적인 부담이 큰 자리에 서게 된 것이다. 성균관 동지사 겸임도 유지하고 있었으니, 대간의 수장이 성균관까지 아우르는 상황이었다. 그를 곱지 않게 보던 이들에게는 어땠을까. 조금 더 지켜보며 그의 빈틈을 노려보기로 했을까.

중종 13년을 흔든 지진은 그 여파가 결코 가볍지 않았다. 소인과 군자에 대한 논란이 있었으며, 누군가는 누군가를 소인으로 지탄하다가 조정을 떠나야 했고, 재해의 연유로 지목된 소격서가 혁파되었다. 그리고 그 과정에서 금이 가기 시작한 누군가의 마음속, 그 깊은 곳이 흔들리기 시작하고 있었다. 또 다른 지진이 일어나지 않으리라는 장담 같은 것은 누구도 할 수 없는 시절. 중종 14년, 기묘년이 밝아왔다.

9장

절정

1519년 38세

개혁의 마지막 고비, 정국공신을 개정하다

바람이었을까. 청명한 가을이 내린 성균관 앞뜰, 향기로운 바람이
라도 피어난 것일까. 사람들의 눈길이 쏠렸다. 한 사내가 그들 앞을 지나가고
있었다. 그저 조용히 걸음을 옮기고 있을 뿐이었다. 하지만 한 걸음 한 걸음,
모여 선 이들은 좀처럼 그에게서 눈을 떼지 못했다. 가지런하면서도 도도한,
아름다운 자태였다.

　낮게 웅성대는 소리가 깔렸다. 간간이 한숨 소리도 섞여 들었다. 그렇게 그
가 저만치 사라진 후, 그러고도 한동안 눈길들은 제자리를 찾지 못한 채 그
뒷모습을 좇으며 서성이고 있었다. 대사헌 조광조, 그의 이름을 모르는 이는
없었다. 그렇지만 그 명성이 무리를 사로잡은 것만은 아니었으니, 저도 모르
게 눈길이 끌렸던 것이다. 무언가에 홀린 것일까. 한순간 바람이 휘몰아친 풍
경이었다. 참으로 빛나는 풍모로구나, 감탄의 읊조림이 무리 사이로 퍼져나
갔다.

영웅스럽고 빛남이 겉으로 드러나 풍의風儀가 족히 사람들을 감동시킬 만하
였다. 일찍이 하련대下輦臺에 임금이 행차하실 때, 대사헌으로 반열에 참여
하셨다가 일이 있어 잠시 빠져나와 지나시는데, 그 의표儀表를 바라보느라
백관이 모두 눈을 돌리고 교문橋門을 둘러싸고 있던 사람들도 감탄하고 탄식
하지 않는 자가 없었으니 그 모습을 이루 다 형용할 수 없었다. 당시 사람들

의 찬탄을 받음이 이와 같으셨다.

– 이황, 〈정암선생행장〉, 《정암선생문집》

느닷없는 회오리가 가라앉고 다시 어느 가을날의 평온함 속으로 돌아왔을 때, 그들은 그제야 자신들이 이곳 성균관 앞에 모여 선 이유를 떠올리며 자세를 가다듬기 시작했다. 잠시 잊고 있었던 것이다. 저 앞자리, 임금께서 직접 임어하고 계셨음을.

임금이라 해서 그 술렁임을 듣지 못했을 리 없다. 하지만 짐짓 제자리에서 무게를 지키는 중이었다. 마음 쓸 것이 무엇이랴. 그는 나의 치세를 밝혀줄 신하다. 국왕이 가장 사랑하고 기대하는 신하이므로 뭇 사람들의 선망으로 빛나야 함이 마땅한 것이다. 눈길을 흔드는 바람 또한 이 땅에서 피어난 것일진대 조선의 주인 된 자, 일말의 흐트러짐이 있을 수 있겠는가. 시중하는 신하들에 둘러싸인 채 임금은 자신이 나서야 할 순간을 기다리고 있었다. 이제 곧 보름의 달이 떠오르고 하늘은 온통 별빛으로 가득할 것이다. 그 대기의 기운을 받으며 이 나라의 군주로서 무리 앞에 찬연히 자신의 위엄을 드러낼 것이다.

이날의 문묘제례文廟祭禮는 어느 때보다도 엄숙하고 장대하게 치러졌다. 차분히 가다듬은 표정으로 임금은 뜻깊은 제례에 임금으로서의 예를 다했다.

하늘의 뜻을 받은 한 사람, 왕의 이름으로 행하는 거룩한 임무였다.

> 상이 태학관에 행행하여 대뢰大牢로 선성先聖들에게 친히 제사하였다. (중략) 제사할 때 달과 별이 밝게 빛나 문묘의 분위기는 숙연하였으며 제기가 가지런히 아름답게 놓여 있었다. 환패環珮가 쟁그랑거렸으며, 주상께서도 오르내릴 때 정성스러운 뜻을 흐리지 않으셨으니 오직 옥玉 소리가 들릴 뿐이었다.
>
> – 《중종실록》 1519년 9월 15일

친제親祭를 행함은 문묘를 귀히 여기는 국왕의 의지를 드러낸 것이 아닌가. 조선의 지향을 밝혀 보이는 뜻깊은 의식이었던 것이다. 대사헌 조광조의 염원이기도 했다. 나의 군주께서 요순의 치세를 이끄시기를, 조선의 백성들이 태평의 시대로 풍요롭기를. 조광조는 그 모습을 바라보며 벅차고도 먹먹했다.

이제 가장 힘겨운 고비가 남은 것인가. 오래도록 고민해왔으나 아직도 풀지 못한 문제. 더 이상 미룰 수 없었다. 잘못이 깊게 자리 잡기 전에 지금이라도 뿌리를 잘라내야 한다. 쉽지 않을 일이었다. 그 뿌리들이 그저 기다리고 있겠는가. 어중간하게 멈춰 선다면 오히려 큰 화를 부르게 될 일이니 뜻을 굳게

다지고 시작해야 했다. 너무 오래 끌어서도 아니 되리라.

자신에게 쏠리는 세상의 눈길, 나날이 더해가는 그 무게를 모르지 않았다. 임금 또한 그 눈길들을 마냥 덮어두지는 않으실 터. 이 가을이 지나기 전에 윤허받아야 한다. 기묘년 이 가을, 그 일만 마무리할 수 있다면, 그럴 수 있다면…….

기묘년 가을의 문묘친제

임금이 행차한 자리에서, 모여 선 사람들의 관심이 다른 누군가에게 쏠리고 있다. 감탄의 눈빛으로 웅성거리기까지 한다. 그래도 되는 것일까. 행장行狀이 전하는 이 장면이 그저 과장만은 아닐 터. 이후에 펼쳐질 그의 운명을 겹쳐 보자니 이 빼어난 인물에 대한 찬탄이 서럽게 읽히기도 한다. 기묘년 가을 조광조의 다소 복잡한 처지가 짐작되지 않는가. 그의 마음은 그 정황만큼이나 복잡했겠는데 임금의 마음 또한 덜하지는 않았을 것이다. 한 사람은 뭇 사람의 눈길을 모은 자로, 다른 한 사람은 하늘의 대리자로 자신의 역할을 맡고 있었다.

성균관의 문묘제례는 조광조와 중종의 만남에 있어서도 의미 있는 행사다. 4년 전, 조광조 또한 성균관 알성시에서 국왕과의 인연을 시작했으니까. 이 기묘년 가을, 조광조는 자신의 정치적 포부를 담았던 그 대책문을 떠올리며 잠시 상념에 젖지 않았을까. 그렇게 자신의 뜻을 제대로 펴고 있는지, 삼대의 정치를 회복하자는 군신 간의 결의가 바른 길을 따라 진행되고 있는지.

4년이 흘렀다. 결과물을 보여달라 재촉하기엔 너무 짧은 시간이다 싶지만, 그 시선들을 온통 짊어지고 있을 한 사람으로선 마냥 여유로울 수는 없는 입장이다. 게다가 그 재촉의 시선 앞자리에, 기대감으로 권력을 나눠준 군주가 있었다면. 지난 시간들을 되돌아보며 마음을 다잡았을 것이다. 그동안 힘겹게 끌어왔던 개혁 정책들, 이제 가장 어려운 고비 하나가 남아 있었다.

기묘년 가을의 조광조가 정말 큰 호흡을 내쉬고 밀어붙인 일은 바로 그 유명한 위훈僞勳 삭제, 즉 중종반정 당시 책봉된 정국공신을 개정하자는 안건이었다. 말 그대로 무임승차한 공신들에 대한 책봉을 거두어 제자리로 돌려놓자는 것이었는데, 조광조로서도 더 미룰 수 없다는 절박감으로 제기한 문제였다. 하지만 이는 지금까지 그가 추진해온 일련의 정책들에 비해 정치적으로 매우 민감한 사안이었다. 어쨌거나 조정 신료들 가운데 정국공신이 남아 있었기 때문이며, 그들의 반발이 가져올 파장이 여간할 리 없기 때문이다.

유교 정신에 위배되는 사도로서 혁파가 주장되었던 소격서나 기신재 문제와도 달랐고, 군주로서의 도리를 내세웠던 내수사 혁파와도 달랐다. 심지어 많은 이들이 껄끄러워한 역사바로세우기 문제에 비해서도 그렇다. 이런 개혁들은 불편하고 부담스러운 일들이긴 했으나 유교 국가 조선의 지향이라는 이념에도 들어맞는, 어쨌든 '좋은' 정책이었다.

정국공신 개정 문제는 이런 차원에서 해결할 수 있는 일이 아니다. 개정당하여, 그렇게 이름이 삭제된 이들의 실질적인 이익을 거두어 가겠다는 의지였으니 말이다. 유교적 당위와 민생의 고달픔을 걱정하는 앞서의 사안들처럼 한목소리를 내기는 어려운 것이었다. 이념의 어떠함이 아닌, 제 이익을 내놓는 것에 대해 더 큰 저항이 있게 마련이니까.

게다가 이 문제는 중종반정과 관계된 일이었으므로 중종 입장에서도 몹시 편치 않은 사안이다. 결국 공신 책봉조차 매끄럽지 못했음을 만천하에 인정하라는 말인데, 들추기에도 부끄러운 일 아닌가. 물론 중종은 그 당시 제대로 알 수 없었을 것이다. 설령 알았다 한들 어찌하겠는가. 그저 책봉해달라는 대로 윤허하는 것 외에 할 수 있는 일이 없었다. 조선의 건국부터 정란, 그리고 반정에 이르기까지 공신이 책봉되었던 수많은 사건들 가운데, 100명이 넘는 공신이 책봉된 예는 이때뿐. 심지어 나라를 세울 때보다도 더 많은 공신이 필요했다는 말이니 반정 당시 공신들의 탐욕을 알 만한 정도다.

하지만 주지 않았으면 모르되 이미 준 선물을 거두기는 어려웠다. 원래 제 것이 아님을 깨닫고 반성하는 자가 있을 리 있는가. 빼앗기지 않으려, 빼앗으려는 자를 향해 분노를 모으게 될 상황이다. 중종은 그렇게 하고 싶지 않았던 것이다. 어쨌거나 자신을 지탱해준 이들에게 분노의 대상이 되고 싶지는 않았다.

조광조는 바로 이런 상황을 맞이해야 했다. 사건의 전개를 이미 알고 있는 입장에서 보면, 이 가을에 이르기까지 조광조가 고심하며 서성였을 여러 장면들이 있다. 기묘년 봄에, 그리고 여름에 왜 그는 그런 선택들을 했을까. 그 사건 하나하나가 모여 이 가을을 만든 것일지도 모른다. 이 가을이 조광조에겐 절정의 순간이었는데, 그래서 가슴 졸이며 바라보게 된다.

개혁파를 향한 칼날들

조광조가 대사헌으로 자리를 옮긴 것이 지난해 11월. 대사헌의 자리에서 조광조가 처리해야 했던 대형 사건은 바로 조광조 자신과 관련된 옥사였다. 건춘문 화살 사건에 이어진 이 사건은 일명 '김우증 사건'으로 불리는데, 그 내용과 처리 과정을 보면 기묘년 봄에 조광조가 처했을 어려움과 그로 인한 다급함이 읽힌다.

먼저 화살 사건이다. 편지를 묶은 화살을 쏘아 전하는 익명 투서의 일종인데 뭐랄까, 미움으로 가득 찬 협박 같은 느낌이다. 당시 조정에서는 괜한 소란이 있을까 하여 범인 찾기를 시도하지 않았는데, 내용으로 보면 조광조의 무리에 대한 비방이었다. 심지어 이런 '시위'는 이때가 처음은 아니어서 그 지난해에도 성균관 문에 편지가 꽂혔었고, 이해 2월 들어 건춘문에, 그리고 다시 대내에까지 유사한 사건이 발생했던 것이다.

　조광조는 덮어두는 것이 낫다고 판단했다. 자칫 범인 색출이 더 큰 혼란을 몰고 올 수도, 괜한 무고로 이어질 수도 있었다. 저들의 속내도 그런 것 아니겠는가. 조광조 측이 발끈하고 일어나 이 문제를 공론화시키는 것, 그렇게 시비 속으로 끌려 들어와 해야 할 일에서 손을 떼는 것. 그 사이 반대쪽 공신들의 경각심은 커질 것이고, 조광조를 향한 국왕의 마음에 의혹이 자라난다면 더 좋겠다고 말이다. 하지만 새로운 사건이 터져버렸다. 이번에는 묻어둘 수가 없는 일이었다. 김우증金友曾이라는 자가 조광조의 무리를 없애려 도모한다는, 정국공신 강윤희康允禧의 고변이었다.

　"오늘 김우증이 신의 집에 왔는데, (중략) 우증이 '지금 대간의 말을 상께서 모두 받아들이므로 죄받은 사람이 많은데, 근래에 또 들으니 김정 등이 박원종을 부관참시한 뒤에 정국공신을 다 제거하려 한다.' 하였습니다. 신이 답하기를 '나의 아버지가 삼공신三功臣이었으니 삭탈당해도 이미 과분하다.' 하니, 우증이 '김정 등이 근래 거사하려 하였으나 이자가 부경赴京하여 아직 돌아오지 않았기 때문에 그를 기다리려고 일단 조광조가 정지하게 하였다. 지난번 건춘문 및 대내에 쏜 화살의 글에 김정 등의 일이 갖추어 적혀 있었으되, 상께서 돌아보아 살피지 않고 삼공도 논계하여 개정하지 않았다. 만약 현량방정과 출신이 조정에 포열하게 되면 반드시 구신舊臣을 다 제거하려 할 것이다. 우리들이 먼저 쳐 없애려 하는데 우익羽翼이 이미 이루어졌으니 어려운 일이 무어 있겠는가?' 하였습니다. (하략)"

– 《중종실록》 1519년 3월 2일

작은 일이 아니었다. 급히 고변에 거론된 이들을 잡아들여 경위를 추궁하며 사건의 앞뒤를 맞춰보았다. 그 말의 진실성 여부야 알 수는 없으되, 일단 김우증이 자복은 함으로써 사건 자체는 크게 번지지 않았다. 죄인들에게 그에 맞는 벌을 내리면 되었던 것이다. 어떤 벌이 적당하겠는가. 대사헌 조광조에 부제학 김정, 재상 반열의 이자까지 거론된 무고 사건이었다. 단순히 개혁파를 음해한 것이 아니라 그들을 제거하겠다는 내용까지 담고 있었다.

당사자인 조광조는 대사헌으로서 국문에 참여해야 했으며, 그 형을 결정하는 자리에도 서야 했다. 모두의 예상은 조광조가 중죄를 적용할 것이라는 쪽. 하지만 예상과는 달리 참형이 선고되지 않았다. 그들을 난언죄로 다스려 절도유배에 처한다는 위관의 의논에, 조광조가 이의를 제기하지 않음으로써 김우증 사건은 가볍게 마무리되었던 것이다.

조광조의 복잡했을 마음이야 이루 말할 수 없겠지만, 이 결정은 조광조의 많은 부분을 이야기해준다. 김우증은 그 말의 어지러움에 비해, 실제로 사림들을 일망타진할 만한 인물이 아니라고 판단한 것이었을 터.

또한 조광조 자신이 형 집행에 너그러운 편이기도 했다. 피를 보는 일이 태생적으로 어울리지 않았다고나 할까. 이즈음 사관이 "이때에 김정과 조광조가 번갈아가며 대사헌이 되었는데, 김정이 할 때에는 소요한 일이 많았으나 광조가 할 때에는 안정시키기를 힘썼으므로, 사람들이 이것으로 두 사람의 장단을 논하였다"*라고 평하기도 했을 만큼, 조광조는 개혁파의 수장이었으나 과격한 성정은 아니었다.

하지만 대간들은 그저 넘길 수 없다고 했다. 죄질로 보자면 난언죄로 목숨을 건질 사건이 아니라는 주장이었다. 조광조를 따르던 대간들의 눈에는 '우리'를 모함하여 죽이려 했던 자를 어찌 살려줄 수 있느냐, 울분이 없지는 않았을 것이다. 죄를 제대로 적용하지 못했다면 의당 대사헌에게 그 책임을 물어야 했다. 그렇지만 그는 대간들의 수장이고, '조광조'다. 어찌하면 좋겠는가.

대간들은 사람이 아닌, 상황에 충실하기로 했다. 대사헌 조광조와 대사간 박호朴壕를 탄핵하게 되었는데 홍문관도 이에 동참했다. 조광조 또한 그들의 입장을 모르지는 않았다. 김우증에 대한 판결 후 자신에게 쏟아질 원망을 예상하며 마음 불편해했던 것이다. 그런데도 더 심한 판결을 주장하지는 않았다. 조광조 역시 자신의 상황에 충실하기로 했던 것인가.

조광조는 대간들의 탄핵을 당연한 것으로 받아들였다. 대간이라면 옳다고 믿는 바대로 행동해야 한다는 것이, 바로 조광조 자신이 후배들을 이끌며 가르치던 말이었으니까. 오히려 대신들이 나서서 대사헌의 실책이 아니라며 감싸주고, 임금 역시 탄핵을 받아들일 수 없다는 전교를 내리기에 이르렀지만 조광조는 논박을 받았으니 사직하는 것이 마땅하다고 했다. 임금으로서는 좀 뜨악한 장면이었을까. 일단 조광조를 대사헌에서 물러나게 했다. 군주의 신임을 얻지 못한 인물이라면 사직이 퇴직이 될 수도 있었겠지만, 조광조는 며칠 후 김정과 자리를 바꾸어 홍문관 부제학에 임명된다.

조광조가 다시 대사헌으로 복귀한 것은 두어 달 후인 6월. 중종은 이처럼 양사와 홍문관 장관직에는 몇몇 인물들을 '자리 바꾸기' 방식으로 임명하곤 했다. 그만큼 요직에 쓸 만한 인물이 부족했다는 뜻이겠고, 보기에 따라서는 한 세력이 요직을 독점하는 것으로 비칠 수도 있었다.

논란 속의 현량과 실시

김우증 사건은 이미 모두가 예상하고 있었으나 아직 본격적으로 무대에 오르지 않은 또 다른 사건의 예고편이다. 모의의 실현 가능성 여부보다는 그 무고에 담긴 이야기가 떠돌았을, 이런 '분위기'가 있었다는 사실 자체가 더 중요한 문제다. 개혁파와 공신 사이의 갈등이 이 모의의 원인이었다는 말이니, 두 세력 사이의 긴장이 제법 격화되었음을 짐작게 한다. 정국공신 개정 문제는 중종 즉위 직후부터 꾸준히 제기되어왔던 단골 안건이다. 그렇지만 중종 14년에 이르도록, 실제로 개정당할 것을 우려하며 먼저 손을 쓰겠다는 공신들이 나서지는 않았다. 그러나 이제는 김우증의 경우처럼, 정말 그 기반을 빼앗길지도 모른다는 두려움을 가질 정도로 분위기가 무르익어 간다는 말이겠다.

이는 곧 실시될 '현량과'에 대한 거부감을 동반하고 있다. 고변 내용에서도 언급되었듯이, 공신 세력은 새로운 인물들—즉, 더 많은 조광조의 무리들—이 등장하여 구신인 자신들을 완전히 몰아낼 것이라고 생각했다. 그렇게 되기 전에 선수를 쳐야 한다는 조바심이 들었던 것이다. 사실 모의의 내용대로 '먼저 쳐 없애는' 것도 가능했다. 무반 출신인 김우증이고 보면 아주 황당한 꿈은 아닐 수 있었다. 말의 힘으로 움직이는 사람들이었지, 거사를 도모할 무력 따위와는 무관한 이들이었으니까.

조광조의 '선처'는 이런 맥락에서도 봐야 할 것이다. 이 문제를 과격하게 대한다면 정말 '그들'에게 더한 적대감을 불어넣게 될 것이라고. 조광조는 이런 일에 발목 잡힐 여유가 없었다. 가을을 대비해야 했고, 그 전에 마무리해야 할 현량과 선발이 눈앞에 있었다. 부담이 큰 이 지점에서 '붕당'을 꾀한다는 느낌을 준다면 그야말로 위험하지 않았을까.

현량과 선발은 과거 시험이 아니라 천거로 인재를 등용하는 방식이다. 물론 성균관 유생 가운데 천거로 임용한 예도 있었지만, 이는 말 그대로 성균관에 한정된 것이었을 뿐 과거에 상응하는 선발 방식은 아니었다. 그렇다면 누구에게 추천을 받아 어떤 방식으로 그 재행才行을 검증할 것인가. 조광조의 견해인즉.

> "외방의 경우는 감사·수령, 경중의 경우는 홍문관·육경·대간이 모두 재행으로 임용할 만한 사람을 천거하여, 대정大庭에 모아놓고 친히 대책對策하게 한다면 인물을 많이 얻을 수 있을 것입니다. 이는 조종이 하지 않았던 일이요, 한漢나라의 현량과賢良科·방정과方正科의 뜻을 이은 것입니다. 덕행은 여러 사람이 천거하는 바이므로 헛되거나 그릇되는 일이 없을 것이요, 또 대책에서 그가 하려고 하는 방법을 알게 될 것이니 양쪽 모두 부족함이 없을 것입니다."

-《중종실록》 1518년 3월 11일

이미 과거 시험으로 인물을 가려 뽑고 있는 조선에서 이런 방법이 더 필요한 것일까. 조광조의 말을 이어서 들어본다.

> "우리나라는 땅덩어리가 작아 인물이 본래 적은 데다가 또 서얼과 사천私賤을 분별하여 쓰지 않습니다. 중원에서는 귀천을 가리지 않고 오직 골고루 쓰지 못함을 걱정하거늘 하물며 작은 우리나라이겠습니까?"

가뜩이나 좁은 나라에서 인재를 구하기도 어려운 판에, 이래서 빼고 저래서 빼버리니 누구를 등용하겠느냐는 말이다. 그러니 출사할 수 있는 길이라도 다양하게 열어두자는 것이다. 과거 시험만으로는 한계가 있다는 생각이었다. 과거 공부 자체가 제대로 된 공부도 아닌 데다가, 그런 면도 있지 않았을까. 과거제도는 그런 시험공부가 가능한 집안에게 유리한 만큼, 인재군群을 매우 좁게 만든다. 이 방법만 고집한다면 놓치는 인물들이 생겨난다는 근심이었다.

명문가 출신인 그가 이런 생각에까지 이른 것만도 남다르다 싶다. 하지만 현량과 선발은 논의가 시작되고도 여러 해 동안 대신들의 반대에 부딪쳐왔었다. 겉으로는 널리 인재를 구하는 것이라 말하지만 숨겨진 본심은 자신들의 세력을 넓히고자 함이 아니겠느냐는 의혹 때문이다.

어쨌든 천거제에 대해 꾸준히 조광조를 지지해왔던 중종의 결단으로 이해 4월 13일 현량과가 처음으로 실시되었다. 이날 모두 28명이 선발되었는데 그 면면을 보면 반대파의 걱정 그대로였다. 장원으로 뽑힌 김식—문과 출신이 아니어서 주어지는 직임에 한계가 있었던—을 비롯한 선발인들은 실제로 조광조를 지지하는 사람들이었다. 그렇다고 아예 파릇한 신인들은 아니어서, 이미 조정의 중하급 관료로 경력을 쌓던 이들이 대부분이었다. 이들에게 '문과' 통과를 대체하는 현량과를 거치게 함으로써 중직에 등용할 수 있는 요건을 마련해준 셈이다.

인재에 대한 조광조의 진심이 무엇이었든, 선발된 인물들의 재행이 어느 정도였든, 충분히 욕을 먹을 상황이었다. 실제로 이에 대한 비난이 적지 않았다. 현량과라는 미명 아래 지지자들을 끌어들이고 있으니 이제 곧 저들의 세상이 될 것이라고.

조광조가 예상하지 못했을까. 원론적으로 보면 조광조는 세력을 키우기 위해 갑자기 일을 꾸민 것은 아니다. 현량과는 조광조가 출사 이전부터 구상했던 정책 가운데 하나다. 1507년의 실록과 조광조 연보가 전하는 바에 따르면, 조광조와 김식 등 이후의 개혁파를 이끌 인물들이 과거제의 한계를 논하면서 천거제의 가치를 역설하고 있다. 그러니까 이 제도 자체에 대해서만큼은 조광조의 신념일 수 있다는 얘기다. 하지만 그의 진심이 의심의 눈초리까지 차단할 수는 없었다.

후대의 평가도 호의적이지만은 않다. 조광조의 개혁 구상 가운데 거의 유일하게 사심 어린 정책이라는 평이 있을 정도인데, 도덕적 기준이 엄격했던 그가 이처럼 도덕적 시비로 시끄러울 일을 벌이다니 의아하기까지 하다. 반대와 비난을 예상했음은 당연한 일. 그런데도 강행할 수밖에 없는 사연이 있었던 것일까.

그 봄 조광조가 지녔을 조급함, 아니 위기감에 대해 생각해본다. 그는 꾸준히 나아가고는 있었으나 여전히 나아가야 할 상황이었다. 그리고 정말 크게 힘을 모아야 할 일이 기다리는 중이었다. '우리 편'이 절실한 때였던 것이다. 비난을 감수하면서도 질끈 눈을 감고 밀어붙여야 했다. 정국공신 개정의 문제를 더 이상 미룰 수는 없겠다는 절박감이 그 연유였다.

조광조, 진퇴를 고민하다

이제 정말 마무리를 해야겠다는 조광조의 결심은 이쪽저쪽, 그리고 임금의 상황까지 고려한 것이었다. 저쪽 상황은 이미 김우증 사건에서 보이듯 제법 분위기가 고조되고 있었다. 무력행사까지 다짐하고 있는 정도였다. 게다가 개혁이 속도를 낼수록 적으로 돌아서는 이들은 늘어나는 차였으니, 이들이 불만을 품은 공신 세력과 힘을 모은다면 논리가 아니라 무력을 앞세워 불미스러운 사건이 터질지도 모르는 일이었다.

이쪽 상황도 편치 않았다. 지지자들은 늘어났지만 실제로 함께 일할 만한 사람들만 모여든 것은 아니었다. 그저 처음의 무리를 따르는, 더 큰 무리였을 뿐. 앞서《소학》운동 때의 겉멋 든 무리들을 떠올려보면 대체적인 정황이 그려진다. 명성에 취해 합류하는 이들이 더해감으로써 오히려 동질성이 흐트러진 것이다.

조광조 자신의 눈에도 이렇게 보이는 순간들이 있었으니, 전체의 움직임과 방향을 가늠해야 할 그로서는 생각이 많지 않았을까. 젊은 사림들의 승진이 지나치다면서 속도를 조절해줄 것을 스스로 국왕에게 청했을 정도다. 통제할 수 없는 상황으로 치달을까 걱정이 들었을 법하다. 당시의 상황에 대한 이이의 평을 보면, 조광조의 고민이 안팎으로 여간치 않았지 싶다.

사람들이 감동하여 일어나는데, 그중에는 명예를 좋아하는 자도 뒤섞여 나와서 언론이 너무 날카롭고 일을 함에도 점진적으로 하지 않았다. 이에 조광조가 "일을 하는 데에는 서둘러서는 안 되고 마땅히 점차적으로 나아가야 한다"라고 말하면서, 항상 동료 중에서 일을 좋아하는 자를 억제했다. 이에 경박한 무리들이 도리어 조광조를 겉만 점잖은 자라며 심지어 탄핵까지 하려 들었다.

– 이이, 《석담일기》[7]

부담스러운 이야기들도 그랬다. 조광조가 병으로 잠시 휴가를 내고 있던 7월의 어느 경연 시간. 조광조에 대한 젊은 경연관들의 칭송에 이어, 그런 인재라면 의당 최고의 자리로 올려 써야 하지 않겠느냐는 건의들이 나온 것이다. "한 시대가 잘 다스려지고 있는 것은 바로 조광조의 공"*이 아니겠느냐고. 그러니까 그를 정승으로 임명해야 한다는 말인데, 중종 또한 조광조라면 재임 기간 같은 건 따지지 않고 크게 쓸 생각이라면서 수긍했다.

반대편 세력들에겐 위협으로 느껴질 만한 일이다. 조광조로서는 아차, 싶지 않았을까. 이때 그는 병을 내세워 사직을 청하기도 한다. 그 진심을 헤아리기는 어렵지만 예사롭지 않은 사건들로 인해 고민이 있었던

---

7 민족문화추진회 옮김, 《(국역)대동야승》, 민족문화추진회, 1971.

것만은 사실이다. 그런 조광조가 다시 조정의 제자리로 돌아온 것이 단지 국왕의 윤허를 받지 못했기 때문은 아니다. 벌여놓았던 일들을 그대로 벌여둔 채 홀로 은거할 수는 없는 일. 어쨌든 자신이 해결해야 했다. 잘된다면 좋겠지만 혹 그러지 못하더라도 그 또한 자신이 견뎌야 할 무게였다. 만약 그렇지 않았다면, 홀로 은거의 삶으로 돌아가 버렸다면 조광조가 조광조로 남지는 못했을 것이다.

이쪽과 저쪽의 분위기는 이런 정도였는데, 결정적인 변수는 바로 임금이다. 지난 소격서 혁파 이후로 조광조와 중종 사이에 매끄럽지 못한 순간들이 없지 않았다. 게다가 현량과 문제로 조정의 분위기도 냉랭해지고 있었으니, 중종 또한 신료들의 불만이 놓인 지점을 생각지 않았을 리 없다. 조광조가 진행하는 이런저런 일들은 결국 중종 자신이 내어준 권력으로 가능한 것이었다. 조광조가 어디까지 더 그 힘을 사용할지 지켜보고 있지 않았을까.

조광조에게는 시간이 많지 않았던 것이다. 더 늦기 전에, 기회가 사라져버리기 전에, 지금 하지 않을 수 없었다. 문묘친제를 마친 그다음 달인 10월, 포문을 열었다. 결심만큼이나 저항도 만만치 않을 싸움이었는데, 저항하는 이들이 임금 뒤로 숨어버린 것이 여느 때의 싸움과는 다른 포진이었다.

중종이 이 문제의 거론 자체를 불편해하고 있음을 알고는 있었으나, 조광조의 생각으로는 정국공신 개정은 누구보다도 국왕을 위한 제안이었다. 이 문제는 반정의 편치 않은 상황을—힘없는 왕자를 보위에 앉힌 신하들과, 그들의 요청대로 공신을 책봉할 수밖에 없었던 군주라는 관계—끝없이 떠올리게 했기 때문이다. 이제는 그 시절에서 벗어나 반정의 군주가 아닌, 유교 군주로서 명실상부한 덕치의 주인이 되어달라는 뜻이었다.

민생을 생각한 실질적인 차원에서도 그렇지 않은가. 아무런 공도 없이 공신이 된 자들이 호의호식하는 그 돈은 결국 백성들의 피땀 어린 세금이었으니까. 조광조의 마지막 싸움은 여러 면에서 하지 않으면 안 될 결심이었던 셈이다. 그리고 그 실행을 하기까지 준비 단계가 있었던 것이고.

개정되어야 할 대상인 공신 측은 일단 조광조 앞에서는 고개 들어 따지지는 못했다. 당연히 조용한 곳에서 대책을 논의하며 반격을 고민했을 터. 대신들도 이 문제 앞에서는 난감했을 것이다. 영의정 정광필을 비롯한 삼정승은 이른바 이 거짓 공신들과는 이익을 나누는 사이가 아니었으므로 이해관계 때문에 머뭇거린 것은 아니다. 하지만 이 논의가 몰고 올 혼란을 감당할 자신이 없었다. 빼앗긴 자들이 어찌 나올지, 그야말로 뻔한 일 아닌가.

조광조가 공신 책봉 자체를 부인한 것은 아니다. 그들이 없었다면 중종의 즉위가 불가능했으니까. 그가 걱정한 것은 거짓 공신이다. 즉, 위훈으로 공신의 특혜를 누리는 이름들을 가려내자는 것이다. 무엇보다도 그것 자체가 옳지 않은 일이니 바로잡아야 했고, 그런 헛된 공을 탐하는 이들에 대한 경계이기도 했다. 작상의 남발은 사람들의 마음에 괜한 꿈을, 그리고 원망을 심게 된다. 다툼의 이유가 되기도 했다. 고변 사건이 잦은 이유가 무엇인가. 공을 세워 팔자 한번 고쳐보겠다는 마음이 무고를 불러오고, 그런 자들에게 상을 내리는 국가의 행태가 더욱 그런 불의를 부추기는 악순환이 이어지는 것이다.

많은 일이 그랬듯 이번에도 결심을 해야 할 주체는 중종이었다. 하지만 임금은 아직도 옛 '은혜'에서 완전히 벗어나지 못했던 것일까. 그렇게 공신의 이름을 빼앗긴 이들이 혹 다른 변이라도 일으킬까 두려웠음일까. 그들의 작은 속삭임처럼, 조광조가 자신의 세력을 믿고 임금을 압박하는 형세라 느껴진 것일까.

그럴 만한 분위기가 없지는 않았다. 이미 소격서 논쟁으로 이 원칙론자들에게 조금씩 피로감을 느끼고 있었을 중종의 마음속, 이 봄에 있었던 김우증 사건 등은 여러 의미에서 갈등을 부추기며 조광조에 대한 마음을 흔들어놓을 수도 있었다. 조광조와 함께 꿈꿔 온 조선. 하지만 이것이 나의 꿈인가, 조광조의 꿈에 내가 홀려버린 것인가. 평소의 중종으로 보면 그런 갈등으로까지 진행되었다 해도 그리 어색한 일은 아니다. 이미 재위 14년, 서른둘 한창 때인 임금은 다시 열아홉 등극 시절 어린 대군의 마음으로 돌아가고 있는 것인지도 모른다. 어쩌면 그것도 아닌, 무언가 다른 욕망이 고개를 들기 시작했는지도…….

국왕의 저항은, 국왕 뒤에 몸을 숨긴 공신들의 힘을 모은 저항은 필사의 몸부림과 다름이 없었다. 10월 25일, 조광조가 계사를 올림으로써 이 문제는 모두에게 피할 수 없는 본격적인 '사건'으로 떠올랐다.

마지막 승부, 정국공신 개정

정국공신은 이미 오래된 일입니다. 그 당초에 대신이 멀리 내다보는 생각이 있었거나 대간이 공론을 가졌었다면 어찌 개정하지 않았겠습니까. 공적을 기록할 당시에 성희안이 유자광에게 일을 맡겨, 그로 하여금 정리하게 한 것이 많았기 때문에 참람함이 많아졌사오니 심히 마음이 아픕니다. (중략)

그 후에 비록 분연히 자신의 몸을 돌아보지 아니하고 국사를 바로 하려는 자가 있었으나 감히 개정하기를 청하지 못한 것은, 성학이 아직 고명한 데 이르지 않으셨을까 두려워하여 어렵게 여겼던 것입니다. 이利의 근원이 열리면 국가의 고칠 수 없는 병이 됩니다. 인심이 모두 답답하게 생각하여 급히 개정을 논하고자 하였으나 일에는 그 때가 있는 것이기에 이제야 신중히 말을 꺼내는 것입니다. (중략)

작은 나라에서 선비의 원기를 배양하지는 아니하고서, 이의 근원을 열어서 조정의 사대부로 하여금 물결치듯 쏠리게 하니 이것이 어찌 이치에 맞는 일이겠습니까. 천지를 기만하였으니 어떻게 정치를 할 수 있겠습니까. 대간들이 망극하온 은혜를 입었는데 국가의 병근을 좌시하고 어찌 묵묵히 있을 수가 있겠습니까. 비록 죄와 벌을 받더라도 스스로 감당하고자 할 것입니다.

만일 옛날과 같았다면 임금께서 어찌 이와 같이 굳게 거절하기에 이르시고 신이 어찌 이와 같이 뜻을 얻지 못하기에 이르겠습니까. (중략) 선비란 모름지기 임금에게 믿음을 보인 연후에 나아가서 임금을 섬길 수가 있사온데 신과 같이 배움이 없는 자가 어찌 능히 임금의 믿음을 얻을 수가 있겠습니까. (하략)

– 〈정국공신 개정 계사〉 1519년 10월 25일, 《정암선생문집》

정국공신 개정을 청하는 조광조의 상소는 끝을 다짐한 사람처럼 결의에 차 있다. 왜 지금 이 문제를 꺼내 들었는가를 먼저 이야기하는데, 당초부터 잘못 책봉된 것이었으나 그동안 사람들이 말하고 싶었어도 임금의 뜻을 알 수가 없어 잠잠했던 것이었다고. 이제 논의를 할 만한 때가 되었으니 부디 이 뜻을 물리치지 말아달라고. 그러면서 군신 사이에 믿음이 사라진 작금의 현실을 슬퍼하고 있다. 어찌 임금이 신하들의 간절한 청을 거절하는 이런 지경에 이르렀느냐는 탄식이다. 그리고 자신은 어떤 벌을 받더라도 감수할 것이라는 말을 덧붙인다. 이 문제만큼은 타협의 여지가 없음을 미리 밝힌 것이다.

이 계사에서 눈길을 끄는 대목은 '일에는 때가 있다'는 부분이다. 조광조의 개혁 정책들이 그저 그때그때 제기된 것이 아니라는 뜻이겠다. 그는 가늠하며 준비하고 있었다. 그리고 정국공신 개정의 시기는 바로 이때라고 판단했던 것. "지금 쾌히 좇지 않으시면 뒤에는 개정할 수 있는 날이 없을 것입니다"*라는 그의 말처럼, 이 정도 크기의 사안은 어지간한 힘과 추진력 없이는 불가한 일이다. 만약 조광조가 성공하지 못한다면 후일을 기약할 수 없었다. 조광조는 물론, 개정당할 처지에 놓인 이들도, 그리고 둘 사이에서 갈등하던 임금도 알고 있었다. 조광조 이후란 없다. 저쪽에서 생각하면 의외로 단순한 해결책이다. 조광조만 없으면 된다는 말 아닌가.

이렇게 10월 25일에 본격적인 무대에 오른 정국공신 개정 논의는 거절하는 임금과 간언하는 신하들 사이에서 맴돌고 있었다. 결국 양사의 장관을 비롯한 전 대간이 사직을 하는 사태에 이르렀고, 조광조는 "극형이나 찬축을 당하더라도 달게 여기겠다"*라면서, 죽음을 각오하겠다는 결심으로 강하게 맞서고 있었다.

이에 대신들도 점차 공신 개정 쪽으로 기울기 시작했다. 이미 임금이 내린 상을 거두는 일이 얼마나 큰 문제인지 알고 있었기에 의당 바로잡아야 할 일임에도 묵묵한 채였었지만, 조광조의 태도가 물러설 것 같지는 않아 보였던 것이다. 파장을 최소화하는 선에서, 그러니까 4등 공신 등만 개정하는 정도면 어떻겠느냐는 타협책을 제시하기도 했다. 그사이 윤금손, 송일宋軼 등은 공이 없음에도 공신으로 책봉되었다며 스스로 개정해줄 것을 청하는 사태까지 더해졌고.

중종은 여기서 다시 소격서 논쟁 때의 패착을 반복한다. 11월 4일, 문무과 방방放榜의 하례를 맞아, 사직한 대간들에게 입참을 명령한 것이다. 그것도 "정부가 들어오면 대간이 어찌 들어오지 않으랴"*, 즉 임금이 참석하는 대례에 대신들도 입참한 자리이니 대간들이 어찌 감히 들어오지 않겠느냐고 말했던 것이다. 임금의 위세로 대간들을 핍박한다는 반박을 피할 수 없을 만한 상황이었다. 대간들 자신보다도 먼저 대신들이 이 황당한 처사에 대한 질책을 시작했다.

어쩔 수 없었던 중종은 사태를 무마하고자 연이어 조광조와 대면하게 되었다. 오해의 소지가 있었을 뿐 대간들을 겁박한 것은 아니라면서 그 일은 내 잘못이라 시인은 했으나, 아직 허락의 전교를 내릴 마음은 없었다. 그렇지만 대신들의 뜻이 돌아서 버린 데다가—여전히 눈치를 보며 상소에 동참하지 않는 이들이 없었던 것은 아니다—대간들은 밤낮을 가리지 않고 임금의 전교를 기다리겠다며 물러갈 기세가 아니었다.

중종은 더 이상 피하지 못했다. 사실 구차하다 싶을 정도로 이런저런 핑계로 버텨온 그였다. 하지만 11월 10일 조광조를 비롯한 삼사의 장관을 대면한 자리에서 그들의 청에 '답하지 않는' 것으로 일관하더니, 결국 다음 날인 11월 11일 공신 개정의 전교가 내려졌다.

"예로부터 임금이 대위大位에 오를 때에는 크게 보좌하는 신하가 있어 천명을 도와 공훈을 세운다. 그래서 공로를 보상하되 함부로 베풀지 않고 지나치게 받지 아니하여, 위에서는 법대로 이행하고 아래에서는 감히 분수에 넘치게 바라지 않아야 인양의 도리가 통달하고 공리功利의 풍습을 구원할 것이다. (중략)

그러나 초창 때에 일이 황급하여 원대한 계책에 어두웠으므로 바르게 결단하지 못하고 녹공錄功을 분수에 넘치게 하여 오히려 우리 현저한 공신까지 흐리게 하였으니, 이것이 어찌 나라를 탐욕의 길로 이끌어가는 것이 아니겠는가? 이 때문에 여론이 거세게 일어나 갈수록 울분이 더해가니 또한 내가 어찌 감히 '함께 허물이 있다'고 하지 않을 수 있겠는가? (중략)

내가 어질지 못하더라도 감히 하늘을 속이고 백성을 속일 수 없다. 내 어찌 공훈 없이 헛되이 기록된 것을 국시로 결단하지 않을 수 있겠는가? (중략) 아, 잘 다스리기를 바라는 임금은 인의를 급하게 여기고 도를 말하는 선비는 공리를 천하게 여긴다. 나는 시종 여기에 유념하니 모든 벼슬아치와 선비들은 내 뜻을 잘 알도록 하라."

– 《중종실록》 1519년 11월 11일

중종은 반정 당시에 경황이 없어 공신 책봉에 문제가 있었음을 뼈아프게 시인하면서, 하늘과 백성을 속일 수 없으니 이제라도 그 잘못을 바로잡는다는 이유를 밝힌 후, 이는 공리가 아닌 인의로 다스리기 위한 뜻임을 알리는 것이라고 마무리한다.

이로써 뇌물을 써서 공신 자리를 얻은 자, 공신의 자제라는 이유로 함께 공신에 오른 자, 연산군의 폭정에 함께했으면서도 급히 말을 바꿔 공신에 오른 자 등, 117명의 공신 가운데 무려 76명이 개정 대상이 되었다. 그것도 그저 힘없는 자들만을 대상으로 한 '눈 가리고 아웅'의 생색내기가 아니었다. 전 영의정 유순, 연산군의 사돈인 구수영, 반정과 함께 대사헌에 오른 이계맹李繼孟 등이 포함된 대대적인 위훈 삭제 조처였다. 스스로 공신을 반납하겠다던 윤금손 등도 물론 포함되었다. 윤금손이라면 개혁파의 중추라 할 윤자임의 부친이자, 기준의 장인이다. 사정을 봐주지 않겠다는 다짐인 셈. 그야말로 폭풍이었다.

공신 개정 이후의 그 며칠

전교를 내리는 중종의 마음이 진심이었을까. 답하지 않는 것으로 일관하던 그가 하루 뒤, 신하들의 뜻에 착실히 따른다는 어조가 역력한 전교를 내리고 무려 76명에 대한 공신 칭호를 박탈했다. 떠밀리는 모양새이긴 했으나 어쨌든 자신이 내린 상을 스스로 거둬들이는 큰 결단을 보인 것이다. 76명이라면, 소심한 중종에게는 어마어마한 무게의 이름일 수 있다.

조광조는 일단 가슴을 쓸어내리며 임금의 진심을 진심으로 받아들였음은 분명한데. 다소 격앙되어버린 군신 관계를 회복하려는 고민이 있었을 것이다. 하지만 대간의 임무란 이런 것이 아닌가. 혹 편치 않은 눈길을 받는다 해도, 한때의 서운함이 있다 해도 임금을 바른 길로 인도하는 일이 자신의 본분이다. 그리고 정국공신 개정은 부담스러운 대목이 많았던 그 반정의 낡은 허물을 벗겨내는 결단이 될 것이라 생각했다. 이제 지난날의 짐은 모두 털어내고 밝은 정치를 꿈꾸며 나아가 보자는 포부인 셈이다.

하지만 정작 중종에게는 그 허물이 벗겨진 자리가 조금 허전하게 느껴진 것일까. 공신 개정 전교를 발표한 이틀 후인 11월 13일, 대간 사직을 둘러싼 배경이 되었던 과거 급제자의 창방唱榜이 거행된 후 중종은 묘한 발언을 한다. 그래도 옛 공신들에게 내렸던 선물은 거둬들이지 말라고. 게다가 다음 날인 14일 경연 시간에는 불쑥 조종조의 법을 개정할 수 없다는 얘기를 꺼내 들고 있다.

"조종의 법은 가벼이 변경해서는 안 되는 것이니 당시에 백배나 편리해야만 고칠 수 있다. 왕안석王安石이 주周나라의 제도라는 핑계로 조종의 구법舊法을 변경하여 백성에게 해를 끼쳤으니, 혹 경장更張할 일이 있더라도 그 이해利害를 깊이 헤아려야 하며 가벼이 해서는 안 된다."

– 《중종실록》 1519년 11월 14일

'핑계'라는 말이 예사롭지 않다. '주나라'의 법도로 돌아가자는 것이 바로 지난 4년 동안 조광조가 줄기차게 주장했던, 중종 또한 적극적으로 호응했던 그들의 '이상' 아닌가. 그 이상을 위해 군신 간에 의지하며 여기까지 온 것이 아닌가.

그리고 다시 하루가 흘러 기묘년 11월 15일이 되었다. 이날 실록의 첫 기사는 다소 무심하게 시작한다. "강릉부에 동백꽃이 피었다." 서러운 비유처럼 자꾸 빙빙 돌기만 한다. 계절과 어울리지 않는 동백꽃이 핀 날이었단다.

이별

———

1519년 11월 15일

기묘년 그 밤, 군신유의를 돌아보다

다시 하루가 저물고 있었다. 여느 날처럼 대간들이 소소한 일들을 아뢰었을 뿐, 달리 결정해야 할 중대한 사안은 없었다. 임금은 이 하루를 조용히 바라보고 있었다. 이른 아침부터 한낮을 지나 다시 해가 기울어질 무렵까지. 더디게, 정말 더디게 흐르는 시간. 이처럼 시간이 더디게 흐르는 것이 초조함 때문인지, 그 초조함 속의 두려움 때문인지, 임금은 순간 익숙한 이 느낌을 떠올렸다.

왕자의 신분으로 마지막 하루를 보내던 밤. 하지만 이 밤은 그보다도 더디고, 초조하고, 두려웠다. 더 깊고 무거운 기다림이었다. 어찌 아직 소식이 없는가. 혹여 일이 틀어져버린 것인가. 홀로 앉아 어둠의 길이만을 헤아리고 있는 임금에겐 수많은 가능성들이, 그저 가능성만으로 보이지는 않았다.

아직 확신이 서지 않기 때문일까. 그렇지만 이제 돌이킬 수 없는 일이다. 임금의 손을 떠난 작은 쪽지는 어명의 무게로 집행되고 있을 것이다. 지금 조광조는 아직 이 평온한 하루를 누리는 중일까. 그의 모습이 떠오르자 쓰라린, 그리운 마음이 일었다. 엄격하면서도 따뜻했던 목소리, 꿈꾸는 듯 빛으로 가득했던 표정. 내게 살아 있다는 느낌을, 군주다운 군주로서 살고 싶다는 열망을 주었던 한 사람.

하지만 그 위로 그날의 눈길들이 떠올랐다. 문묘친제가 있던 날 그의 모습을 뒤좇던, 사랑과 존경의 눈길들. 군주의 이름을 한없이 초라하게 만든 눈길들이었다. 어쩌면 나 또한 그를 그렇게 바라보고 있었기에, 사랑과 존경을 담아 그의 이상을 따르고 있었기에. 게다가 그 누구도 줄 수 없는 군주의 권력으로 그의 이름을 지켜주고 있지 않았던가. 그러나 그가 사랑했던 것은 군주가 아니었던가, 군주 위에 군림할 이성의 문자였던가.

그와 함께한 몇 년의 시간들이 마음을 짓이기고 있었다. 마지막으로 한번 그의 이야기를 들어봐야 하지 않을까, 그의 진심을 확인해봐야 하지 않을까. 하지만 그에게서 듣게 될 이야기도 두려웠다. "차라리 극형이나 찬축을 당하더라도 달게 받을 것입니다." 정국공신 개정으로 불편했던 그 만남이 다시 떠올랐다. 임금은 마음을 굳게 붙들며 애써 그의 모습을 털어내려 했다.

이 밤은 어찌 이리도 깊고 무거운가. 예사롭지 않은 밤기운 속에서 조광조 또한 힘겨웠던 그 만남을 생각하고 있었다. 전하께서는 묵묵한 채 답이 없으셨지, 공신들 이름 하나하나를 지워나가면서 임금께서도 어찌 그 마음 허전하지 않으셨으랴. 하지만 지금 그 상처들을 도려내지 않는다면 더 깊은 상처로 온몸이 시들어버릴 것이다. 이제야말로 나의 군주께서 반정의 그림자에서 벗어나신 것이다. 이 마음을 알아주셨기에 윤허하셨을 터.

이제 다 온 것이다. 임금께서는 밝은 정치를 꿈꾸며 나아가기만 하면 되는 것이다. 그동안 간언하는 자신도, 그 힘든 말을 따라와 준 임금도 모두가 쉽지 않은 시간이었다. 잠시 숨을 고르기로 하자. 큰일들은 대략 매듭을 짓지 않았는가. 지금쯤은 서운함에서 조금 벗어나셨을까. 이 겨울이 지나고 다시 봄이 돌아오면, 무거운 겨울을 털어내고 화평한 봄의 기운으로 시작하면 되는 것이다. 세상에서 돌아서고 싶은 날들도 있었지만 차마 그리하지 못했던 것도 다시 맞을 따스한 봄날을 기약했음이 아닌가. 이제 잠시 물러나 나의 학문을 채워도 좋으리라…….

무슨 일인가. 소란스러운 걸음들이었다. 조광조는 의아함으로 방문을 열고 나섰다. 정녕 급박한 일이라도 생긴 것인가. 의금부의 포졸들이 마당을 에워싸고 있었다.

"죄인은 영을 따르시오."

죄인이라? 느닷없는 탄핵도 아닐 것이다. 자신이 바로 대사헌 아닌가. 깊은 밤을 틈타 변고라도 생긴 것인가. 그렇다면 전하께서는 무사하신가.

"대체 어인 소란인가? 혹여 전하께 미편하신 일이라도……."

차마 망극한 말을 담게 될까 끝을 흐리는 조광조에게 포박을 명하던 사내가 답했다. 모르겠느냐는, 안쓰럽다는 말투였다.

"대사헌 영감……, 체포의 영을 내리신 분이 바로 전하이십니다."

다시 기묘년 11월 15일 밤

조광조의 연보를 따라 결국 기묘년 11월 15일에 이르렀다. 대사헌 조광조를 비롯한 대간과 홍문관원, 그리고 승지까지, 임금의 측근들을 의금부로 압송한 그 사건으로 돌아오게 된 것이다. 옥에 갇힌 조광조는 영문을 모른 채였다. 아마도 참소일 거라고, 어쩌면 오해일 거라고 생각하고 있었다.

연보의 기록대로라면 "남곤, 심정, 홍경주洪景舟 등의 밀고로 옥에 갇혔"으니 참소가 있었다는 이야기가 된다. 그렇다면 그 '밀고'의 내용이 무엇인가. 한밤중의 전격적인 체포로까지 이어졌다면, 조광조가 역모라도 꾀하고 있었다는 말인가. 하지만 이어진 실록의 내용은 그런 급박함과는 거리가 있다. 어쩐지 급박해 보이는 것은 중종 한 사람뿐이다.

이제 죄인들을 모두 하옥한 마당이니 명명백백히 조광조 무리의 죄상을 밝히면 될 일이었다. 그런데 중종은 그 밀고의 내용에 대해 입을 열지 않는다. 남곤이나 홍경주에게 물으면 어떨까. 조광조의 죄를 미리 알아 이를 임금에게 알렸다면, 그래서 위험을 사전에 막아낸 것이라면 이 야말로 종사에 큰 공을 세운 셈. 하지만 그들 또한 난처한 표정으로 임금의 눈치만 살필 뿐 무언가 더 말하지 않겠다는 태도다. 이 밤의 진실은 중종이 입을 다물어버린다면 영영 미궁에 빠질 수도 있겠는데…….

먼저 사건의 앞뒤를 맞춰봐야겠다. 누가 이 옥사를 기획했으며 그 까닭은 무엇인지. 4년 동안 조광조가 펼친 활동을 생각하면 그를 미워할 만한 이유는, 사람은 넘치도록 충분하다. 그사이 어딘가에서 불씨가 시작되었을 것이다.

11월 15일에서 되짚어보면 이 밤의 사건과 가장 관련 깊은 일은 불과 나흘 전의 정국공신 개정 전교였을 텐데. 그렇다면 그 나흘 사이 무슨 일이 있었던 것일까. 개정당한 공신 세력의 거센 저항이었거나, 그들의 반감을 이용한 정적들의 공격이었거나, 그것이 참소로 이어져 결국 중종에게 조광조에 대한 오해를 불러일으켰거나. 이 며칠 동안 있었던 중종의 묘한 발언과 겹쳐 보자면 분명 내막이 없었을 리 없다.

사건이 이상하다고 느낀 것은 이 밤에 갑작스레 불려 온 정승들도 마찬가지였다. 특히 영의정 정광필의 입장이 그랬다. 이해되지 않는 사건이니 다시 재구성해보자는 제안을 했다. 수상으로서 자신을 납득시키지 못하는 옥사에 그저 결재만 하고 넘길 수는 없겠다고. 사림들과 호흡을 맞추지는 않았지만, 개혁의 길목에서 안전한 선택을 주장한 그였지만, 그렇다고 죄도 밝혀지지 않은 젊은 그들을 죽음에 몰아넣는 일을 묵과

할 수는 없었다. 유능하지는 않았지만 부패한 인물은 아니었으니까. 자신의 마지막 양심을 걸고 혹여 있을지도 모를 위험을 감수하기로 했던 것이다. 옥사를 주도한 이들에게는 의외의 걸림돌이었을까.

임금은 임금대로, 신하들은 신하들대로 자신은 주동자가 아니라고 발을 빼고 있다. 그렇다면 대체 이 밤의 사건은 어디에서 시작되었다는 말인가. 11월 15일의 실록으로 돌아가 본다.

붕비朋比의 죄를 묻다

11월 15일의 실록 기사를 차례대로 살펴보면, 모두 7개의 기사 가운데 세 번째 기사가 바로 밤 2고경에 조광조 등을 체포하여 옥에 가뒀다는 그 사건을 다루고 있다. 그리고 네 번째 기사에서 밤 5고경에 중종이 했던 문제의 그 발언, "조정의 큰일이 이미 정해졌으니, 중간에서 지체하여 도리어 어린아이 장난처럼 되어서는 안 된다. 빨리 전지하라(조광조에게 죄주라는 전지다). 입계를 두세 번 재촉했는데도 밤이 다 가도록 결정하지 못하니 매우 옳지 않다"라는 대목이 나온다. 아직까지는 사건의 전말을 알기 어려운 상황. 이어진 다섯 번째 기사에 새로운 정보가 있다.

신상申鏛이 뒤에 와서 곧 아뢰기를 "신이 보건대, 조광조 등은 고서古書만

보고 지치에 이르게 하고자 하였으나, 젊은 나이로 갑자기 승진하여 세상을 다스린 경험이 없으므로 인정人情을 들끓게 한 잘못은 과연 없지 않습니다. 그러나 이 때문에 죄를 주는 것이 괜찮겠습니까?" 하니, 임금이 이르기를 "조정에서 이미 의논해서 한 것이니 조정의 처치대로 해야 한다." 하였다.

— 《중종실록》 1519년 11월 15일 다섯 번째 기사

이조판서 신상의 말인즉 조광조의 잘못이라면 지치에 이르고자 하는 뜻에 비해 경력이 부족하여 과격했던 것뿐, 하지만 이것이 어찌 죄가 되겠느냐는 것이다. 그러니까 한밤중에 입시한 조정 대신들에게 알려진 조광조의 죄명이 바로 이 '과격죄'였던가 보다. 모두들 신상처럼 생각했을 것이다. 별다른 변고가 있는 것도 아닌데 조광조의 이런 '잘못'이 어찌 '죄'가 된다는 말인가. 이에 대한 중종의 답이 의외다. '이미 조정에서 의논한' 일이라며 자신은 그들의 뜻에 따른다는 것이었는데, 현직 이조판서도 모르는 의논이 있었다면 이 또한 예사로운 일은 아니다.

그다음 기사에서 밝혀질까. 이어진 여섯 번째 기사는 다소 길게 기록되었는데, 대략의 내용인즉 일단 영의정을 비롯한 중신들이—조광조와 가까운 우의정 안당, 이조판서 신상은 빠진 상태다—임금과 함께 사태를 논하는 중이다. 그들이 인정한 조광조의 죄는 역시나 과격한 행동에, 붕당을 형성하여 자기들끼리만 요직을 차지했으며, 그 권력을 휘둘러

정치를 어지럽혔다는 것.

이에 중종은 "죄인에게 벌이 없을 수 없고 조정에서도 청했으니 빨리 정죄定罪하도록 하라"*면서 신하들을 독촉하고 있다. 이에 한 사람이 중의를 모아 죄안罪案을 작성하기로 하자 중종은 즉시 남곤에게 이 일을 맡긴다. 이어 '죄인'들의 명부를 작성하는 일도 중종이 직접 조광조·김정·김구·김식·윤자임·박세희·박훈·기준의 여덟 명을 지목하고 있는데, 죄인의 우두머리를 조광조로 써넣으라는 말까지 덧붙인다. 그 의논에 따른 이날의 마지막 기사다.

> 의금부에 전지를 내렸다. "조광조·김정·김식·김구 등은 서로 붕당을 맺고서 저희에게 붙는 자는 천거하고 저희와 뜻이 다른 자는 배척하여, 성세로 서로 의지하여 권요의 자리를 차지하고, 후진을 유인하여 궤격함이 버릇이 되었다. 국론과 조정을 날로 글러가게 하였으나 조정에 있는 신하들이 그 세력이 치열한 것을 두려워하여 아무도 입을 열지 못하게 되었다. 또한 윤자임·박세희·박훈·기준 등은 궤격한 논의에 화부和附하였으니, 이 일들을 추고하라."
>
> – 《중종실록》 1519년 11월 15일 일곱 번째 기사

사실 이때까지는 과격한 정책을 앞세운 젊은 사람들에게 내려질 벌이 무엇일지, 아무도 알지 못했다. 임금의 총애가 식은 신하이니 그저 파직

에 따른 실각 정도로 생각하지 않았을까.

조광조는 죄가 없나이다

하지만 다음 날인 11월 16일, 중종은 붕당의 죄를 적용하여 조율에 따라 조광조 등의 주모자들은 사형, 이에 추종한 기준 등은 유배형에 처하겠다는 뜻을 밝혔다. 이에 정광필 등이 제동을 걸고 나섰다. 죄에 비해 그 벌이 터무니없이 무겁다는 것이었다. 정치를 제대로 하지 못한 신하에게 내릴 벌은 파직이지, 죽음은 아니지 않은가.

그런데도 중종은 '조정에서 청한 죄'라는 핑계를 댄다. 이에 정광필이 조정을 대표하는 영의정으로서 '조정에서는 그렇게 청한 일이 없다'면서 사건의 전말을 파헤쳐 보자는 제안을 하게 된다. 그러면서 이어 하는 말인즉 사건이 일어난 15일 밤, 자신이 명을 받고 입시했을 때는 이미 남곤과 홍경주 등이 먼저 들어와 있었다고. 영의정인 자신과 우의정 안당을 배제한 채, 누군가 임금과 먼저 의논을 해둔 것이 아니었느냐는 발언을 한 것이다. 사건의 공모자들이 설명해보라는 뜻이겠다.

중종은 어물거리며 넘어가려 했으나, 이에 각 부처의 장관들을 비롯한 신임 대간들이 합세하여 사건을 제대로 밝히라는 압박을 가하기 시작했다. 어색한 죄명에, 명백한 증거도 없이 어찌 사형에 처할 수가 있겠느냐고. 그들에게 비록 과격함이 있었다고는 하나 그것은 "나라를 위한 것이었지 딴 뜻이 있었던 것은 아니"*라고. 이런 죄로 사림에게 죽음을 내린다면 이야말로 연산군 시대의 사화와 다를 것이 무엇이냐는 비난까지 일었다. 무엇보다도 조광조에게 그런 '권력'을 준 것은 임금 자신이었다. 난처해진 것은 중종만이 아니었다. 밀고를 했다고 지목받은 남곤과 홍경주는, 사실은 그렇지 않다며 억울해했으나 그 사실이 무엇인지를 말하지는 못하는 상황. 게다가 사건이 조금 더 번져나가기 시작했다.

조광조에게 중죄를 적용한다는 사실이 알려지자 그를 지지해온 신하들이 함께 '죄를 받겠다'고 청하고 나섰다. 왕조시대에, 임금이 사사를 명한 중죄인과 함께 서겠다는 결심을 한 것이다. 전 승지인 유인숙柳仁淑과 공서린 등이었는데, 15일 밤에 승지 전원이 하옥되면서 함께 옥에 갇혔다가 풀려난 인물들이다. 자신들만이 죄를 면하는 것은 있을 수 없으니 다시 옥에 가둬달라는 청이었다. 그들만이 아니었다. 부수찬 심연원沈連源, 전한 정응 등의 홍문관 시종들과 대간들 또한 조광조와 뜻을 함께한 자신들도 같은 죄를 받아야 마땅하다는 상소를 올리기에 이르렀다.

중종이 당황하고 있는 사이, 궁에서 심한 소요가 일어났다. 성균관 유생 150명이 조광조의 무죄를 주장하는 연명 상소를 올린 데 이어, 궐 안에 '난입하여' 통곡을 하는 초유의 사태가 벌어진 것이다. 참소를 믿어

– 10장 | 이별 | 1519년 11월 15일

신임하는 신하들을 옥에 가두다니 어찌 이럴 수 있느냐고, 국왕 자신이야말로 그들과 함께 좋은 정치를 꿈꾸었던 동지가 아니었느냐고. 이러다가는 국세가 무너져 구제할 길이 없을 것이니, 어서 임금의 잘못된 처분을 돌이키라는 것이다.

> "옥에 갇혀 있는 신하들도 성상께서 지극히 공명하신 것을 믿고, 그 행한 일과 세속을 교화하는 것이 모두 지극히 선한 데에 이르게 하고자 하였습니다. 그런데 뜻밖에 참간讒奸이 한번 요동하자 임금의 뜻을 문득 돌리시니, 전일 조석으로 강사講思를 함께하여 존중하고 신임하던 신하들이 도리어 옥에 갇히게 되었으니, 상하가 흉흉하고 할 바를 몰라 '전하께서 반드시 참소를 믿으셨을 것이다'라고 합니다. 이러면 성상께서 평일에 바라시던 것과 신들이 전하께 바라던 것이 크게 서로 어그러질 것이니, 신등은 국세가 곧 무너져 마침내 다시 구제할 수 없는 것을 차마 볼 수 없습니다."
>
> – 《중종실록》 1519년 11월 16일

중종은 어이가 없었다. 유학을 따른다는 자들이 감히 군주의 궁궐에 난입했으니 이는 대역죄로 다스려도 무방할 일 아닌가. 그렇다고 이들 모두를 가둘 수는 없었다. 주모자 몇을 잡아두고 나머지 유생들은 쫓아보내게 했는데 유생들은 기세가 꺾이지 않은 채 차라리 조광조와 함께 옥에 가둬달라는 상소를 올리게 된다. 중종은 주모자에 대한 추고를 명했으나 임금으로서 가슴 아픈 순간이었을 것이다. 질투 때문에 분노하기도 했을 것이다. 그들 모두가 자신의 백성이자 신하들이 아닌가.

그래서였을까. 중종은 조광조에 대한 처벌을 서두른다. 강한 저항에 밀려 일단 사사의 명은 거두었으나 16일이 채 지나기 전, 조광조의 무리 여덟 명에 대한 처분을 단행한 것이다. 중종의 판결인즉, "조광조 등 4인은 감사減死하여 고신을 모두 빼앗고 장杖 1백一百에 처하여 원방遠方에 안치하며, 윤자임 등 4인은 고신을 모두 빼앗고 장 1백을 속贖하여 외방外方에 부처하라."*

병약한 선비들에게 장형은 부당하다며, 이는 목숨을 살려주겠다는 은혜에 어울리지 않는다는 대신들의 청에, 중종은 사형을 감한 것만도 큰 은혜라며 맞섰다. 더 이상의 선처는 없다는 것이었다.

중종의 밀지密旨

무려 22개의 기사를 나누어 써야 했을 만큼 숨 가쁜 16일이 저물고, 다시 17일. 날이 밝자 중종은 죄인들에게 자신의 뜻을 전하게 했다. 내가 너희의 마음을 안다, 그러니 너희도 내 마음을 알아달라, 정도의 내용이다.

"너희들은 다 시종하는 신하로서 경연에 출입하며 상하가 한마음으로 지치를 보기를 바랐었다. 너희들이 어질지 않다고 할 수는 없으나 근래 모든 일에 과격하여 평상平常하지 못하게 하므로 조정의 일이 많이 그르쳐졌다. 이제 내가 어찌 이렇게 하는 것을 마음 편히 여기겠으며 조정의 대신들도 어찌 사심을 가졌겠는가? 너희들이 이렇게 되게 한 것은 모두 내가 밝지 못하여 미리 처리하지 못하였기 때문이다. 너희들의 죄를 율대로 결단한다면 여기서 그칠 것이 아니나, 너희들이 사심을 가진 것이 아니라 다만 나라의 일을 위하느라 과격한 줄을 몰랐던 것이므로 말감末減하여 죄주는 것이며, 여느 죄수라면 이런 분부도 하지 않을 것이다. 너희들은 시종의 자리에 오래 있었으니 내가 어찌 너희들의 마음을 모르겠는가! 이제 나라의 일을 그르쳤으므로 이런 뜻을 보이는 것이다."

– 《중종실록》 1519년 11월 17일

다시 대간들을 중심으로 사직 상소가 올라오기 시작했다. "이처럼 신임하시다가 하루아침에 죄주어서 버리시니 그 연유를 모르겠으며, 전 대간을 까닭 없이 모두 가셨으니 이것도 그 연유를 모르겠습니다. 신 등은 감히 취직할 수 없으며, 반드시 조광조 등을 다시 서용한 뒤에야 일을 돌볼 수 있습니다."* 이처럼 신의 없는 임금을 믿지 못하겠으니 조광조를 다시 부르기 전에는 명을 받지 않겠다는 것이다. 이뿐인가. 어제에 이어 성균관 유생 240명의 상소가 올라왔다. 억울하게 죄를 입은 조광조를 풀어달라고, 아니라면 자신들도 함께 옥에 갇히겠다고. 심지어 옥에서 죽는 것이 낫겠다는 이들까지 있었다.

날이 바뀌어 11월 18일, 죄인들이 유배지로 떠나기 시작했다. 며칠 사이에, 임금이 가장 사랑하던 신하가 죄인의 몸으로 도성을 떠나게 된 것이다. 문제는 아직도 그의 '죄' 여부가 분명치 않다는 사실이다. 이에 사건의 전모를 제대로 밝히자는 논의가 본격적으로 일어나고 있었다. 특히 사관들은 일의 단서를 알지 못하니 어찌 실록을 기록하겠느냐며 그 과정을 꼬치꼬치 캐묻기 시작했다. 바로 이 시점에서 믿기 어려운 이 야기가 흘러나왔다. 사건의 발단이 남곤 등의 참소가 아니라 바로 임금이 아니냐는 지적이었는데, 발원지는 신임 대사헌 유운柳雲 등의 사직 상소다.

"조광조 등에게 죄줄 만한 일이 있다면, 광명정대하게 그들을 모아서 분부하시기를 '곧은 논의를 듣기 싫어서가 아니고 사기를 꺾으려는 것도 아니며, 폐해가 이렇게까지 되었으므로 마지못해 죄주는 것이다.' 하고, 한산閑散에 두거나 멀리 내치면 그들도 그 죄에 승복하고 조정 안팎이 모두 쾌하게 여겼을 것입니다. 그런데 늘 쌓아두고 결단하지 않다가 한두 사람이 어두운 밤에 은밀히 아룀에 따라 이와 같이 죄를 주시니, 이처럼 속임이 심하시니 나라에서 하는 일 같지가 않습니다.

신 등이 어제 간사한 무리가 은밀히 아뢰었다고 들었는데, 이제 다시 들은 말이 있습니다. 상께서 홍경주에게 비밀히 이르시기를 '조광조 등의 우익羽翼이 이미 이루어졌다. 당초 현량과를 두고자 할 때에 나도 좋다고 생각했었는데, 이제 와서 생각하니 실로 우익을 심은 것이므로 모두 제거하려 하였으나, 경의 사위 김명윤金明胤도 그 가운데에 있으므로 하지 않았다'라고 하셨다는데, 이 말이 이미 밖에 퍼졌습니다.

임금과 신하 사이는 반드시 서로가 정성으로 대하여 틈이 없고 뜻이 맞은 후에야 그 나라를 지킬 수 있는 것입니다. 임금의 위엄으로 이 두세 선비를 죄주는 것이 무엇이 어렵기에 어두운 밤에 밀지密旨를 내려서 비밀히 하십니까? 신임한다면 정성으로 대하여 의심하지 않아야 하고 죄가 있다면 분명하고 바르게 죄를 정해야 할 것인데, 밖으로는 친근히 하여 신임하는 듯이 보이고 속으로는 제거하려는 마음을 품으셨으니, 임금의 마음이 이러한 것은 위망危亡의 조짐입니다. 신 등은 통곡과 눈물을 견딜 수 없습니다."

– 《중종실록》 1519년 11월 18일

이때까지 대략 알려진 바로는 남곤, 홍경주 등의 참소에 중종이 속아서 사건이 일어났다는 것이었는데, 이 상소는 오히려 중종이 밀지를 내려 사건을 일으켰다는 이야기를 하고 있다. 군주가 자신의 신하를 죄주기 위해 다른 신하를 이용한다? 그럴 필요가 무어 있겠냐는 의아함이다. 죄가 있다면 그에 맞는 벌을 내리면 될 일이지, 신임했던 신하를 이런 식으로 속이다니. 임금답지 못한 그 행동을 해명해보라는 요구이기도 했다.

홍경주라면 중종이 총애하는 후궁 희빈의 아버지이니 외척이자 그 자신 정국공신이기도 하다. 그렇다면 그가 평소 사림을 좋지 않게 여기던 남곤 등과 함께 중종의 밀지를 받아 일을 꾸몄다는 이야기가 되는데. 다음은 중종이 내렸다는 밀지의 내용이다.

"조광조 등이 정국공신 삭제를 청하는 것은 신하가 임금을 폐하지 못한다는 강상綱常을 중하게 여기기 때문이라 하였다. 먼저 공이 없는 자를 삭제한 뒤에 겨우 20여 명의 이름을 남겼는데, 연산을 폐한 죄를 성토하게 된다면 경 등은 어육이 될 것이요, 그다음에는 나에게까지 미칠 것이다. 주초走肖(趙)의 무리가 간사하기가 왕망王莽이나 동탁董卓과 같아서 온 나라 인심을 얻어 백료들이 우러러보는 바가 되었으니, 하루아침에 송 태조 때 황포黃袍를 몸에 덮어 입히는 변이 있게 되면 비록 조광조가 사양하고자 하나 그만둘 수가 있겠는가. 조광조가 현량과를 설치하자고 청한 것도 처음 생각에는 인재를 얻기 위해서인 줄 알았더니, 지금 생각해보니 자신들의 우익을 심으려 했던 것이다. 이들을 잘라 없애려 하나 경의 사위 김명윤이 그 속에 있으니 이것이 한스럽다.

내 심복이 몇 사람이나 있는가? 정광필은 왕실에 마음을 둔 자이나 이장곤은 처음부터 그렇지 않았다. 이제 소인배에게 붙었으니 믿을 수 없다.

심정은 근래 비록 논박을 입었으나 재간이 있으니 가히 신임할 만하다. 내가 이들을 제거하려는 뜻을 딴 사람에게 번거롭게 말하지 말고 남곤과 심정에게 묻는 것이 어떠한가. 유용근柳庸謹과 한충韓忠과 김세희金世憙는 모두 무예가 있다고 자부하니 두려워할 만하다. 조정에서 이 무리들을 제거한다면 저녁에 죽더라도 근심이 없겠다.

지난번에 경연에서 기준이 말하기를 '조광조 같은 자는 정승 자리에 합당하다' 하였다. 벼슬을 명하는 것이 모두 이 무리에게서 나오고 있으니 나를 임금으로 여기지 않는 것이요, 한갓 그 이름만 지키고 있을 따름이다. 조광조는 말이 공손하고 온순하여 옳은 사람같이 보이기에 수년 사이에 벼슬을 뛰어서 높이 썼으니 내가 마침내 주초의 꾀에 떨어진 것이다. 명백하게 이들을 죄주고 싶으나 대간과 홍문관과 육조와 유생들이 모두 불가하다고 말하면 내가 어찌할 수 없는 것이니, 어떻게 처리해야 할지 모르겠다. 요즘에는 먹어도 맛을 알지 못하고 자도 자리가 편안치 못하여 파리한 뼈가 드러났다. 내가 이름은 임금이나 실상은 아무도 알지 못한다. 옛날에 유용근이 거만하게 나를 보았으니 반드시 임금으로 여기지 않는 마음을 가졌을 것이다. 경들은 먼저 그를 없앤 뒤에 보고하라."

– 안로, 《기묘당적보》[8]

---

8 이긍익, 민족문화추진회 옮김, 《(국역)연려실기술》, 민족문화추진회, 1967.

이별의 몇 가지 이유

이랬던 것이다. 중종이 홍경주 등에게 밀지를 내려 자신의 측근을 제거하려 한, 이 이상한 사건의 내막은 대략 밝혀졌다. 이는 대다수 신료들에게 큰 충격을 주었음이 분명하다. 신하가 역모를 도모한 일도 아니었다. 임금이 역모가 의심되는 신하를 처단한 것도 아니었다. 임금이 몰래 '일'을 꾸며 자신의 신하를 제거하려 한, 이처럼 이상한 옥사는 처음이었던 것이다. 몰래 해야 할 정도였다니, 대놓고 신하의 잘못을 추궁하지도 못하는 정도였다니. 무엇보다도 군주로서 당당하지 못한 모습에 실망하지 않았을까.

이렇게까지 해야 했을 이유가 무엇인가. 자신이 나눠준 권력이었으나, 자신이 인정해준 권위였으나 이제는 그것이 너무 커질까, 행여 신하의 권세가 임금보다 더해질까 부담스러웠다고 치자. 먹어도 맛을 알지 못하고 잠을 자도 편안치 못했다면 이별을 결심할 이유로 부족하지 않다. 하지만 그렇게 온 마음을 기울여주었던 상대와 마주 앉지도 않은 채, 이런 식의 이별 통보라니. 그 방식이 오히려 반발을 불러오지 않았을까. 군주의 위세로 무엇 때문에 어두운 밤을 틈탄 뒷거래를 하는가. 이미 두 번의 사화를 일으킨 연산군도 최소한 이런 식으로 '비겁하게' 일을 처리하지는 않았다.

한 나라의 왕이 아닌가. 이 내용대로라면 조광조에 대한 중종의 마음은 거의 두려움에 가깝다. 조광조의 인기가 높아져 결국 왕위를 위협할 지도 모른다며 남곤 등에게 자신을 도와 거사를 일으키라 호소하고 있지만, 중종이 정말 그렇게 생각했을까. 유교적 신념으로 다져진 조광조가 왕권을 넘볼, 그런 무모한 자로 보였을까. 석연치가 않다. 이런 외적인 '핑계' 말고 진짜 그가 품고 있었을 이별의 이유는 무엇일까.

조광조의 정책이 마음에 들지 않았기 때문일까. 그럴 수 있다. 그의 열정적인 개혁이 근사해 보이긴 했지만, 그다지 실익이 없다는 생각이 들었을 수도 있다. 그렇다면 왕으로서 그 신하를 쓰지 않으면 그만이다. 조선은 그렇게 정책 제안자를 바꿔가며 나라를 유지해왔으니, 조광조의 정책이 왕의 마음에 들지 않는다면 그 자리에서 물러나게 하면 그만이다.

조광조가 제시한 군주의 길이 너무 힘들어서, 지루해서 둘 사이가 파탄 나고 말았다는 해석도 일반적으로 받아들여지고는 있다. 그런 측면이 없지는 않다. 역대 조선의 임금 가운데 군주의 도리를 강조하는 신하를 이처럼 사랑했던 이도 없었으니까. 하지만 이것이 결정적인 이유로 보이지는 않는다. 중종은, 단지 바른 생활이 지겹다고 해서 선생을 사지로 몰아낼 정도의 배포도 아니었다.

이쪽은 어떤가. 중종이 자신의 권력을 구축하기 위해 신진 세력인 조광조를 이용해서 훈척들을 제압했다는 의견. 그리고 어느 정도 목적을 달성한 후, 이번에는 또 다른 세력을 앞세워 새로운 권력으로 떠오르는 조광조를 제거했다는 이야기다. 이 또한 어느 정도의 진실이겠지만 아무래도 결과론에 가까워 보인다. 처음부터 그런 계획을 세울 만큼, 중종이 정치적으로 노련한 인물은 아니었다.

혹시 조광조의 마음이 변해서, 그러니까 초지일관하지 않았기 때문에 버림을 받은 것은 아닐까. 아니, 차라리 너무도 초지일관한 것이 문제였는지도 모른다. 유교의 이상을 위해 여전히 그 꿈을 처음 그대로 간직하고 있었기 때문에. 물론 조광조의 꿈은 중종 자신도 적극 지지한, 간절히 원했던 정치적 이상이었다. 그런 나라를 만들어보자고 중종이 먼저 그에게 손을 내민 것이었으니까. 하지만 조광조의 커다란 꿈 앞에서는 자잘한 일들이 정말 자잘해 보였을 거란 생각에, 중종이 불쑥 자신의 자리를 돌아보게 된 것일 수도 있다.

거슬러 올라가 보면 이 모든 이유들이 불씨 하나하나로 숨 쉬고 있었다. 아슬아슬했던 순간들이 차곡차곡 사건의 배경으로, 그렇게 불려 나올 만했다. 그리고 복잡했을 중종의 마음에 정국공신 개정 문제가 불을 붙인 것이었을 터. 그때 조광조가 결연히 했던 말, 극형을 당하더라도 그대로 받겠다는. 결국 국왕은 그의 결심 앞에서 뜻을 꺾을 수밖에 없었는데, 그 말에 감정이 무너져 내리지 않았을까. 그렇다면 한번 그대의 말대로 당해봐라, 임금의 힘으로 그 정도도 못할까 보냐, 정도의 무력시위 같기도 하다.

왕조시대의 특성상 이 사건의 발단은 임금의 마음일 수밖에 없다. 중종이 조광조와의 직접 담판을 거부했다면, 죄를 캐묻기는커녕 한 번만 만나달라는 그의 청을 거절해버렸다면, 이런 헤어짐이란 상대가 싫어져버린 경우에 취할 만한 태도는 아니지 않을까. 실망 때문도 아니다. 실망 정도의 감정이 증오의 얼굴로 바뀌지는 않는다. 증오는 사랑과 나란한 무게다. 동지라고 생각했다면 그의 고고한 뜻이 곧 자신의 선정으로 이어지겠으나, 경쟁자로 느껴졌다면 전혀 다른 이야기가 되어버린다. 나란히 걸어가던 누군가가 맞서야 할 대상으로 바뀌었을 때, 그의 무게는 마음의 짐으로 커져나가지 않겠는가.

인간적인 감정으로도 아픈 부분이 있었을 것이다. 언제 사랑에서 돌아서게 되는가. 상대가 무엇을 더 요구해서가 아니라 상대에게 더 이상 건넬 만한 것이 없다고 느껴졌을 때, 오히려 그때가 아닐까. 조광조에게 거듭 내렸던 승진의 은혜를, 그것을 통해 얻었을 권력을, 조광조는 자신을 위해 사용하지는 않았던 것이다. 권력의 달콤함으로도 길들일 수 없는, 권력을 구걸하지 않는 신하라니. 군신의 의리로 만난 두 사람이다. 그런데 임금이 자신의 빈 주머니 때문에 초조해지고 있었다. 한 인간으로서도 자존심이 상할 만한 충분한 이유였는데, 조광조가 살아서는 안 될 이유이기도 했다.

중종, 사사를 명하다

그 이유가 사라지지 않는 이상, 조광조는 언제든 다시 죽음에 이를 수 있는 운명이다. 11월 18일, 죄인들은 유배지로 떠났으나 사건이 종결된 것은 아니었다. 중종도, 조정의 대신들도, 그리고 이 사건을 지켜보고 있는 유생들도 그리 생각했다. 유배란 궁극적인 매듭은 아니다.

　조광조가 유배를 떠난 다음 날인 19일, 다시 성균관 유생 300명의 상소가 올라왔다. 시간이 흐를수록 상소에 동참하는 이름들이 늘어만 갔으니 중종으로서도 심기가 편할 수는 없었다. 유생들의 뜻은 곧 조선의 공론이다. 조광조의 이름을 걷어내기 위해 결단한 일이었는데 오히려 그의 이름만 선명해지고 있었다. 조정 신료들의 반발도 여전했다. 사직 상소도, 조광조의 무죄를 주장하는 상소도 그치지 않았던 것이다. 잠시 가라앉는 듯했던 중종의 노여움이 다시 솟았다. 이대로는 아니 되겠다고, 그를 살려둘 수는 없겠다고.

　유배객의 처지야말로 정치 상황에 따라 어찌 될지 알 수 없는 일이다. 조광조의 나이 서른여덟. 한때의 바람이 지난 후에 돌아오기에도 충분한 나이다. 게다가 그가 어떤 사람인가. 그가 유배지의 시간을 한탄으로 흘려보내지만 않는다면, 더 깊어진 학문과 고민으로 다시 돌아와 한 시대를 뒤덮는다 해도 놀라운 일은 아니다.

　중종은 그것을 견딜 수 없었을까. 그래서 하루빨리 매듭을 짓자고 생각했던 것일까. 당시 조정의 그 누구도, 심지어 옥사를 앞장서 기획한 남곤이나 홍경주조차도 감히 사사를 청하지는 않았다. 반대편에서도 그렇게 부담스러운 결말을 원하지는 않았기 때문이다. 그들의 계획은 조광조를 권력에서 떼어놓는 것이었지, 사림의 영수를 죽음으로 몰아넣는 일은 아니었다.

죽일 것까지야 있었을까. 임금의 총애를 거둠으로써 사실 조광조는 이미 그 세력이 꺾인 것이다. 자기 스스로를 위해서는 그 무엇도 준비해 두지 않은 이였다. 그런데도 중종은 그의 죽음을 준비했다. 조광조를 향한 중종의 마음은 다시 만날 자신이 없어져버린, 사랑을 저버린 연인의 극단적 선택처럼 보인다.

"대저 죄는 크고 작은 차이가 있는데 벌은 경중이 없이 한 과조科條로 적용하는 것은 법에 어그러지므로, 대신들과 그 경중을 상의하였다. 조광조는 사사賜死하고 김정·김식·김구는 절도絶島에 안치하며, 윤자임·기준·박세희·박훈은 극변極邊에 안치하라."

- 《중종실록》 1519년 12월 16일

12월 16일, 중종의 전교가 내려졌다. 중종으로서는 그 치세를 통틀어 가장 나쁜 수를 두게 된 셈이다. 한 인간으로서도, 일국의 군주로서도 그렇다.

겨울

1519년 12월 20일

유배지 능성에서 사사의 명을 받다

추운 날이었다. 한 자도 넘게 쌓인 눈 위로 바람마저 얼어붙은 듯, 기괴한 소리로 낮게 떠돌았다. 이해도 이제 저물어가는구나. 양팽손은 여느 날처럼 조광조의 거처로 향했다. 그가 이곳으로 유배를 내려온 지도, 자신이 그 일에 연루되어 파직된 지도 한 달 가까이 되고 있었다. 인연이란 이런 것인가. 내가 돌아온 고향 땅 능성이 그의 유배지라니.

　다시 돌아갈 수 있을지 모른다. 임금의 화가 풀리면, 이 알 수 없는 오해들이 풀리면. 그 죄목부터가 만들어낸 것 아니었던가. 어차피 이리된 일, 함께 학문을 닦는 시간이 주어진 거라 생각하기로 했다. 하지만 그가 견뎌야 할 하루하루의 무거움을 생각하니……. 옥고로 성치 않은 몸에 나날이 수척해지는 모습, 오직 맑은 눈만이 그 맑음을 더해갔다.

　그의 삶을 바라보며 나 또한 그를 닮고 싶다고, 그랬으면 좋겠다고, 그렇게 살아가기로 마음먹질 않았던가. 혼자만의 꿈도 아니었다. 그는 존재 자체로 이미 우리 모두의 길이었다. 그런데 그 길이 문득 막혀버린 것이다.

　"추위가 심상치 않습니다. 그런데 방 안에 어찌 냉기가……."

　하루도 문안을 거르지 않는 양팽손에게 조광조가 미안한 듯, 고마운 듯 작은 웃음을 보였다.

"그때가 생각나는군. 내가 한훤당 선생을 처음 뵈러 갔던 날도 꼭 오늘처럼 춥고 스산한 날이었다네."

유배지의 스승을 찾아 나섰던 그날, 길을 찾기 위해 떠났던 그 겨울. 그 길에서 나의 길이 시작될 것이라 생각했다. 그 길이 이어져 지금 나 자신의 유배지에 이르렀으니, 이 길은 다시 어디로 이어질 것인가. 누군가, 내 길이 끝난 곳에서 자신의 길을 찾는 또 다른 젊음이 있으려는가.

그때는 미처 알지 못했었다. 그 추위 속에 기다리고 있던, 어딘가에서 숨 쉬고 있을 그 봄을 기다리고 있던 한 남자의 절실함을. 그토록 깊은 사랑으로 어린 제자를 품어주신 것도, 그 봄을 기다리는 마음과 다름없었음을. 스승께서는 봄빛을 다시 누리지 못한 채 겨울 속으로 떠나셨으나 봄이 오리라는 꿈마저 얼어붙은 것은 아니었다.

봄은 어디쯤 오고 있을까. 내가 다시 새봄을 맞을 수는 있을까. 조광조는 그리 길지도 않았던 자신의 길을 한 걸음, 한 걸음 떠올리며 따라 걷고 있었다. 스승의 겨울에서 봄, 여름, 가을, 그리고 다시 이 겨울. 아, 어디에서 어긋난 것일까. 아직 가을의 열매가 채 익지도 않았는데 어찌 벌써 겨울이 시작되는가.

벗들이 보고 싶은 날이었다. 저마다의 추위 속에서 홀로 이 계절을 견디고 있을 그 얼굴들이 가슴을 저며왔다. 하지만 누구보다도 임금의 모습이 아련

했다. 임금께서 내게 준 봄날의 꿈이, 이 추운 겨울이, 그리고 함께 나누었던 길고도 따뜻한 이야기들이. 그 이야기 속에 숨 쉬던 기쁨, 아니, 작은 한숨과 불편한 침묵마저도 애틋한 그리움으로 밀려오고 있었다. 한양은 지금, 임금 께서는 지금 이 계절을 어찌 바라보고 계실지.

"선생님, 잠시 나와 보시지요. 하늘에 흰 무지개가⋯⋯."

잠시 군불을 살피러 나간 양팽손이 방문을 열었다. 흰 무지개라니, 이 무슨 조짐일까. 얼어붙은 하늘 위, 해를 꿰어 뚫은 채 시리도록 빛나는 흰 무지개 를 보며 조광조는 나직이 탄식을 내었다. 이것이 내가 바라볼 마지막 하늘이 겠구나. 오히려 마음이 차분해졌다. 눈길을 돌린 곳에 한 무리의 사람들이 걸어오고 있었다. 임금께서 보낸 마지막 선물인가.
흐느낌에 둘러싸인 채 조광조는 조용히 무릎 꿇고 어명을 받았다. 그 겨울에 시작된 길은 이처럼 다시 겨울 속에서 끝날 운명이었던가. 바람은 좀처럼 그칠 기세가 아니었다.

이날 흰 무지개가 해를 꿰고 눈이 한 자 남짓 쌓여, 바람은 차고 날씨는 혹독 했다.

– 양팽손, 《학포집》

이별, 또 하나의 당사자

기묘년 12월 16일, 중종의 사사 전교가 있었다. 그 명이 전라도 능성 땅으로 오기까지 나흘. 조광조는 12월 20일 어명을 받았다. 양팽손의 기록에 따르면 이날의 추위는 그야말로 혹독해서 온 땅이 얼어붙을 정도였는데, 무슨 징조인 양 하늘에 흰 무지개가 해를 꿰고 있었다고 한다.

양팽손이라면 바로, 광자로 불리던 이십 대의 조광조를 찾아가 배움을 청했던 열아홉 살의 그 청년이다. 조광조와 같은 시기에 과거를 보고 조정에 들어가 대간이 된 후 조광조의 실각과 함께 그 무리로 지목받아 파직을 당했는데, 그가 돌아온 고향 땅이 조광조의 유배지였던 것이다. 슬픈 운명이었으나 그래도 서로에게 위로가 되어주었으리라.

기묘년의 이 옥사는 주동자가 사사되는 것으로 결론이 나는데 모두가 어리둥절할 만큼 신속한 사건 처리와, 그 어리둥절함을 틈탄 모호한 구석이 다분했던 사화士禍다. 사건의 전후좌우는 대략 살핀 바와 다르지 않겠지만, 그 발단이었던 중종의 마음과는 별개로 이별을 통고받은 당사자 조광조의 이야기도 들어보지 않을 수 없다. 갑작스레 옥에 갇힌 후 붕당을 도모했다는 중죄를 선고받고 장형과 함께 유배를 떠나, 결국 사사의 명을 받기까지의 조광조. 그 한 달 동안 뒤척였을 마음의 흔적 말이다. 다시 기묘년 11월 15일로 돌아가 본다.

옥에 갇히던 밤

11월 15일, 조광조 입장에서는 느닷없는 변고였다. 당연히 그와 그의 무리들은 별다른 저항 없이, 아니 저항도 못한 채 옥에 갇혔다. 이 옥사에 대한 논의로 조정 대신들과 국왕이 밤을 새워 회의를 거듭하던 그 시간, 답답해하는 대신들보다 더 답답했을 조광조의 무리 또한 밤을 꼬박 새우고 있었다. 여느 대신들처럼 그들 또한 그리 생각했던 것이다. 누군가의 참소와 오해가 만들어낸 일이라고. 그 오해를 풀지 못할까 걱정했지 그것이 오해 때문이 아님을 짐작하지는 못했다.

나란히 옥에 갇힌 이들, 이 밤을 어떻게 보냈을까. 의당 죽음까지 각오하고 있었는데. 중종이 사건의 우두머리로 조광조를 지목하며 그 죄를 엄히 다스려야 한다고 처벌에 조바심을 내고 있던 이 밤, 조광조는 그의 삶에서 단 한 번 흐트러진 모습을 보인다. 아직 임금의 마음을 알지 못한 채 그리워하는 눈물을 흘리기까지 한다. 처음 보는, 그답지 않은 모습에 함께 갇힌 벗들이 놀랐음은 당연한 일.

조광조 등이 금부에 갇히던 날 밤 모두 반드시 죽을 것이라고 생각하였다. 그날 밤 하늘에는 구름 한 점 없고 밝은 달이 뜰에 가득히 비쳤다. 빈마당에 늘어앉아서 서로 술을 따르며 이별하는데, 김정의 시에 "오늘 밤 황천으로 갈 사람들, 속절없이 밝은 달만 인간을 비치네[重泉此夜長歸客 空照明月照人間]" 하였다. 김구가 옛 시를 읊기를 "흰 구름 속에 백골을 묻으면 영원히 그만, 공연히 흐르는 물만 남아 인간으로 향하네[埋骨白雲長已矣 空餘流水向人間]" 하였다. 또 시를 지어 "긴 하늘 밝은 달밤[明月長天夜]" 하니, 김정이 화답하여 "추운 겨울 작별 애석히 여기는 때[儼冬惜別時]" 하였다. 모두들 조용히 자득自得하여 서로 말하기를 "차야次野(이자)는 죽음을 면할 것이다." 하니, 차야가 울음을 터뜨렸다.

유독 조광조만이 통곡하며 "우리 임금을 만나고 싶다." 하니, 서로 권면하여 "조용히 의義로 죽어야지 어찌 울기까지 하는가." 하였다. 이에 조광조가 "조용히 의롭게 죽어야 할 것을 내가 어찌 모르겠는가만, 우리 임금을 만나고 싶을 뿐이다. 우리 임금이 어찌 이렇게까지 하겠는가." 하며 밤새도록 울다가, 이튿날 사형에 처한다는 말을 들은 뒤에 태연해졌다.

― 기준, 《덕양일기》[9]

9 이긍익, 민족문화추진회 옮김, 《(국역)연려실기술》, 민족문화추진회, 1967.

같이 옥에 갇힌 기준의 기록이니만큼, 이 밤의 분위기가 그대로 전해진다. 깊은 밤, 구름 한 점 없는 하늘에 보름달이 떠올랐다. 죽음을 앞에 둔 젊은 개혁가들의 마음이 어땠을까. 마지막으로 한잔 술을 나누고 있다. 몇몇은 시를 읊으며 황망한 마음을 토로하기도 한다.

그런데 이들 가운데 조광조만이 다른 모습을 보이고 있다. 실질적인 지도자였으니 죽음 앞에 선 동지들에게 마지막 인사나 혹은 위로나, 그런 대화를 나눔이 당연할 것 같다. 하지만 그는 '우리 임금'을 만나고 싶을 뿐이라며 눈물을 멈추지 않는다. 실록에 의하면 이 밤, 조광조는 그야말로 인사불성이 될 정도로 취해 울었다고 한다. 술에 취한 조광조, 정신을 잃을 만큼 무너져버린 조광조. 누구도 상상하지 못한 광경이다. 그만큼 충격과 좌절이 컸다는 뜻이겠는데, 이는 무엇보다도 군주와의 남다른 관계 때문일 것이다. 벗들의 슬픔이나 황당함과는 그 내용과 느낌이 다를 수밖에 없다. 사실, 이 상황에 처한 원인도—그것이 오해였든 아니면 참소였든—조광조가 해결하지 못한 무언가 때문인 셈이다.

임금을 만나야 한다는 그의 간절함은, 오해를 풀 수 있을 거라는 일말의 희망이 남았던 까닭일 터. 조광조는 임금을 의심하지 않았다. 물론 자신의 군주가 명철한 성군이라고 생각한 것 같지는 않다. 지난 4년 동안 스승이자 신하로서 가장 가깝게 지낸 인물이었으니 중종의 자질에 대한 판단은 이미 끝냈을 것이다. 그러나 '의심'은 하지 않았다. 중종에게 그럴 만한 '이유'가 있겠는가. 조광조가 자신들의 처지에 대해 조금

　　　　　　　　— 11장 | 겨울 | 1519년 12월 20일

은 불안해하고 걱정도 했던 까닭은 자신으로 인해 권력과 이익을 빼앗긴 건너편의 신하들 때문이었지, 신하들과 경쟁 자체가 불가한 임금 때문은 아니었다. 적어도 조광조에게 군주란 그런 인물일 수는 없었다.

하지만 임금은 긴 밤을 눈물로 채웠을 옛 신하의 마음을 돌아보지 않았다. 다음 날인 16일, 조율에 따라 사사의 명이 전해지자 조광조는 오히려 태연해졌다고 했다. 그 오해를 풀기에는 역부족이라고 생각했던 것일까.

선비가 믿는 것은 임금의 마음뿐

11월 16일, 자신들의 죄목에 대한 조광조의 무리 여덟 명의 공초 내용을 보면, 붕당의 죄를 지었다는 조광조, 김정, 김식, 김구의 네 명과 그들을 추종했다는 기준, 윤자임, 박세희, 박훈 등의 네 명 모두, 자신들에 대한 혐의를 부인하고 있다. 가장 젊은 스물여덟의 기준부터 최고 연장자인 서른아홉의 김식까지, 그야말로 창창한 젊음들이었다. 그 기개 그대로 공초 내용도 담백하다. 죄인들의 공초에 흔히 등장하는 전하, 죽여주소서 등의 언사도 없다. 깊이 뉘우치고 있으니 통촉하여주소서, 라며 용서를 구하지도 않는다.

서로에게 책임을 넘기지도, 이 기막힌 처지를 원망하지도 않았다. 자신들의 생각을 밝히고 있을 뿐이다. 조광조와 뜻을 함께하여 교유한 것은 분명한 사실이지만 그것이 잘못이라고 생각하지는 않는다고. 그의 논의가 궤격하다는 말에도 수긍할 수 없으며, 우리의 근심은 오직 나라를 위한 것이었을 뿐 사사로이 부화附和했다는 말도 사실이 아니라고. 조광조의 진술은 조금 다를 수밖에 없었는데, 무리의 지도자로서 이 사건 자체에 대한 자신의 입장을 밝혀야 했다. 그의 공초문을 보자.

"선비가 세상에 태어나서 믿는 것은 임금의 마음뿐입니다. 국가의 병통이 이利의 근원에 있는 줄로 생각하여, 국맥國脈을 무궁한 터전에 새롭게 하고자 하였을 뿐이고 다른 뜻은 전혀 없었습니다."

- 《중종실록》 1519년 11월 16일

어차피 붕당 운운하는 내용이 증좌로 확실해질 죄명은 아니었다. 조광조라는 존재 자체에 대한 불편함, 그래서 제거하겠다는 뜻임을 그 자신도 모르지 않았으니까. 자신이 출사하여 4년 동안 무엇을 위해 고민했는가, 그 마음을 밝히고 있는 것이다. 그러면서 중종에게 되묻고 있다. 선비가 세상에 태어나서 믿는 것은 오직 임금의 마음뿐. 그것만을 믿고 여기까지 왔는데, 임금께서도 자신에게 그 믿음을 허락하신 것이었는데, 지금 다른 참소로 인해 군신 간의 의리를 저버리시는 것이 아니냐는 마지막 호소였다.

선비가 믿는 것은 임금의 마음뿐이라는 그 말, 진심이었으리라. 의심하지 않았기에 훗날을 대비하여 무언가를 도모하지 않았으며, 의심하지 않았기에 불편한 정책들도 솔직히 고했다. 믿는 사이였으니까. 그렇다고 자신이 영원히 조정에 남으리라 생각하지는 않았을 것이다. 다만, 그런 날이 온다 하더라도 야심한 시각의 급작스러운 이별 통보, 그것도 당사자의 얼굴도 비치지 않은 전언일 수는 없었다. 어떻게 이별할 것인가. 어쩌면 그 형식이 내용만큼이나 중요한, 한 인간의 기본을 보여주는 주요한 기준이 아닐까. 조광조는 이 말을 하고 싶었으리라. 믿음을, 사랑을, 이런 식으로 초라하게 만들어버릴 수는 없다고.

하지만 임금은 상황에 밀려 사형을 감했을 뿐, 조광조와의 대면을 허락하지 않은 채 그들 모두에게 유배를 명한다. 조광조는 묵묵히 유배 길에 올랐다. 그 모습을 보며 남은 벗들은 조금 망설였던 것 같다. 조정의 신료들은 이미 대략 알게 된 그 사실 때문이었는데. 임금이 남곤 등과 '모의'를 했다는 이야기를 조광조에게 알려줘야 할 것인지, 아니면 차라리 모르고 떠나는 편이 나은 것인지. 군주에 대한 조광조의 마음, 그 마음을 다치게 하고 싶지는 않았기 때문이다. 옥에 갇혀서도 '우리 임금'을 보고 싶다는 사람에게, 어찌 차마. 그래도 진실은 알고 떠나야 할 것이라 생각했다.

조광조가 옥에 갇혔을 때에 죄를 얻게 된 까닭을 모르고 간신이 임금을 속여서 한 일이라고 생각하였다. 조광조가 귀양을 떠난 후 신상·유운 등이 상의하기를 "효직이 모르고 떠났으니 일러주지 않을 수 없다." 하여, 마을의 유생을 시켜 과천까지 쫓아가게 하였다. '남곤·홍경주·심정 등이 남곤의 집에서 회의하여 먼저 참설讖說로 임금의 마음을 요동하고, 거사하던 날 저녁에는 신무문으로 들어가 임금을 추자정에 모시어 의논하고, 의논이 끝난 후 나와 연추문으로 다시 들어가 합문 밖에서 대신들을 불러 그 이름을 열서列書하여, 마치 조정에서 청해서 죄를 준 양으로 하였다'는 시말을 자못 자세하게 알렸더니, 조광조가 말하기를 "임금께서 어찌 그렇게 하려 하셨겠는가. 조금도 의심할 것이 없다." 하였다.

– 《중종실록》 1519년 11월 18일

조광조는 임금께서 그럴 리가 있겠느냐고, 여전히 의심하지 않았다. 의심하고 싶지 않았던 것일지도 모른다. 의심이 피어나는 순간 마음의 지옥이 시작되는 법. 조광조는 그 지옥의 고통에서 자신을 지키려 했음일까. 그것이 본능이었든, 혹은 의도된 절제였든 그는 자신의 마음을 잘 지켜내고 있었다.

자신의 마음보다도 더 큰 걱정이 있기도 했다. 혼자 죽고 사는 문제가 아니었다. 이미 개혁의 상징으로 떠오른 이상, 그 자신의 행적이 하나의 길이 되는 것이다. 자신의 죽음이 아니라 조선 사림의 죽음까지 근심해야 했다. 뿔뿔이 흩어져 저마다의 유배지로 떠나는 동지들을 보며, 지금

– 11장 | 겨울 | 1519년 12월 20일

껏 걸어온 길들이 모두 무너져 내릴까, 그 아픔으로 무거운 발길을 옮겼을 것이다.

유배지로 떠나다

그 사건을 지나는 동안, 조광조는 임금뿐 아니라 주변 인물들에 대해 생각이 많았지 싶다. 무엇보다도 의연한 벗들에게 고맙지 않았을까. 벗이라고는 해도 기준이나 박세희 같은 인물은 서른도 되지 않은, 그야말로 새파란 젊음이다. 지인들의 눈에는 선배 하나 잘못 만나서 인생 망쳤다고 할 만한. 그런데도 그들은 무슨 소리냐며, 조광조와 교유했던 그 시간들을 후회하지 않는다. 이탈자는 없었으며 그들 모두가 같은 운명을 받아들이길 주저하지 않았다.

그들 바깥에는 더 많은 조광조의 무리가 있었다. 자신을 위해 간청하는 유생들의 통곡을 조광조 또한 모두 듣고 있었을 것이다. 수백 명이 상소를 올리면서 신하를 대하는 임금의 마음에 대해 간언하는 장면인데, 성균관 동지사인 조광조를 스승으로 따르는 유생들이었다. 그들은 스승의 가르침을, 즉 군신 간의 의리와 사제 간의 도리를 삶의 현장에서 온몸으로 이야기하는 중이었다.

상소 투쟁을 전개한 것은 유생들만도 아니었다. 조광조의 생각으로도

'우리 편'의 범주에 넣었을 인물들이다. 함께 옥에 갇혔다가 풀려난 유인숙과 공서린 등은 조광조와 같은 벌을 받겠다며 스스로 옥에 가둬달라 청했다. 그들 바깥 조금 더 넓은 울타리에는 조광조와 나란히 걷지는 않았으나, 대의에 동의하며 지지해주었던 인물들이 있다. 조광조의 벌을 조금이라도 가볍게 해주려 노력했던 이장곤 등의 중신들이다.

의외의 이름이 구원군으로 나서기도 했다. 수많은 신하들이, 심지어 사사건건 조광조의 정책을 막아서던 영의정 정광필마저도 이 젊은 선비들을 위한 탄원을 멈추지 않았다. 물론 조광조는 정광필을 남곤과 같은 부류로 생각하지는 않았다. 악인도 모사꾼도 아니었지만, 다만 생각이 통하지 않았던 것. 그래서 어쩔 수 없이 동지도, 적도 되지 않았던 중간지대의 인물이었는데 시비에 대한 분별력과 선비로서의 양심은 잃지 않았던 것이다. 어려움에 처한 순간, 애매했던 관계가 선명해지게 마련이다. 누가 친구이고, 누가 이웃이며, 누가 방관자인가. 그리고 적은 누구인가.

조광조로서는 마음 찡하지 않았을까. 우리 편이 아닌 자를 위해 임금에게 직언을 하는 용기는 쉬이 얻지 못할 덕목이었으니. 결국 미운털 박힌 정광필이 수상의 자리에서 체직당한 후, 조정의 대신 가운데 더 이상 조광조를 위해 간언하는 이름이 남지 않게 되었다. 조광조의 지지자들은 약간의 시차를 두고 파직과 유배에 처한 마당이었는데, 이제 그 중간지대마저 붕괴되어버린 셈이다.

중종은 조광조 사사의 명과 함께 대대적으로 인사를 단행했다. 곳곳의 걸림돌들을 제거하고 자신의 뜻을 받쳐줄 만한 이들로 조정을 채워나갔다. 그래야 했을 것이다. 체직된 영의정 정광필의 자리를 공석으로 남겨둔 채 남곤을 실질적인 책임자인 좌의정으로, 심정을 이조판서로 임명하는 등, 조광조에게 적대적인 인물들을 요직에 등용했다.

이미 조광조의 측근이라 할 만한 젊은 사람들은 모두 파직 등을 당한 뒤였는데, 뒤이어 대규모의 탄핵과 처벌이 시작되었다. 위로는 우의정 안당 같은 정승들로부터 관찰사로 내려가 있던 김안국·김정국 형제, 그리고 격렬한 상소에 동참한 대간들에 이르기까지 수많은 이름들이 조광조의 무리라는 이유로 징계 명단에 포함되었다. 체직에서 파직, 그리고 삭탈관작과 유배. 조광조와의 친분 정도에 따라 처벌의 수위가 정해졌다. 더 이상 조광조의 무죄를 주장할 만한 이름이 남아 있지 않았을 때 조광조 사사의 명은 신속하게 능성 땅으로 전해졌다.

유배지 능성에 내려온 조광조. 유배보다 더 힘든 일은 저마다의 유배지에서 같은 그리움과 외로움으로 뒤척이고 있을, 늘 함께해 왔던 벗들을 만나지 못한다는 것이었으리라. 세상의 비웃음도 간간이 들려왔을 터. 좀처럼 읊지 않던 시를 남기기까지 한다.

누가 가여워하리, 화살 맞아 상한 새와 같은 몸　　　　誰憐身似傷弓鳥

스스로 우습구나, 말 잃은 뒤 단속하는 늙은이 같은 마음 自笑心同失馬翁

원숭이와 학은 나의 돌아오지 않음을 꾸짖겠지만　　　　　猿鶴正嗔吾不返

복분 중에서 벗어나기 어렵게 되었음을 어찌 알겠는가　　　豈知難出覆盆中

– 〈능성루수중綾城累囚中〉 1519년, 《정암선생문집》

자신의 처지를 아프게 돌아보고 있다. 이미 화살 맞아 상한 새였다. 자연 속에서 학문에나 정진하지, 어째서 돌아오지 않았느냐는 질책 어린 시선들도 모르지는 않았지만 그럴 수 없는 것이 조광조의 현실이었다. 게다가 이미 이럴 수도, 저럴 수도 없게 되어버렸다. 햇살 한 줌 비치지 않는, 뒤집힌 화분 속에 갇혀버린 운명. 의연하게 견디고는 있었지만 마음속의 한숨까지 삼킬 수는 없었을 것이다.

하지만 슬픔의 시간도 길지 않았다. 유배지에 내려온 지 한 달도 채 지나기 전인 12월 20일, 사사의 명이 도착했다.

조광조, 죽음의 그날

그는 여전히 임금을 믿고 있었던가 보다. 사사를 명하는 의금부 도사에게 지금 조정의 대신들이 누구인가 묻고 있다. 그리곤 남곤, 심정 등의 이름을 듣자 자신의 죽음을 수긍하게 되었다고 했으니. 실록은 12월 16일 사사 전교에 이어 이 죽음의 장면을 제법 자세히 전하고 있다. 정사인 실록에서 누군가의 죽음에 대해 이처럼 길게 이야기한 예도 드물지 싶은데, 그 죽음에 대한 애도의 뜻이겠다.

조광조는 온아하고 조용하여 적소에 있을 때 하인들까지도 모두 정성으로 대접하였으며, 분개하는 말을 한 적이 없으니 사람들이 다 공경하고 아꼈다. 의금부 도사 유엄柳淹이 사사의 명을 가지고 이르니, 조광조가 유엄에게 가서 "나는 참으로 죄인이오." 하고 땅에 앉아서 묻기를 "사사의 명만 있고 사사의 글은 없소?" 하였다. 유엄이 글을 적은 쪽지를 보이니, 조광조가 "내가 전에 대부大夫 줄에 있다가 이제 사사받게 되었는데 어찌 다만 쪽지를 만들어 도사에게 부쳐서 신표로 삼아 죽이게 하겠소? 도사의 말이 아니었다면 믿을 수 없을 뻔하였소." 하였다. 아마도 유엄이 속이지 않았을 것이라는 뜻이겠다.

조광조의 뜻은, 임금이 모르는 일인데 조광조를 미워하는 자가 중간에서 마음대로 만든 일이 아닌가 의심한 것이다. 따라서 누가 정승이 되었고 심정이 지금 어느 벼슬에 있는가를 물으매, 유엄이 사실대로 말하니 조광조가 "그렇다면 내 죽음은 틀림없소." 하였다. 아마도 자기를 미워하는 사람이 다 당로에 있으므로 틀림없이 죽일 것이라는 뜻이겠다.

또 묻기를 "조정에서 우리를 어떻게 말하오?" 하매, 유엄이 "왕망의 일에 비해서 말하는 것 같습니다." 하니, 조광조가 웃으며 "왕망은 사사로운 이를 위해 일한 자였소. 명이 계신데도 한참 동안 지체하는 것은 옳은 일이 아니겠으나, 오늘 안으로만 명을 따르면 되지 않겠소? 내가 글을 써서 집에 보내려 하는데 분부해서 조처할 일도 있으니, 이를 마치고 죽는 것이 어떻겠소?" 하기에 유엄이 허락하였다.

조광조가 곧 들어가 조용히 자신의 뜻을 모두 글에 쓰고 또 회포를 적으니.

임금 사랑하기를 아버지 사랑하듯,	愛君如愛父
나라 근심하기를 내 집처럼 하였노라.	憂國如憂家
밝은 해 이 땅을 굽어보고 있으니,	白日臨下土
훤하게 이 충심 비추어주리라.	昭昭照丹衷

또 거느린 사람들에게 이르기를 "내가 죽거든 관을 두껍지 않게 얇게 만들라. 먼 길을 가기 어렵다." 하였다. 자주 창문 틈으로 밖을 엿보았는데 아마도 형편을 살폈을 것이다. 글을 쓰고 분부하는 일을 끝내고, 드디어 거듭 내려서 독하게 만든 술을 가져다가 많이 마시고 죽으니, 이 말을 들은 사람들이 다 눈물을 흘렸다.

당초에 능성에 가자 고을 원이 관동官僮 몇 명을 보내서 쇄소灑掃의 일을 돕게 하였는데, 조광조가 죽을 때에 이들에게 각각 은근한 뜻을 보였다. 또 주인을 불러 말하기를 "내가 네 집에 묵었으므로 후에 보답하려 했으나, 보답은 못하고 도리어 너에게 흉변을 보이고 네 집을 더럽히니 죽어도 한이 남는다." 하였다. 관동과 주인은 스스로 슬픔을 견디지 못하여 눈물이 흘러내려 옷깃을 적셨고, 오래도록 고기를 먹지 않았으며, 지금도 조광조의 말을 하게 되면 문득 눈물을 흘린다.

– 《중종실록》 1519년 12월 16일

두 마음의 임금, 한 마음의 신하

죽음에 이르기까지의 과정도 그랬지만, 이 마지막 장면의 쓸쓸함이라니. 조광조는 이때에 와서야 비로소 깨달았을까. 임금이 예전의 그 임금은 아닌 것 같다고. 명색이 '대부의 줄에 있던', 군주의 신의가 한 몸에 가득했던 인물이다. 그런데도 마지막 이별의 말도 없이 달랑 쪽지 한 장에 죽음의 명을 내렸다니. 너무 허술한 대접이 아닌가. 조광조의 이름을 다시 돌아보고 싶지 않다는, 어서 그와의 추억을 덮어버리고 싶다는 표정이 역력하다. 그 마음을 느끼면서 조광조는 차라리 담담하게 죽음을 맞이했으리라. 더 이상 희망이나 미련도 없었다.

조광조는 가족들에게 보내는 편지를 쓴 후—두 아들이 겨우 다섯 살, 두 살이었다—자신을 보살펴준 적소의 사람들에게 따뜻한 인사까지 전한다. 그리고 그의 심정을 담은 마지막 글, 임금을 향한 시 한 수를 남기고 죽음에 임했다. 내용이야 특별할 것 없지만 이 시를 한 자 한 자 적었을 상황을 겹쳐 보면 피맺힌 토로에 가깝다. 나 진심으로 임금을 어버이처럼 사랑하고 나랏일을 내 일처럼 해왔었거늘. 그대는 애써 외면할지라도 저 하늘만은 내 마음을 알아줄 것이라고. 스스로에게, 그리고 하늘 앞에서도 부끄러움 없는 삶이었다.

마지막까지 믿었던 중종의 돌아섬을 느끼면서 조광조의 마음속 그런 소리는 없었을까. 임금께서 정녕 그런 뜻이었다면, 내가 과격하여 부담스러웠다면, 나의 정책이 나라를 그르치는 것이라 생각했다면 왜 솔직하게 말씀하시지 않았는지. 그렇게 핑계로 미루지 말고 내 앞에서 그 힘겨움을 보여주셨더라면. 한밤의 어둠이 아닌 대낮의 광명함 속에서 당당하게 내 이름을 호출하셨더라면. 그랬더라면 진심으로 군주의 결정에 무릎 꿇었을 텐데.

둘 사이에 생기기 시작한 틈을 조광조가 몰랐던 것은 아니다. 하지만 임금의 흔들리는 마음속까지 어찌할 수는 없었다. 이야말로 스스로 해결해야 할 일. 그 또한 수기하는 자로서의 당연한 과제였다. 하물며 한 나라의 군주가 아니랴. 아픔이나 서운함이 있었다 해도, 대의를 위해 이겨내야 할 일이었다. 조광조는 의당 그렇게 기대했을 것이다. 그 작은 틈이 죽음을 불러오다니, 사실 예상 가능한 결말은 아니지 않은가.

자신의 처지에 대한 슬픔이나 임금을 향한 안타까움만이 문제가 아니었다. 애써 북돋운 사림의 기운이 다시 꺾이고, 자신들의 정신이 외면받아 시들어버릴까 걱정해야 했다. "사류의 화가 한번 시작되면 뒷날 국가의 명맥이 염려되지 않겠"*느냐는 옥중소의 호소처럼, 이 사건이 그 뒤에 미칠 파장을 근심한 것이다. 스승의 죽음과 《소학》의 죽음이 그러했던 것처럼 말이다. 괜한 걱정은 아니었다. 중종은 그저 한 사람의 신하를 버린 것이 아니었다. 한 시대의 방향을 되돌려버리고 만 것이다.

이런 조광조의 죽음에 대해, 당시의 사관은 사사 과정이 좀 이상하지 않느냐며 고개를 갸웃거리고 있다. 대개 탄핵을 맡은 대간이나 정적들이 죄인의 죽음을 청하게 마련이다. 그런데 조광조의 경우는 그렇지 않았으니, 아무도 청하지 않은 죽음을 임금 스스로 결정했다. 그런 임금의 뜻을 알아챈―혹은 교감이 있었을―이들이 상소를 한번 올리자 임금은 즉시 이를 받아들인 것이었다. 이에 사관은 이해할 수 없다는 평으로 자신의 심정을 밝힌다. 조광조를 대하는 중종의 이 달라진 태도는 마치 두 임금에게서 나온 것 같다고.

전일에 좌우에서 가까이 모시고 하루에 세 번씩 뵈었으니 정이 부자처럼 아주 가까울 터인데, 하루아침에 변이 일어나자 용서 없이 엄하게 다스렸고 이제 죽인 것도 임금의 결단에서 나왔다. 조금도 가엾고 불쌍히 여기는 마음이 없으니, 전일 도타이 사랑하던 일에 비하면 마치 두 임금에게서 나온 일 같다.

― 《중종실록》 1519년 12월 16일

서른여덟 조광조는 그렇게 세상을 떠났다. 자리를 지키고 있던 양팽손이 마지막까지 벗으로서, 제자로서 도리를 다했다. 사사당한 죄인이었지만 마음속 영원한 스승이었으리니. 그 시신을 고이 거두어 자신의 산자락에 묻어줌으로써 떠나는 자의 마지막 길을 따뜻하게 지켜준 것이다.

이듬해 봄이 되자, 그제야 조광조는 고향의 흙으로 돌아갈 수 있었다. 살아남았으나, 목숨 외의 모든 것을 잃고 서로만을 의지하던 성수종成守琮, 홍봉세洪奉世 등의 제자들이 그를 맞이하여 조용히 장례를 치렀다. 이날도, 그가 세상을 떠나던 날처럼 하늘에 흰 무지개가 떴다고 한다. 그리고 해마다 그의 제삿날이 되면, 남겨진 벗들은 한자리에 모여 조광조와의 추억을 떠올리며 울음을 멈추려 하지 않았다. 사랑하는 지도자를 잃은 슬픔이자, 다시 시들어가는 한 나라의 꿈이 서러워 그리했을 것이다.

사화의 끝, 모든 것을 되돌리다

조광조의 벗들만이 슬픔으로 통곡했던 것은 아니다. 세상의 인심은 때론 정말로 정확해서 궁중 깊은 곳에서 정해졌을 누군가의 운명에 대해서 함께 울어주기도 했으니.

선생에게 사사의 영이 내리자 아우 승조가 분주히 가는데 길가에 한 노파가 나와 슬피 울며 와서 묻기를 "나으리는 무슨 일로 곡을 하십니까?" 하였다. 답하기를 "나는 형이 죽어서 곡을 하는데 그대는 어째서 곡을 하는고?" 하니, "나라에서 조광조를 죽었다 하니 어진 사람이 죽으면 백성은 살 수가 없기 때문입니다." 하였다.

— 〈정암선생연보〉 1519년 12월, 《정암선생문집》

한 노파가 길에 나와 곡을 한 것은 조광조의 개혁 사상에 대해 적극적으로 지지했다거나 하는, 그런 차원의 문제는 아니었을 것이다. 그의 이상이 실제로 백성들의 삶을 얼마나 바꿨는가와는 별개로, '어진 사람'이 억울하게 죽어간 이 세상에 대한 근심 때문이다. 그래도 조광조는 우리에게 희망을 주던 이름이 아니었는가, 하는 슬픔도 더해졌을 터.

남은 일곱 명은 어찌 되었을까. 김정·김식·김구는 다시 절도로, 기준·윤자임·박세희·박훈은 극변으로 이배의 명이 떨어졌다. 그리고 이어진 사고와 사건에 엮여 김식은 이듬해인 1520년에 스스로 목숨을 끊었으며, 김정과 기준은 그다음 해인 1521년 사형에 처해졌다. 그리고 더 긴 유배의 시간 속에 남겨진 네 사람 중 누구는 절망으로 목숨을 잃고, 누구는 그 긴 시간을 슬픔으로 채워야 했다.

그들 말고도 조광조를 지지했던 모든 이들은 조정에서 축출된 상태였다. 조광조의 가장 가까운 벗이었으나 간신히 죽음만은 면한 이자의 회한에 가득한 글을 보면, 남겨진 자들에게 남겨진 시간은 죽음만큼의 외로움이었을 법하다. 그가 조광좌의 아들인 항沆에게 보낸 편지글 가운데 일부다.

> 나와 정암, 자네 선친 형제와의 의는 형제와도 같았고 실로 도가 부합하였다. (중략) 일찍이 중익과 정암·계량과 나는 한 칸 와실을 두암頭巖 위에 지어놓고 여기서 낚시하고 나물 캐며 나무하고 농사짓는 이 네 가지를 즐기기로 약속하고, 정자 이름을 사은四隱이라고 붙였다. 중익은 스스로 주인이 되어 일생을 여기서 보내려 하였는데, 기묘년의 액을 당하여 정암은 유배처에서 죽고 계량은 장살당하였으며 중익은 어머니를 모시고 고향으로 돌아왔으나 얼마 되지 않아 세상을 떠났다. 나 홀로 늙어도 죽지 않은 채 남아 이 말을 하자니 눈물을 금할 수가 없구나.
>
> — 이자, 《음애일기》

이자의 가슴 아픈 회고처럼, 사은정을 지어놓고 말년을 기약하던 벗들은 한 시대와 함께 모두 사라져버리고 말았다. 어디 이들뿐이겠는가. 기묘사화로 불리는 이 사건은 여느 사화에 비해 그 파장이 엄청났으니, 조광조가 죽은 이후로도 몇 해에 걸쳐 파직과 유배가 이어졌다. 충격은 피화의 정도 때문만도 아니었다. 연산군 시대의 두 사화는 어쨌거나 폭군이라고 비난받던 임금이 남긴 결과였다. 연산군이 처음부터 그 사림들과 함께 걷던 것도 아니었고, 결국 폐위로 삶을 마감하지 않았는가. 하지만 기묘사화는 적어도 요순시대를 따르겠다던 임금의 결정이었다. 연산군의 폭정을 바로잡기 위한 반정으로 등극한 임금이 아닌가. 그것도 스스로 발탁하여 믿고 의지했던 신하들에 대한 일방적인 배반이었으니, 사림들의 충격이 어땠을까. 중종이 마음을 돌려 손을 내민다 해도 진심을 나누는 인물을 다시 얻기는 어려워 보인다.

어쨌거나 마침내, 조광조가 세상에서 사라졌다. 그의 죽음을 기획한 이들을 위한 또 다른 계획이 기다리고 있지 않았을까. 자신이 떠난 자리를 걱정했을 조광조의 생각처럼, 정말 그리되었다. 중종은 조광조가 구상했던 모든 정책들을 '원래대로' 돌려버린 것이다. 중종과 새로 그의 측근이 된 인물들이 되돌린 일들을 보면 무엇이 중종의 심기를 건드렸는가가 역력하다.

가장 먼저 제자리로 돌아온 것은 사화의 결정적인 이유였던 정국공신 개정 문제다. 공신 개정 전교를 내리고도 그들에게 주었던 선물들은 거둬들이지 말라고 했던 이유도 여기에 있을 것이다. 어차피 되돌릴 생각이었다. 정국공신 개정을 원래대로 돌리는 작업은 조광조를 유배에 처한 직후에 바로 진행되었다.

연이어 현량과 폐지가 논의에 올랐다. 중종의 밀지에서도 이 문제가 거론되었던 만큼, 현량과는 바로 조광조의 우익을 형성하기 위한 것이었다는 시비에 시달렸으니까. 그렇다면 제도 자체의 폐지는 그렇다 쳐도 이미 뽑힌 그 이름들은 어찌할 것인가. 현량과 역시 문과에 준하는 자격을 준 시험이었다. 중종은 기묘년의 급제자들을 모두 파방罷榜하라는 결정을 내린다. 과거 급제자로서의 이름을 거둬들인 것이다.

소격서도 다시 제자리를 찾았다. 조광조 무리 외에도, 조정의 모든 신료들이 혁파를 주장했던 일이었으나 중종의 핑계인즉, 자전慈殿께서 건강을 기원하는 기도처를 원하신다고. 자식으로서의 효를 앞세워 떨떠름해하는 신하들의 반대를 막았던 것이다. 소격서 혁파로 인해 궁지에 몰렸던, 조광조의 논리 앞에 철저히 무너져버렸던 그 자존심을 되찾고 싶었음일까.

여기까지는 어느 정도 예상한 것들이긴 했다. 하지만 이것들만큼이나 조광조의 이미지가 강하게 남아 있는 '무형'의 유산들도 불편했나 보다. 문체를 바로잡으라는 전교가 그것이다. 사장보다 경학을 우선시하라는 조광조의 주장에, 중종 자신도 의당 그래야 한다며 호응했던 기억이 생생하건만. 중종은 특별히 남곤을 지명하여 문체 되돌리기 문제를 해결하라는 지시를 내린다.

이것으로 끝이 아니었다. 조광조의 스승인 김굉필에게 내려진 시호가 과하다며 이를 거둬들이자는 논의에, 그 무리가 기대었던 바로 그 책 《소학》에 대한 달라진 대접까지. 나라를 그르친 죄인의 스승이자 그들의 경전이었다. 세상이 변했으니 써야 할 문체도 달라졌다. 읽어야 할 서책도 바뀌었다. 문체와 서책의 문제는 지식인의 근본을 묻는 일일 터.

달라진 세상에 알아서 적응하라는 주문이다.

중종은 자신의 나라를 원래대로, 조광조 이전으로, 선왕들이 지켜온 조종조의 법으로 돌려놓겠다는 의지를 천명한 셈이다. 하지만 그의 생각처럼 모든 것이 원래대로 돌아갈 수 있었을까. 단지 그렇게 보였을 뿐이다. 무엇보다도 사람들의 마음, 이미 '다른 세상'을 조금 엿보았을 그 마음들을 돌릴 수는 없었다.

아직 끝나지 않은 이야기

중종은 조광조에게서 놓여나고 싶었겠지만 그 이름을 다시 듣게 되지 않기에는 자신의 재위 기간이 너무 길었다. 어찌 생각해보면 그는 재위 10년 이후, 조광조와 함께 일했거나 조광조의 그림자에 눌려 지냈거나, 그렇게 보인다. 중종 재위 후반에 이르자 조광조의 복권을 청하는 상소가 시작되었다. 파직당한 죄인들 가운데 조광조와의 교류가 가벼웠던 이들부터 조금씩 서용이 허락되던 중이었다. 하긴 그렇다. 그들 모두를 버려두기에는 인재가 너무 부족했던 것이다. 시간이 이만큼 지났으니까, 그들의 마음 자체가 나쁜 것은 아니었으니까, 충분히 반성하고 있었을 테니까. 다시 부르기에 적절한 이유들이었다.

그렇게 용서받는 이름들이 점차 늘어가면서 조광조의 이름도 조심스레 거론되고 있었다. 재위 39년인 1544년, 남은 날이 많지 않은 중종에게 조광조의 신원을 청하는 상소들이 본격적으로 올라오기 시작했다. 이제 그의 명예를 돌려주면 어떻겠느냐고, 생각해보면 그에게 무슨 죄가 있는 것도 아니었다고. 임금께서 잘못 판단한 그 문제를 해결하고 떠나셔야 한다는, 그런 호소가 아니었을까. 결자해지를 청했던 것이다. 임금 자신을 위해서라도 해야 할 일이었다.

하지만 중종은, 이미 기묘년의 그 이름 대부분을 용서해준 중종은, 짧게 대답한다. "조광조는 다르다. 그래서 윤허하지 않는다."* 중종은 여전히 그의 이름에서 벗어나지 못한 상태였다. 이십여 년의 시간도 그의 마음을 편히 놓아주지는 못했던가 보다. 미움이라 하기엔 너무 깊고 질시라 하기에도 너무 길다. 어쩌면 그랬을지도 모르겠다. 후회 때문에, 하지만 그 후회를 인정할 수는 없었던 군주로서의 자존심 때문에.

조광조가 다르다는 그 말은, 그의 복권復權 상소를 올리는 사람들의 주장이기도 하다. 조광조는 조선에 도학을 바로 세운 '정몽주 이후의 단 한 사람'이었다고. 그들에게, 그 한 사람에 대한 이야기는 아직 끝난 것이 아니었다.

12장

꿈
————
1610년 9월

문정공 조광조, 문묘에 종사되다

하늘을 바라보았다. 유난히 맑은 기운. 보름의 달이 눈부시게 떠오르고 온 하늘 가득 별빛으로 찬란한 밤. 이날의 의미에 맞춤하지 않은가. 임금은 천천히 자리에서 일어났다. 조선의 군주로서 친히 문묘제례를 준비했던 것이다.

하지만 임금은 무언가 허전한 느낌으로 주위를 둘러보았다. 그가 보이지 않았다. 분명 저 자리쯤. 그곳에서 나를 바라보고 있어야 하거늘. 주상께서는 요순의 시대를 회복하실 것입니다. 그리되셔야 하옵니다……. 그의 음성이 들려왔다. 그랬다. 그가 없이 어찌 요순의 시대를 꿈꾸겠는가. 그런데 그의 모습이 보이지 않았다. 그가 없다고 생각하니 제례를 지내면서도 좀처럼 마음이 평온치 못했다. 흥이 나질 않았다.

내가 이 자리에 나선 까닭이 무엇인가. 성군의 길을 걷기 위해 친히 문묘로 발을 옮기고, 깊은 숭모의 염으로 성현들 앞에 무릎 꿇은 것이 아닌가. 어쩌면 이런 모습 또한 그의 마음을 얻기 위해서, 그것 때문이기도 했다. 임금다운 임금이 되라고, 나라다운 나라로 되살리라고. 그의 말에 귀 기울이고 그의 뜻을 따라 여기까지 왔는데.

해가 지기 전, 무리의 눈길 속에서 문밖으로 나서던 뒷모습이 떠올랐다. 그가 제례 시각에 맞춰 돌아온 줄로만 알았었는데 이 막중한 제례에 참여치 않았다는 말인가. 임금은 기분이 가라앉아 버렸다. 마지막 의식을 마친 후 자리로 돌아와 곁에 선 승지에게 물었다.

"대사헌은 대체 어디에 간 것인가. 어서 부르라."
"전하, 대사헌이라니 누구를 말씀하시는 것이옵니까?"

이 무슨 엉뚱한 답인가. 임금은 언짢은 음성으로 말했다.

"대사헌 조광조를 찾는 것이다."
"문정공文正公을 어찌 이곳에서 찾으시는지요. 이미 전하께서 뵙고 오시지
않았습니까."

승지는 제단 위 경건하게 놓인 위패들을 바라보며 답했다. 문정공? 임금은
그제야 무언가 이상하다는 느낌을 받았다. 승지들도, 좌우로 늘어선 신하들
도 낯설게 보이기 시작했다. 고개를 돌려 모셔진 위패들을 하나씩 헤아리기
시작했다. 어느새 위패들 몇이 더 늘어나 있었다. 문경공 김굉필, 문정공 조
광조. 아니 그대가, 어찌 된 일인가!
  임금은 조광조의 이름을 부르는 자신의 소리에 흔들려 눈을 떴다. 꿈이었
다. 가끔씩 꿈에서 만나는 기묘년 가을, 문묘제례의 광경이었다. 그랬지. 조

광조는 기묘년 그 겨울, 내가 그렇게……

그렇다면 이 꿈은 또 무엇인가. 조광조가 기어이 자신의 스승인 김굉필과 나란히 문묘에 종사됨을 암시하는 것일까. 조광조, 이 땅을 흔들며 피어오른 바람. 하지만 나, 조선의 주인으로서 그 바람 또한 나의 것일 뿐이라 생각했거늘. 어느새 바람은 시대를 넘어 성현의 이름으로 나를 내려다보고 있는가.

연일 올라오는 상소에 지쳤던 탓인지도 모른다. 이제 그를 용서해도 좋은 것일까. 하지만 내가 한 일들을 스스로 되돌려버린다면 나는 어떤 임금으로 남게 되는가. 임금은 여전히 그날의 눈길들을 놓을 수가 없었다. 혹여 이 꿈이 앞날을 보여주는 것이라 할지라도 내 어찌 그의 이름 앞에 굴복할 수 있으리. 그는 다른 세상을 꿈꾸고 있었다. 군주가 아닌, 군주 너머의 도를 따르겠다는. 그를 믿고 사랑했던 시간들 때문에 그의 이름을 돌려줄 수는 없었다. 세상의 눈길을 받은 자, 그것으로 이미 충분했다.

임금은 조광조가 죽음 앞에서 남겼다는 그 시를 한 자, 한 자 되뇌었다. '임금 사랑하기를 아버지 사랑하듯, 나라 근심하기를 내 집처럼 하였다.' 그는 마지막 날까지 자신을 지켰던 것인가. 스스로의 마음에 부끄럼 없었으리니, 임금을 향해 당당할 수 있었으리니. 의심 속에 서성이며 사랑을 거둬들이던, 길고도 힘든 그 밤들을 그가 어찌 짐작조차 할 수 있으랴. 마음의 지옥은 나 혼자의 것으로 남았을 뿐이다.

중종, 치세를 마감하다

갑진년(1544년) 11월 15일 중종이 승하했다. 바로 25년 전, 기묘사화가 일어난 그 밤과 같은 날. 자신의 마지막 나날들을 힘들게 하던 상소들, 조광조의 복권을 거절한 채 죽음을 맞았다. 이미 많은 이름들을 용서하며 지난날을 정리하는 때였는데도 이 문제에 대해서만큼은 '절대로' 윤허할 수 없다는 입장이었다. (심지어 심정 등의 간신들까지 용서를 받은 뒤였다.) 중종은 25년이 지난 뒤까지도 조광조에 대한 감정을 정리하지 못했던 것이다. 39년간의 긴 재위 기간 가운데 조광조가 함께했던 시간은 4년 몇 개월. 그나마도 경연관으로 들어와 본격적으로 임금과 호흡을 맞춘 것은 3년 정도의 짧은 기간이다. 그런데도 조광조는 그의 삶에서 좀처럼 사라지지 않았다. 이 마지막 날들까지 말이다.

조광조의 복권을 청하는 상소가 올라오기 시작한 것은 이미 사화의 모의자들 모두 세상을 떠난 뒤였다. 남은 이는 중종뿐. 그 모의자들의 운명도 순탄하지는 않았다. 남곤, 홍경주 등도 오랜 권력을 누리지는 못했으며, 심정은 그 자신 또한 김안로와의 권력 다툼에 패하여 죽음을 맞았다. 김안로의 말로 역시 다르지 않았으니 그 또한 중종의 마음이 떠나자 사사를 피할 수 없었다. 신하들만도 아니었다. 그야말로 궁궐 안팎이 맑은 날이 없었는데, 중종의 가장 큰 사랑을 받던 후궁 경빈 박씨와 그의 아들 복성군은 세자를 음해했다는 죄를 쓰고 사약을 받기까지 했다. 중종의 다스림은 한 집안의 가장으로서도, 한 나라의 임금으로서도 실망스러운 수준이라 할 수밖에 없다. 중종 시대를 바라보는 사관들의 평도 다르지 않다.

사신은 논한다. 상은 인자하고 유순한 면은 남음이 있었으나 결단성이 부족하여, 비록 일을 할 뜻은 있었으나 일을 한 실상이 없었다. 좋아하고 싫어함이 분명하지 않고 어진 사람과 간사한 무리를 뒤섞어 등용했기 때문에, 재위 40년 동안에 다스려진 때는 적었고 혼란한 때가 많아 끝내 소강小康의 효과도 보지 못했으니 슬프다. (중략)

사신은 논한다. 인자하고 공검한 것은 천성에서 나왔으나 우유부단하여 아랫사람들에게 이끌렸다. 진성군을 죽여 형제 간의 우애가 이지러졌고, 신비愼妃를 내치고 박빈朴嬪을 죽여 부부의 정이 없어졌으며, 복성군과 당성위를 죽여 부자간의 은의가 어그러졌고, 대신을 많이 죽이고 주륙이 잇달아 군신의 은의가 야박해졌으니 애석하다.

— 《중종실록》 1544년 11월 15일

중종은 품성 자체가 악한 것은 아니었다. 다만 항상 그를 따라다니는 평처럼, 결단력이 부족하여 정치다운 정치를 하지 못했던 것. 더하여 상대에 대한 신의가 부족했으니 군주로서는 결정적인 단점이라 할 수밖에 없다. 형제와 처첩, 아들과 사위, 그리고 총애하는 신하들까지 너무 쉽게 이별을 고했던 것이다.

중종 주변의 인물들을 돌아보면 중종도 그다지 인복이 넘치는 임금은 아니었다 싶은데, 이는 물론 스스로 초래한 결과였다. 자신들의 권력과 부귀를 위해 임금 앞에 머리 조아린 이들은 많았으나 진심으로 나라와 백성을 위해 꿈꾸는 자를 찾기는 어려웠다. 중종이 사람됨을 제대로 알아보지 못했던 것이다. 중흥의 군주가 되고 싶었다면, 성군의 다스림을 회복하고 싶었다면 중종에게는 조광조가 단 한 번의 기회였다. 안타깝게도 그 자신이 내어버린 기회는 다시 주어지지 않았다.

조선 사림의 스승으로

중종이 알았다면 섭섭했겠지만, 조광조의 복권이 허락된 것은 중종이 승하한 바로 다음 해인 인종 1년(1545년)의 일이다. 즉위한 지 일 년도 되지 않아 죽음 앞에 이른 인종은 승하하기 전날 다급히 유언을 남긴다. 다른 일도 아닌, 조광조의 명예를 돌려주고 현량과를 다시 회복하라는 것이었다.

"조광조의 일은 내가 늘 마음속에서 잊지 않았으나 선왕께서 허락하지 않으셨으므로 내가 감히 가벼이 고치지 못하고 천천히 하려 하였다. 이제는 내 병이 위독하여 날로 더욱 심해져서 다시 살아날 가망이 전혀 없으므로 비로소 유언하여 뒤미처 인심을 위로하니, 조광조 등의 벼슬을 모두 전일의 중의衆議처럼 회복할 수 있으면 다행하겠다. 현량과도 전에 아뢴 대로 그 과를 회복하여 거두어 등용하도록 하라."

- 《인종실록》 1545년 6월 29일

중종의 마음을 헤아리면서도, 혹여 자신의 죽음으로 조광조의 일이 다시 묻혀버릴까 근심했던 것이다. 효자로 이름난 인종이었으니—부왕의 죽음을 애통해하느라 건강을 해친 것으로 알려져 있다—진정한 효가 무엇인가를 고민하지 않았을까. 선왕 치세에 흠이 될 만한 일을 정리하고 싶은 마음이었으리라.

이어 조광조에 대한 본격적인 추존推尊이 일기 시작한 것은 선조 즉위 무렵이다. 선조 1년(1568년), 조광조에게 영의정이 추증되고 2년 후인 선조 3년(1570년)에는 문정공의 시호가 내려졌다. "도덕이 널리 알려진 것을 문文이라 하고 바른 것으로써 사람을 심복시킴을 정正이라 한다."[10] 그 후로도 문묘에 종사해달라는 청이 이어져 결국 광해군 2년(1610년), 조광조는 스승인 김굉필 등과 함께 문묘에 종사된다. 유학자로서는 말 그대로 더 이상 오를 곳이 없는 자리에 이른 것이다. 조광조의 연보는 이 문묘종사와 이어진 서원 건립으로 마무리되는바, 이처럼 후대가 기억하는 방식까지도 모두 조광조의 삶이라는 뜻이겠다.

문묘종사는 몹시도 정치적인 문제다. 이미 조광조가 자신의 스승을 그 자리에 언급했을 때, 반대편 사람들이 보인 심한 거부 반응이 생생하지 않은가. 누군가에게 정통성을 부여한다는 것은 그 정통성에서 비껴난 누군가를 드러내게 마련이다.

그런 자리에 조광조의 이름이 거론되었다. 외척의 세력으로 혼란스러웠던 명종 시대를 끝낸 사람들이 자신들의 정치 '복귀'와 함께 선조에게 청한 일이 바로 조광조의 이름에 어울리는 명예를 내려달라는 것이었다. 사림들에겐 명분이, 권위가 필요했다. 그때 그들이 불러온 인물이 바로 조광조. 그들은 한목소리로, 조광조를 스승으로 받들겠다며 문묘종사를 청했다. 선조 즉위년부터 광해군 1년까지, 무려 40년 동안 이어진 상소다.

왜 조광조인가. 과연 그 명분과 권위에 합당한 인물인가. 무엇 때문에 이토록 오래도록 상소가 이어지며 군주들의 귓가를 시끄럽게 하는가.

---

10 노수신盧守愼, 〈신도비명〉, 《정암선생문집》.

어쩌면, 억울하게 희생된 젊은 사림의 지도자에 대한 연민 때문일지도 모른다. 하지만 그 정도의 연민으로 조선의 사림들이 일사불란 움직일 리는 만무하다. 보기에 따라서는 그래봐야 실패한 이상주의자, 과격한 개혁가. 그렇지 않은가.

사실 조광조의 삶, 그 이야기는 너무 짧게 잘려버렸다. 조광조 사후, 중종은 많은 것을 원래대로 되돌렸으며 그 통치 또한 성군의 길에서 멀어져가고 있었다. 모든 것이 원점으로 돌아가 버린 것처럼 보였다. 그렇다면, 이렇게 자신과 동지들의 죽음만 남긴 것이라면 조광조의 삶이란 무엇인가. 한 이상주의자에 대한 연민과 그 순수했던 꿈에 대한 위로와는 별개로, 학자이자 정치가로서 어떻게 평가할 수 있는 것일까.

조광조 다음 세대의 사림들도 이 문제를 생각지 않은 것은 아니었다. 생각하지 않을 수 없었다. 이후 조선의 성리학자들은 명목상 모두가 조광조의 '제자'였으니까. 이황과 조식曹植, 그리고 서경덕徐敬德으로 분화되기 시작한 성리학이 다시 후배인 이이까지 보태어 여러 고민의 장을 보여주었지만, 이들 모두가 조선 성리학의 진정한 스승으로 인정한 이가 조광조였다. 이후 퇴계학파와 남명학파가 서로 불편해졌을 때에도, 그리고 퇴계학파와 율곡학파가 다시 부딪쳤을 때에도 그 누구도 조광조에게는 시비를 걸지 않았다.

시비라니. 조광조의 행장은 이황이, 그리고 묘비명은 이이가 지었을 정도다. 이 두 사람에게 묻기로 한다. 조광조에 대해 많은 이들이 이런

저런 의견을 보탰지만, 어차피 이황과 이이에게서 훌쩍 벗어난 의견을 내기 어려운 것이 16세기 이후 조선의 분위기였으니까. 이들에게 조광조의 삶은 어떻게 보였을까. 아쉬워하는 대목들이 없지 않다. 조광조의 학문이 보다 완전해진 다음 출사했다면 좋았을 거라는, 조금만 덜 과격하게 나아갔다면 더 나은 결말이었을 거라는, 그래서 결국 정치가로서 성공했다고 말하기는 어렵다는 평이 따르기도 했던 것이다.

"아깝게도 문정공 조광조는 현철한 자질과 나라를 다스려 백성을 건질 만한 재주를 가졌으나, 학문이 크게 이뤄지기도 전에 너무 갑자기 요직에 올라"[11] 조선 땅에 도를 실현하지는 못했다는 이이의 한탄이나, "임금을 요순처럼 만들고 백성에게 요순의 은덕을 입히려는 것은 군자의 뜻이기는 하나, 당시의 사세와 역량을 헤아리지 않고서 할 수 있는 것은 아니었다"[12]라는 이황의 안타까움은 대략 같은 어조로 진행되고 있다.

그러면서도 조광조가 조선 사림의 사표가 되는 것은 마땅하다는 주장으로 이어진다. 뜻만 옳다면, 그 마음만 반듯하다면 결과는 묻지 않겠다는 말인가. 하지만 옳은 뜻을 품고 살다 간 이름이 어디 조광조뿐인가. 그들에게, 조선의 성리학자들에게 유독 조광조가 다르게 다가온 이유는 무엇인가.

---

11 이이, 《석담일기》, 민족문화추진회 옮김, 《(국역)대동야승》, 민족문화추진회, 1971.
12 이황, 《언행록》, 민족문화추진회 옮김, 《(국역)퇴계집》, 민족문화추진회, 1968.

왜 조광조인가

조광조를 위해 올린 상소들을 보면 일련의 맥락이 읽힌다. 이미 중종 말년의 상소들에서 조광조에 대한 평가가 정리되고 있었다. 아니, 거슬러 올라가 보면 조광조가 생존했던 당시부터 그랬었다. 정몽주와 김굉필에 대한 문묘종사 청원에서 거론된 내용이었는데, 중종 39년에 이르면 성리학의 도통道統에 대한 정리가 다시 확인되고 있다.

> "우리 도가 동방으로 온 지 오래인데 그 전승이 있었습니다. 조광조는 김굉필에게서 받고, 김굉필은 김종직에게서 받고, 김종직은 전조의 신하 길재吉再에게서 받고, 길재는 정몽주에게서 받았습니다. 염락濂洛의 흐름을 거슬러보고 수사洙泗의 근원을 탐구해보고서, 그윽이 안顔·민閔이 배우던 바와 이윤伊尹의 뜻하던 바를[13] 자기 자신이 하기로 한 사람이니 어떻다 하겠습니까? 진실로 정몽주 이후에 이 사람 하나뿐입니다. 재질은 본시 왕좌王佐인 사람이고 도학은 족히 사람들의 스승이 될 수 있었습니다."
>
> — 《중종실록》 1544년 5월 29일

---

13 안·민은 안연顔淵과 민손閔損을 이르는 말로, 두 사람 모두 공자의 고제高弟들이다. 이윤은 중국 고대 은殷나라의 명재상으로, 그는 "자신의 임금을 요순처럼 만들지 못하고 백성 하나라도 제 살 곳을 얻지 못한 사람이 있게 되면 마치 저자에서 매 맞은 것처럼 여겼다"라고 한다. 바른 배움과 밝은 정치를 실현하고자 했던 조광조의 뜻을 옛 이름들에 기대어 밝히고 있는 것이다.

조광조의 학문은 그 연원이 이러하여, 그가 성리학의 계보를 충실하게 잇고 있다는 얘기다. 그런데 이 계보의 선정 기준은 무엇인가. 학문의 어떠함만은 아니었다. 도학자로서의 반듯한 삶이 받쳐줘야 했다. 평온한 시절의 여유로움으로 학문에 정진한 이들은 아니었으니, 시대의 요청 앞에 자신의 삶으로 응답한 이름들이다. 조광조는 그렇게 정몽주—조광조의 청으로 문묘에 종사된—에서 이어진 성리학의 적자로 거론되고 있다.

그렇다고 그저 스승들에게서 이어받기만 했을까. 오히려 조광조는 스승도, 그 스승의 스승도 누리지 못한 하나의 이름으로 기억되고 있다. 정몽주 이후 조선이 시작된 뒤로는 오직 '이 사람 하나'뿐이라고. 둘 사이에 놓인 몇 대의 이름들은 그 둘을 이어주기 위한 과정이라는 어감이 강하다. 조광조는 그 스승과도 다른 인물이라는 말인데, 이미 조광조 생전에도 있었던 이야기이긴 하다. "세상을 다스린 공이 있다"*라는 칭송은, 조광조의 스승에게 바쳐질 수는 없지 않은가. 길재와 김종직, 그리고 김굉필은 그럴 만한 자리에 이르지 못했다.

정몽주와 조광조의 닮음은 바로, 자신의 꿈을 명백히 밝혔고 그 때문에 죽음에까지 이르렀다는 것이다. 그리고 죽음 앞에서도 그 꿈은 여전히 그 자신의 꿈이었다는 것이다. 꿈의 내용도 그랬다. 물론 자신의 삶을 반듯하게 지키는 것도 도학자의 아름다운 꿈이기는 하다. 하지만 수기만으로는, 그것만으로는 한 세상을 위해 꿈꾸었다고 말하기는 어렵지 않은가. 이는 김굉필이 문묘종사에서 거절당한 이유이기도 했다. "비록 실천하여 자신을 닦은 착실한 공부가 있기는 하지만 사문斯文에 도움을 준 공로가 없다"*라고.

조광조가 달랐던 점은 그가 서책이 아닌, 정치 한복판에서 자신의 이상을 완성하려 했다는 것이다. 위 상소에서도 밝힌바, 학문과 함께 능히 왕을 보필할 만한 재질을 이야기한 것도 이 때문이다. 그야말로 성리학적 이상 그대로의 인물이었다. 그가 임금을 이끈 방향 또한 그랬다. 자신의 군주에게 요순의 시대를 따르라는, 이런 '도덕적인' 요구를 정치 일선에서 실제로 제기한 인물이 있었던가. 그런 인물이 임금의 총애를 받아 아침저녁으로 이야기를 나누며 뜻을 모으던 장면이 있었던가.

조광조는 단지 더 나은 정책과 제도만이 아닌, 조선의 정신과 그 방향을 고민했던 인물이다. 정치라는 '현실'에서 민본이니 왕도니 인륜이니 하는 것들을, 그런 근본적인 가치를 따라야 한다고 주장했고 그럴 수 있다고 믿었던. 그리고 그렇게 살 수도 있겠다는 가능성을 보여주기도 했다. 비록 의외의 변고를 만나 그 꿈이 온전히 실행되지는 못했더라도 그 꿈 자체가 사라진 것은 아니었다. 조광조에게 사표의 자리를 헌정하겠다는 선언은 앞으로의 조선이 그 방향을 따르겠다는 다짐이기도 했다.

조광조의 '실패' 지점에 대해 애석해하던 이황과 이이에게도 그랬다. 당연한 결론처럼 그들은 입 모아 말한다. 조광조와 같은 인물이 이 조선

— 12장 | 꿈 | 1610년 9월

에는 없었다고. 타고난 자질과 이상의 크기, 그리고 그 이상과 일치되는 삶의 태도를 아우른 그런 '인물' 말이다. 좀처럼 모진 소리 하지 못하는 이황이야 말할 것도 없고, 인물평이 박하기로 유명한 이이도—당시의 임금인 선조는 물론, 이황 같은 대학자도 그의 비판을 피하지 못했다—조광조에 대해서만큼은.

> 공으로 말미암아 성리학이 숭상할 만하며, 왕도王道를 귀하게 여길 만하고 패도霸道를 천하게 여겨야 한다는 것을 알게 되었으니. (중략) 후세 사람들이 태산과 북두같이 우러르고 국가에서 표창함이 갈수록 융숭한 것은 당연한 일이다.
>
> – 이이, 《석담일기》[14]

이런 말이 아니겠는가. 조광조로 말미암아 성리학의 자리가 잡힌 것이라고. 왕도와 패도, 그러니까 무엇이 올바른 정치인가를 알게 된 것이라고. 그러니 태산 같은, 북두 같은 이름이 아니겠느냐고. 이런 인물이니 그 이름을 기리고 그 뜻을 따라야 하지 않겠느냐고 말이다.

조광조가 정치에 입문하면서 군주 앞에 내놓았던 대책문 〈알성시책〉의 그 문장과 겹쳐지지 않는가. 공자의 진정한 위대함은, 오래도록 후세

---

14   민족문화추진회 옮김,《(국역)대동야승》, 민족문화추진회, 1971.

를 이끌어준 그 정신적 가치에 있는 것이라고 논했던. 조광조 자신의 자리 또한 다르지 않다. 4년의 다스림 때문에 그를 기억하려 함은 아닐 것이다. 어떻게 살아야 하는가. 어떤 세상을 만들어야 하는가. 그 문제를 고민하게 만드는, 그런 고민이 가치 있는 것이라 깨닫게 해주는 그의 삶 때문이다.

조광조, 봄의 노래

조광조. 광자의 모습으로 학문에 열중했던 독실한 구도자. 새로운 꿈을 꾸며 현실로 걸어 나간 실천적 개혁가. 임금과 마주 앉아 시대를 고심했던 사림의 지도자. 그리고 걸음이 채 끝나기도 전, 문득 그 길이 끊겨버린 유배지의 한 이상주의자. 뭉클하도록 뜨거웠던 서른여덟 해였다.

누군가에게는 그 죽음까지도 삶을 완성하는 이야기로 남는 것이 아닌지. 너무 짧았지만, 그래서 더 선명했던 삶. 절정에서 맞이한, 그래서 더 비장했던 죽음. 미처 이루지 못하고 느닷없이 멈춰 서야 했던 그의 꿈은 오히려 죽음으로 완전해진 것은 아닐까. 순정한 삶을 더욱 빛내주는, 그런 마지막이었으니까.

그 마지막 순간 조광조가 그리워했을 어느 봄날의 햇살을 떠올려본다. 세상으로 나서기 위해 설렘과 다짐으로 숨을 고르던 봄, 그리고 그 봄의 노래.

저 추풍의 결실이여,	彼秋風之邃利兮
여름의 햇살 길게 누렸음이라	與夏炎之長亨
비록 이룬 것 다를지라도,	雖所成之固異兮
이 모두 봄이 행한 바로다.	乃一春之所爲

봄이 있었기에, 여름의 햇살은 그토록 뜨겁고 가을의 바람은 그처럼 다감할 수 있을 것이다. 섭리를 따라야 할 것이 계절만은 아닐진대. 인간의 삶 또한 따라야 할 도리가 있을진대. 겨울이 너무 길게만 느껴지는 시절, 그의 노래를 들어본다. 그 자신 봄이 되어 돌아온 한 남자의 이야기를.

부록

조광조趙光祖

본관은 한양漢陽, 자는 효직孝直, 호는 정암靜菴, 시호는 문정文正이다.

1482년(성종 13년) 1세

• 8월 10일 한양에서 부친 조원강趙元綱과 모친 여흥驪興 민씨閔氏 사이에서 출생했다.

1498년(연산 4년) 17세

• 한훤당 김굉필의 문하에 들어가 배웠다. 이때 김굉필은 무오사화로 인해 평안도 희천에서 유배 생활을 하고 있었는데, 조광조가 적소로 찾아가 제자가 되었다. 김굉필은 조광조를 심히 사랑하여 중히 여겼으며, 조광조는 이로부터 성현이 되는 것을 학문의 소임으로 삼았다.

1499년(연산 5년) 18세

• 첨사僉使 이윤형李允泂의 딸 한산韓山 이씨李氏와 혼인했다.

1500년(연산 6년) 19세
- 부친상을 당했다. 그 모든 절차를 《주자가례朱子家禮》에 따라 조금도 흐트러짐 없이 했다.

1502년(연산 8년) 21세
- 복을 벗고 용인 선영先塋 밑에 집을 지었다.
- 《소학》과 《근사록》, 사서四書를 위주로 학문에 전념했다. 이 무렵 조광조의 공부하는 태도에 대해 혹은 광자, 혹은 화태라 여기며 꺼리는 이들도 있었으나, 그 자신은 대수롭게 여기지 않았다.

1504년(연산 10년) 23세
- 10월 갑자사화가 일어나 김굉필이 참형을 당하여, 스승의 부음을 들었다.

1506년(중종 원년) 25세
- 9월 중종반정이 일어나 연산군이 폐출되고 진성대군이 왕위에 올랐다.
- 사기士氣가 장려되어 학문에 힘쓰는 선비들이 늘어났으며, 조광조의 명성을 듣고 찾아와 배움을 청하는 이들이 많아졌다.

1510년(중종 5년) 29세
- 봄에 진사시에서 〈춘부〉를 지어 장원을 했는데, 시험관들이 놀라 칭찬을 아끼지 않았다.
- 여름에 송도松都의 여러 산을 다니며 글을 읽었다.

1511년(중종 6년) 30세
- 4월 성균관에서 조광조의 조행을 높이 평가하여 조정에 천거했다.
- 모친상을 당했다. 그 절차를 갖추고 슬픔을 다함이 부친상과 같았다.

1513년(중종 8년) 32세
- 모친 시묘 생활을 마쳤다.

1515년(중종 10년) 34세
- 6월 성균관의 추천을 받아 조지서 사지의 벼슬에 제수되었다. 이에 헛된 명예로 세상에 알려지는 것을 부끄러워하며, 과거를 거쳐 정식으로 벼슬길에 나서기로 했다.
- 8월 알성시에서 '과화존신'에 관련된 대책문으로 합격했다.
- 11월 20일 사간원 정언에 제수되었다. 직분을 잃은 양사의 대간을 파직하여 언로를 열라는 상소를 올려, 중종이 이를 따랐다.
- 이해에 큰아들 정定이 태어났다.

1516년(중종 11년) 35세
- 3월 홍문관 부수찬에 제수된 후, 곧이어 다시 수찬으로 올랐다. 경연에 들어가 성심을 다하니 임금이 그의 말을 깊이 새겼다.
- 6월 내수사 장리와 기신재가 혁파되었다.
- 11월 전국에 《소학》을 널리 장려하라는 《소학》 전교가 있었다.

1517년(중종 12년) 36세
- 2월 3일 홍문관 부교리가 되었으며, 같은 달 다시 홍문관 교리로 올랐다.
- 2월 28일 임금의 명을 받아 황해도로 가서 재난을 당한 백성들을 위로했다.
- 봄, 사가독서賜暇讀書를 했다.
- 7월 홍문관 응교로 승진했다.
- 8월 김굉필의 문묘종사를 청했으나 허락받지 못했다. 성삼문, 박팽년, 이심원李深源을 추증하여 표창할 것을 청했다. 정몽주의 문묘종사를 논하여 허락받았다.
- 8월 홍문관 전한에 승진했다. 여러 차례 사직소를 올리고 외임을 청했으나 허락받지 못했다.

• 윤12월 홍문관 직제학으로 승진했다.

1518년(중종 13년) 37세

• 1월 불시로 신하들을 불러 대하시기를 임금께 청했다. 홍문관 부제학이 되었다.
• 2월 소인小人이 나라에 끼치는 폐해를 논하고, 사기士氣를 배양할 것을 주청했다. 공물의 폐단을 논하고, 뇌물을 엄금할 것을 청했다. 특지로 하는 벼슬 제수에 신중할 것을 청했다.
• 5월 휴가를 얻어 용인에 가서 성묘했다. 큰 지진이 있었다. 소인 발언으로 문제가 된 조계상을 탄핵·파직시켰다.
• 6월 소격서 혁파를 청하여 9월에 허락되었다.
• 11월 성균관 동지사를 겸했다.
• 11월 21일 사헌부 대사헌에 제수되었다. 원자 보양관을 겸했다.
• 이해에 둘째 아들 용吾이 태어났다.

1519년(중종 14년) 38세

• 1월 11일 군신 관계, 지치주의에 대해 진강했다.
• 1월 20일 경연에서 민본정치에 대해 논했다.
• 3월 김우증의 무고 사건이 있었다. 사건 처리 문제로 논박을 받아 체직되었다.
• 4월 홍문관 부제학에 제수되었다. 현량과가 실시되어 장원 김식 등, 28인이 뽑혔다.
• 6월 사헌부 대사헌에 제수되었다. 장인 이윤형이 제물포 만호로 사망했다. 그에게 장성한 아들이나 동생이 없기에 조광조가 가서 장례를 치렀다. 대신과 대간이 서로 구제해줘야 하는 의의를 진계했다. 종사의 대제를 친히 행할 것을 진계했다.
• 7월 신병으로 사임을 청했으나 허락받지 못했다.
• 8월 성균관 유생을 이끌고 입궐하여 글을 강했다. 사정전에서 원자를 뵙고 《소학》을 강했다. 경연에서 왕도와 패도에 대해 논했다.
• 10월 좌의정 신용개의 초상에 임금이 곡하지 않은 잘못을 논하며 아름다운 법도가

폐해짐을 근심했다. 정국공신 개정을 청했다. 예조판서 남곤이 일을 회피한 죄를 논했다. 남곤은 이때 정국공신 개정 논의를 피하여 나들이를 나갔다.

- 11월 11일 정국공신 개정이 허락되었다.
- 11월 15일 기묘사화가 일어나, 조광조 등이 옥에 갇혔다.
- 11월 16일 붕비의 죄를 물어 사형이 선고되었다.
- 11월 17일 신료들의 청으로 감형되어 유배형에 처해졌다. 조광조의 무리로 함께 죄를 입은 나머지 일곱 명에게도 모두 유배령이 내려졌다.
- 11월 18일 유배지 능성으로 떠났다.
- 12월 16일 사사의 명이 내려졌다.
- 12월 20일 유배지 능성에서 사사되었다. 양팽손이 시신을 염殮하여 빈殯했다.

1520년(중종 15년)

- 봄, 경기도 용인 심곡리 선산에 시신을 옮겨 와 안장했다. 성수종, 홍봉세, 이충건李忠楗, 이연경李延慶 등이 장례에 참여하여 축을 읽고 제물을 바쳤다.
- 여름, 양팽손이 능성에 사우祠宇를 세웠다. 해마다 조광조가 사사된 날에 맞추어 통곡하며 제사를 지냈다.

1544년(중종 39년)

- 11월 15일 중종이 승하했다. 조광조 복권을 청하는 상소가 잇달았으나, 중종의 윤허를 얻지 못했다.

1545년(인종 원년)

- 6월 승하하기 전날, 인종이 유언으로 조광조의 관작을 회복할 것을 명했다.

1557년(명종 12년)

- 12월 24일 부인 한산 이씨가 사망하여 용인 선산에 합장했다.

1564년(명종 19년)

• 퇴계 이황이 조광조의 행장行狀을 찬했다.

1568년(선조 원년)

• 4월 영의정으로 추증되었다.

1570년(선조 3년)

• 9월 '문정文正'이라는 시호가 내려졌다. 도덕이 널리 알려진 것을 '문文'이라 하고 바른 것으로써 사람을 심복시킴을 '정正'이라 한다.
• 조정의 명으로 전라도 능성에 '죽수서원'을 세우고, 조광조와 양팽손을 함께 배향했다.

1576년(선조 9년)

• 여름, 감사 김계휘金繼輝가 평안도 희천에 '양현사'를 세우고 김굉필과 조광조를 향사했다.

1605년(선조 38년)

• 용인의 조광조 묘소 아래 '심곡서원'을 세웠다.

1610년(광해군 2년)

• 9월 문정공 조광조를 문묘에 종사했다.

1681년(숙종 7년)

• 정고본定稿本《정암선생문집》이 완성되었다.

공서린孔瑞麟, 1483~1541

자는 희성希聖·응성應聖, 호는 휴암休巖, 시호는 문헌文獻이다. 1507년 문과에 급제했다. 언관과 승지 자리에서 신진 사림들과 교유했다. 기묘사화 시 좌승지로 숙직하다가 함께 옥에 갇혔으나 이내 풀려났다. 이에 다시 옥에 가둬줄 것을 청하면서 조광조의 무죄를 호소했으며, 이로 인해 파직되었다. 후에 다시 등용되어 대사헌 등을 역임했고, 청렴한 관직 생활로 이름이 높아 청백리에 뽑혔다.

기준奇遵, 1492~1521

자는 자경子敬, 호는 복재服齋·양덕陽德, 시호는 문민文愍이다. 조광조의 문인으로, 1514년 문과에 급제했다. 조광조의 정책 실행에 힘을 보탰으며, 특히 조광조를 비방하는 이성언의 상소에 대해 강경한 소를 올렸다. 기묘사화 때 아산으로 유배되었다가 이듬해 온성으로 이배되었는데, 신사무옥(송사련 고변 사건)에 연루되어 교형을 당했다. 벼슬은 홍문관 응교에 이르렀다. 1545년에 신원되었으며 이조판서에 추증되었다.

김굉필金宏弼, 1454~1504

자는 대유大猷, 호는 한훤당寒暄堂, 시호는 문경文敬이다. 1480년 생원시에 합격해 성균관에 입학하여 여러 사람과 교류했다. 김종직의 문하에서《소학》을 배운 후 평생 토록 이를 독실하게 실천했다. 1494년 유일遺逸로 천거되어 관직 생활을 시작했다. 1498년 무오사화 때 평안도 희천에 유배되었다가 다시 순천에 이배되었으며, 1504년 갑자사화 때 참형을 당했다. 희천에서 조광조에게 학문을 전수함으로써 조선 도학의 맥을 이은 인물로 추앙되었다. 선조 때인 1575년 영의정에 추증, 1577년 시호가 내려진 후 광해군 때인 1610년 조광조 등과 함께 문묘종사되었다.

김구金絿, 1488~1534

자는 대유大柔, 호는 자암自庵·삼일재三一齋, 시호는 문의文懿다. 1513년 문과에 급제했다. 일찍부터 성리학 연구에 전념했으며 강개한 성격으로, 조광조의 정치 개혁을 도왔다. 글씨에도 뛰어나 조선 전기를 대표하는 서예가로 꼽힌다. 기묘사화로 개령에 유배되었다가 다시 남해로 이배, 10여 년 뒤 풀려났으나 곧이어 병을 얻어 죽었다. 벼슬은 홍문관 부제학에 이르렀다. 선조 때 그가 지은 종계변무宗系辨誣 표문表文이 명의 호의를 얻자, 그 공으로 이조참판에 추증되고 광국공신光國功臣에 녹훈되었다.

김식金湜, 1482~1520

자는 노천老泉, 호는 사서沙西, 시호는 문의文毅다. 젊은 시절부터 학행으로 이름 높았으며 조광조와 뜻을 같이하여 정치 개혁에 힘을 모았다. 1515년 조광조 등과 함께 성균관의 추천을 받아 종6품직에 등용되었고, 이후 1519년 현량과에서 장원으로 급제했다. 1519년 기묘사화 때에 주동자 가운데 한 명으로 지목, 선산善山에 유배되었는데, 이듬해에 결국 자결했다. 벼슬은 성균관 대사성에 이르렀다. 명종 때 복관되었으며 이후 영의정에 추증되었다.

김안국金安國, 1478~1543

자는 국경國卿, 호는 모재慕齋, 시호는 문경文敬이다. 김굉필의 문인으로, 1503년 문과에 급제했다. 1517년 경상도관찰사로 파견되어 각 향교에《소학》을 권하고 다양한 서책의 간행·보급을 주도하는 등, 성리학 교화 사업에 힘썼다. 조광조가 항상 그의 성품과 자질을 칭찬하며 존중했다. 기묘사화 때 파직되어 은거하다가 1532년 다시 등용되었다. 시문에도 능했으며, 벼슬은 좌참찬에 이르렀다. 인종의 묘정에 배향되었다.

김안로金安老, 1481~1537

자는 이숙頤叔, 호는 희락당希樂堂·용천龍泉이다. 1506년 문과에 장원급제했다. 청요직을 거치던 중, 1515년 신씨복위상소 사건 당시 '양시론'을 펴 비난의 대상이 되었고, 이후 잠시 외직으로 나가게 되었다. 기묘사화로 조광조가 실각한 후 조정으로 돌아왔는데, 남곤과 정쟁을 벌여 다시 유배에 처해졌다. 남곤 사후 세자의 보위를 내세우며 복귀, 정적들을 탄압하며 여러 차례 옥사를 일으켜 많은 인명을 해쳤다. 결국 문정왕후 폐위 기도가 발각되어 사사되었다. 벼슬은 좌의정에 이르렀으며, 허항許沆·채무택蔡無擇과 함께 정유삼흉丁酉三凶으로 불린다.

김정金淨, 1486~1521

자는 원충元冲, 호는 충암冲菴·고봉孤峯, 시호는 문정文貞(뒤에 문간文簡으로 고침)이다. 1507년 문과에 장원급제했다. 1515년 담양부사 박상과 연명으로 올린 신씨복위상소로 세간의 주목을 받았다. 조광조와 함께 사림파를 대표하는 인물로, 성리학에도 조예가 깊었다. 기묘사화 당시 금산에 유배되었다가, 진도를 거쳐 다시 제주도로 이배되었다. 신사무옥에 연루되어 사형에 처해졌다. 벼슬은 대사헌, 형조판서에 이르렀다. 명종 때인 1545년에 복관되었고, 1646년 영의정에 추증되었다.

김종직金宗直, 1431~1492

자는 계온季昷, 호는 점필재佔畢齋, 시호는 문충文忠이다. 1459년 문과에 급제했다. 학식과 문장이 뛰어나 당대 젊은 학자들의 정신적 스승으로 존중받았다. 부친인 김숙자金叔滋에게 배웠으며 이후 조선 유학을 대표하는 김굉필, 정여창 등의 뛰어난 제자들을 두었다. 그가 쓴 〈조의제문弔義帝文〉은 세조의 찬탈을 비유한 글로서, 이를 빌미로 유자광 등이 무오사화를 일으켰다. 김종직 자신은 부관참시를 당했으며 그와 교유하던 모든 친우와 제자들이 사형과 유배에 처해졌다. 벼슬은 이조참판에 이르렀으며 중종반정으로 신원되었다.

남곤南袞, 1471~1527

자는 사화士華, 호는 지정止亭·지족당知足堂이다. 1494년 문과에 급제했다. 갑자사화 때 유배되었으나 중종반정으로 복귀, 당대 문한의 제일인자로 요직에 기용되었다. 하지만 박경朴耕·김공저 사건을 무고하여 공신에 오른 일, 신씨복위상소에 반대한 일 등으로 신진 사림의 지탄을 받았다. 홍경주·심정과 함께 중종의 밀지를 받아 기묘사화를 일으켜 조광조를 축출한 뒤, 좌의정을 거쳐 1523년 영의정에 올랐다. 사후 문경의 시호가 내려졌으나 복귀한 사림파의 탄핵을 받아 1558년 관작과 함께 삭탈당했다.

남효온南孝溫, 1454~1492

자는 백공伯恭, 호는 추강秋江, 시호는 문정文貞이다. 김종직의 문인으로, 1478년 파격적인 소릉복위상소를 올려 기개 있는 선비로 이름을 알렸다. 1480년 어머니의 명으로 생원이 되었으나 도의가 없는 세상에서 벼슬할 수 없음을 밝히며 문과를 포기, 시와 술로 시름을 달래며 살았다. 위험을 두려워하지 않고, 성삼문 등을 추앙한《육신전》을 저술하여 편찬했다. 갑자사화 때 부관참시되었는데, 1513년 소릉 복위가 실현되면서 신원·추증되었다. 김시습金時習 등과 함께 생육신으로 불린다.

박세희朴世熹, 1491~?

자는 이회而晦, 호는 도원재道源齋, 시호는 문강文剛이다. 1514년 문과에 장원급제했다. 1515년에 사가독서를 했고, 같은 해에 홍문관 수찬을 지냈다. 젊어서부터 조광조를 따랐으며 개혁파의 여러 사림들과 교유했다. 좌부승지의 자리에 있을 때 기묘사화를 맞았다. 처음에는 상주로 유배되었으나 다시 강계에 이배되어 그곳에서 죽었다. 신원된 후 이조판서에 추증되었다.

박훈朴薰, 1484~1540

자는 형지馨之, 호는 강수江叟, 시호는 문도文度다. 1506년 천거로 의영고주부를 거쳐 보은현감에 임명되었다. 1519년 현량과에 급제했으며, 학문이 뛰어나 국기國器라는 명성을 얻었다. 관대하고 도량이 넓어, 인사 문제 등에서 조광조가 그에게 기댄 바가 컸다고 한다. 기묘사화 때 성주에 유배되고 이후 의주, 안악으로 이배되었다. 1533년 해배되어 향리에 은거하던 중, 모친상을 당하여 애도하다가 그 자신 또한 병을 얻어 죽었다. 벼슬은 동부승지에 이르렀다.

신상申鏛, 1480~1530

자는 대용大用, 호는 위암韋庵, 시호는 문절文節이다. 1503년 문과에 급제했다. 《연산군일기》 편찬에 최연소자로 참여한 이후 청요직을 두루 거쳤다. 신진 사림의 등용을 위해 애썼으며 조정의 긴장을 완화하기 위한 중재에 나서기도 했다. 기묘사화 당시 이조판서로서 조광조를 구하기 위해 많은 노력을 기울인 일로 반대파의 미움을 받아, 요직에서 밀려나 주로 외직을 떠돌았다.

심정沈貞, 1471~1531

자는 정지貞之, 호는 소요정逍遙亭, 시호는 문정文靖이다. 1502년 문과에 급제했다. 중종반정에 가담하여 정국공신 3등에 녹훈되고 화천군에 봉해졌다. 1507년 남곤 등과 함께 김공저 옥사를 일으켜 세인의 비난을 받았다. 1515년 이조판서에 올랐으나 삼사의 탄핵으로 물러났고, 다시 형조판서의 물망에 올랐을 때에도 조광조로부터 소인으로 지목되어 임명되지 못했다. 남곤 등과 함께 기묘사화를 일으킨 뒤 권세를 누렸으나, 이후 김안로와의 권력 다툼에 밀려 사사되었다.

안당安瑭, 1461~1521

자는 언보彥寶, 호는 영모당永慕堂, 시호는 정민貞愍이다. 1481년 문과에 급제했다. 1515년 이조판서로 있으면서 분경을 금지하고 어진 인재를 발탁할 것을 주장, 조광조 등의 신진 사림들을 천거하고 개혁 정책을 지지했다. 기묘사화 시 우의정으로서 관련자의 무죄를 호소하다가 조광조의 우익으로 지목당해 파직되었다. 아들 안처겸安處謙이 당사자인 신사무옥에 연좌되어 세 아들과 함께 사형에 처해졌다. 명종 때인 1566년 누명이 벗겨져 복관되었다.

양팽손梁彭孫, 1488~1545

자는 대춘大椿, 호는 학포學圃, 시호는 혜강惠康이다. 1516년 문과에 급제했다. 십 대의 나이에 조광조를 찾아가 배움을 청하며 교우를 시작했다. 언관으로서 강직한 관직 생활을 했으며 기묘사화가 일어나자 소두疏頭로 항소, 이 일로 인해 삭직되어 낙향했다. 자신의 고향 능성으로 유배된 조광조의 마지막 날들을 함께했고, 사사된 조광조의 시신을 직접 염했다. 조광조를 위한 사당을 세우고 그 죽음을 애도하며 남은 생을 조용히 보냈다. 회화에도 뛰어나 〈산수도〉 한 점이 전한다.

유순柳洵, 1441~1517

자는 희명希明, 호는 노포당老圃堂, 시호는 문희文僖다. 1462년 문과에 급제했다. 성종 시대에 청요직을 두루 거친 뒤 연산군 시대에도 그 권세를 이어갔다. 영의정 재임 시 중종반정이 일어났는데, 반정에는 관여한 바가 거의 없었으나 수상의 지위로 정국공신 2등에 오르고 문성부원군에 책봉되었다. 1509년 연산군의 총신이었다는 연유로 대간들의 탄핵을 받아 벼슬에서 물러났다가, 1514년에 다시 영의정에 올랐다. 1519년 정국공신 개정 당시 개정 대상이 되었다.

유운柳雲, 1485~1528

자는 종룡從龍, 호는 항재恒齋·성재醒齋, 시호는 문경文敬이다. 1504년 문과에 급제했다. 기묘사화가 일어난 후 신임 대사헌에 임명되었으나, 조광조의 무죄를 주장하며 신의를 버린 임금 아래서 직임을 맡을 수 없다는 뜻을 분명히 했다. 사건의 배후가 중종이 아니냐는 상소를 올리면서 그 전말을 밝힐 것을 호소했는데, 결국 이로 인해 파직되었다. 이후 향리에서 술로 시름을 달래다 울분 속에 죽었다.

윤자임尹自任, 1488~1519

자는 중경仲耕이다. 1513년 문과에 급제했다. 삼사의 청요직에 있으면서 조광조 등과 뜻을 함께했는데, 기준에게는 처남이 된다. 좌승지로 궁에서 숙직하던 밤에 기묘사화가 일어났다. 온양으로 중도부처되었다가 이배되어 북청으로 위리안치되었는데, 그해에 적소에서 죽었다. 학식이 뛰어났으며 무예도 겸비한 것으로 알려져 있다. 1538년에 신원되어 직첩환수되었고, 영조 때인 1746년에 증직·증시贈諡되었다.

이자李耔, 1480~1533

자는 차야次野, 호는 음애陰崖, 시호는 문의文懿다. 1504년 문과에 장원급제했다. 연산군의 폭정에 환멸을 느껴 자청해서 외직으로 나갔다가 1506년 중종반정 후에 발탁되어 내직으로 돌아왔다. 조광조와는 함께 말년을 보내기로 약속한 지기 사이다. 사림파 가운데서도 성품이 원만하여 사림파와 대신들 사이의 대립을 완화시키고자 노력했다. 기묘사화에 연좌되어 파직되었으며, 그 뒤 은거하며 남은 생을 보냈다. 벼슬은 우참찬에 이르렀다.

이장곤李長坤, 1474~?

자는 희강希剛, 호는 학고鶴皐, 시호는 정도貞度다. 1502년 문과에 급제했다. 김굉필의 문인으로, 1504년 갑자사화에 연루되어 거제도에 유배되었다. 중종반정 이후 다시 기용되었는데, 학문과 함께 무예도 뛰어나 변경 지역 관찰사로서의 공이 매우 컸다. 병조판서 재임 시 기묘사화가 일어났는데, 조광조 등을 변호하다가 관직을 삭탈당한 후 은거했다. 벼슬은 우찬성에 이르렀다.

정광필鄭光弼, 1462~1538

자는 사훈士勛, 호는 수부守夫, 시호는 문익文翼이다. 1492년 문과에 급제했다. 1504

년 연산군에게 올린 간언으로 유배되었다. 1506년 중종반정 후 재등용되어 여러 요직을 거친 후 1516년 영의정에 올랐다. 평소 조광조의 개혁 정책에 맞서며 보수적인 노선을 견지하기도 했으나, 기묘사화 때에는 조광조를 변호하다가 체직되는 등, 재상으로서 양심과 도리를 지켰다. 1527년 다시 영의정이 되어 조정으로 돌아왔으며, 중종의 묘정에 배향되었다.

정여창鄭汝昌, 1450~1504

자는 백욱伯勖, 호는 일두一蠹, 시호는 문헌文獻이다. 젊은 시절 김굉필과 함께 김종직에게 배웠다. 1490년 문과에 급제, 시강원 설서가 되어 세자인 연산군을 가르쳤다. 널리 제자를 가르친 김굉필과는 달리, 성리학 연구에 매진했다. 효행이 빼어난 이로 이름 높았는데, 지방관 시절에는 반듯한 정사로 칭송받기도 했다. 무오사화 때 종성으로 유배, 1504년 유배지에서 죽었으나 이해에 일어난 갑자사화로 인해 부관참시되었다. 중종 대에 우의정에 증직되고 1610년 문묘종사되었다.

홍경주洪景舟, ?~1521

자는 제옹濟翁, 시호는 도열度烈이다. 1501년 문과에 급제했다. 중종반정을 도와 정국공신 1등에 책록策錄되고, 남양군에 봉해졌다. 1507년 이과의 난을 다스린 공으로 다시 정난공신 2등에 올랐다. 중종의 후궁 희빈의 아버지로, 훈구파의 주축 세력이 되어 조광조 등과 갈등을 빚었다. 그러다가 결국 중종의 밀지를 직접 받으며 기묘사화를 일으킨 주동자 가운데 한 명이 되었다. 조광조 실각 후 다시 요직에 등용되었다.

참고 문헌

실록

《성종실록》

《연산군일기》

《중종실록》

문집류

민족문화추진회 옮김,《(국역)대동야승》, 민족문화추진회, 1971.

이긍익, 민족문화추진회 옮김,《(국역)연려실기술》, 민족문화추진회, 1967.

《靜菴先生文集》, 경인문화사, 1987.

단행본

계승범,《중종의 시대》, 역사비평사, 2014.

김굉필, 한훤당선생기념사업회 편,《국역 경현록》, 한훤당선생기념사업회, 2004.

김범,《사화와 반정의 시대》, 역사의아침(위즈덤하우스), 2015.

김재영,《중종을 움직인 사람들》, 한국학술정보, 2008.

마르티나 도이힐러, 이훈상 옮김,《한국의 유교화 과정》, 너머북스, 2013.

에드워드 와그너, 이훈상·손숙경 옮김, 《조선왕조 사회의 성취와 귀속》, 일조각,
　　　2007.

오영교, 《조선 건국과 경국대전체제의 형성》, 혜안, 2004.

이상성, 《조광조》, 성균관대학교출판부, 2007.

이종범, 《사림열전》 1·2, 아침이슬, 2008.

전호근, 《한국철학사》, 메멘토, 2015.

정두희, 《왕조의 얼굴》, 서강대학교출판부, 2010.

＿＿＿, 《조광조》, 아카넷, 2000.

조종업, 《정암선생문집》, 경인문화사, 2004.

존 B. 던컨, 김범 옮김, 《조선 왕조의 기원》, 너머북스, 2013.

최승희, 《조선초기 언론사연구》, 지식산업사, 2004.

한국사상사연구회 편, 《조선 유학의 학파들》, 예문서원, 1996.

한명기 외, 문사철 엮음, 《민음 한국사: 16세기, 성리학 유토피아》, 민음사, 2014.

논문

계승범, 〈파병 논의를 통해 본 조선 전기 對明觀의 변화〉, 《대동문화연구》 53, 2006.

＿＿＿, 〈16-17세기 명·조선 관계의 성격과 조선의 역할〉, 《정치와 평론》 10, 2012.

구도영, 〈조선 중종조 대명무역 연구〉, 경희대학교 박사학위논문, 2013.

＿＿＿, 〈중종대 사대인식의 변화〉, 《역사와 현실》 62, 2006.

김경수, 〈조선 중종대의 史官研究〉, 충남대학교 박사학위논문, 1996.

김돈, 〈중종대 법제도의 재정비와 『대전후속록』 편찬〉, 《한국사연구》 127, 2004.

＿＿＿, 〈중종대 '작서의 변'과 정치적 음모의 성격〉, 《한국사연구》 119, 2002.

김미영, 〈성리학에서 '공적 합리성'의 연원: 군자/소인 담론을 중심으로〉, 《철학》 76,
　　　2003.

김백철, 〈조선의 유교적 이상국가 만들기: 서주와 요순의 재인식 과정〉, 《국학연구》
　　　17, 2010.

김범, 〈조광조, 성공적 소통과 급격한 단절의 명암〉, 《역사비평》89, 2009.

___ , 〈조선시대 사림세력 형성의 역사적 배경〉, 《국학연구》19, 2011.

___ , 〈조선 전기 '훈구·사림 세력' 연구의 재검토〉, 《한국사학보》15, 2003.

___ , 〈조선 중종대 歷史像의 특징과 그 의미〉, 《한국사학보》17, 2004.

김성우, 〈사회경제사의 측면에서 본 조선 중기〉, 《대구사학》46, 1993.

_____ , 〈조선시대 농민적 세계관과 농촌사회의 운영 원리〉, 《경제사학》41, 2006.

_____ , 〈'조선 중기'를 바라보는 두 개의 시선〉, 《한국사연구》143, 2008.

김시업, 〈한훤당 김굉필의 도학적 시세계와 인간자세〉, 《대동문화연구》48, 2004.

김영봉, 〈점필재 김종직의 시문학 연구〉, 연세대학교 박사학위논문, 1999.

김영주, 〈朝報에 대한 몇 가지 쟁점〉, 《한국언론정보학보》43, 2008.

김용헌, 〈조선 전기 사림과 성리학의 전개와 특징〉, 《국학연구》19, 2011.

김중권, 〈조선조 경연에서 중종의 讀書歷에 관한 고찰〉, 《서지학연구》41, 2008.

_____ , 〈중종조의 사가독서에 관한 연구〉, 《서지학연구》18, 1999.

김훈식, 〈한훤당 김굉필에 대한 조선시대의 평가와 그 의미〉, 《동방학지》133, 2006.

박준규, 〈조광조의 사회개혁에 관한 일고찰〉, 《고조선단군학》25, 2011.

_____ , 〈16~17세기 조광조 추존사업과 정치세력의 동향〉, 경기대학교 박사학위논문, 2013.

박창진, 〈조선조 기묘사림의 정치적 위상에 관한 연구〉, 《한국정치학회보》32(2), 1998.

_____ , 〈중종실록을 통해서 본 정책참여기관의 권력관계연구〉, 《한국정치학회보》31(2), 1997.

설석규, 〈조선시대 유생의 공론형성과 상소경위〉, 《조선사연구》4, 1995.

손유경, 〈16세기 기묘사림의 記夢詩 연구〉, 《한문고전연구》16, 2008.

송웅섭, 〈기묘사화와 기묘사림의 실각〉, 《한국학보》31(2), 2005.

_____ , 〈김종직 문인 그룹 형성 무대로서의 '서울'〉, 《서울학연구》31, 2008.

_____ , 〈조선 성종대 전반 언론의 동향과 언론 관행의 형성〉, 《한국문화》50, 2010.

_____ , 〈조선 성종의 右文政治와 그 귀결〉, 《규장각》 42, 2013.

_____ , 〈중종대 기묘사림의 구성과 출신배경〉, 《한국사론》 45, 2001.

신두환, 〈한훤당 김굉필의 시문에 나타난 '성리미학' 탐색〉, 《한문교육연구》 23, 2004.

신해순, 〈조선 중종~명종년간 사습의 퇴폐에 대한 고찰〉, 《인문과학》 32, 2002.

_____ , 〈16세기 성균관교육의 침체원인에 대한 고찰〉, 《한국사연구》 106, 1999.

양동대, 〈학포 양팽손 연구〉, 조선대학교 박사학위논문, 2003.

에드워드 와그너, 이훈상 옮김, 〈1519년의 현량과: 조선전기 역사에서의 위상〉, 《역사와 경계》 42, 2002.

우정임, 〈조선전기 성리서의 간행과 유통에 관한 연구〉, 부산대학교 박사학위논문, 2009.

유현주, 〈정암 조광조의 至治的 지도자론: 「알성시책」을 중심으로〉, 《동양철학연구》 80, 2014.

윤인숙, 〈김굉필의 정치네트워크와 소학계〉, 《조선시대사학보》 59, 2011.

_____ , 〈『소학』의 성격과 정치론, 그 적용〉, 《사림》 35, 2010.

윤정, 〈조선 중종대 『大典後續錄』 편찬과 법률체계의 변동〉, 《역사와 실학》 50, 2013.

윤진욱, 〈조선 전기 『소학』 전래 및 수용과 소학계 연구〉, 동국대학교 석사학위논문, 2011.

윤훈표, 〈15세기 말엽부터 16세기 중엽까지 경연의 변모와 그 의미〉, 《역사와 실학》 51, 2013.

이구의, 〈한훤당 김굉필의 시에 나타난 자아의식〉, 《한국사상과 문화》 57, 2011.

이병휴, 〈조선 전기 사림파의 추이 속에서 본 한훤당 김굉필의 좌표〉, 《역사교육논집》 34, 2005.

_____ , 〈조선 전기 疏外官人의 은거생활―김안국, 김정국의 경우〉, 《역사교육논집》 31, 2003.

_____ , 〈16세기 정국의 추이와 호남·영남의 사림〉, 《국학연구》 9, 2006.

이상성, 〈정암 조광조의 도학사상 연구〉, 성균관대학교 박사학위논문, 2001.

_____, 〈정암 조광조의 정치지도자론〉, 《동양철학연구》 70, 2012.

이석규, 〈연산군·중종대 求言의 성격 변화와 그 의미〉, 《사학연구》 88, 2007.

이수건, 〈조선 전기의 사회변동과 상속제도〉, 《역사학보》 129, 1991.

이영재, 〈조선시대 정치적 공공성의 성격 변화〉, 《정치사상연구》 19(1), 2013.

이태진, 〈소빙기(1500~1750) 천변재이 연구와 『조선왕조실록』〉, 《역사학보》 149, 1996.

이현출, 〈사림정치기의 공론정치 전통과 현대적 함의〉, 《한국정치학회보》 36(3), 2002.

이희환, 〈조선 전기 사대부·사류·사림의 용례〉, 《전남사학》 24, 2005.

장병인, 〈조선 전기 국왕의 혼례형태〉, 《한국사연구》 140, 2008.

장영희, 〈16세기 필기筆記의 일고찰—「기묘록」과 「용천담적기」〉, 《민족문학사연구》 26, 2004.

정기상, 〈김굉필의 「한빙계」에 나타난 경의 교육론〉, 영남대학교 석사학위논문, 2003.

정두희, 〈기묘사화와 조광조〉, 《역사학보》 146, 1995.

_____, 〈소격서 폐지 논쟁에 나타난 조광조와 중종의 대립〉, 《진단학보》 88, 1999.

_____, 〈조광조의 도덕국가의 이상〉, 《한국사 시민강좌》 10, 1992.

정재훈, 〈16세기 사림 공론의 내용과 의미〉, 《조선시대사학보》 71, 2014.

조영린, 〈16세기 사림파의 교화시 연구〉, 영남대학교 박사학위논문, 2014.

지두환, 〈조선 전기 문묘의례의 정비과정〉, 《한국사연구》 75, 1991.

_____, 〈조선 전기 종묘제도 연구〉, 《한국사상과 문화》 8, 2000.

_____, 〈조선 초기 주자가례의 이해과정〉, 《한국사론》 8, 1982.

진상원, 〈조선왕조 정치범의 신원과 추존 문화〉, 동아대학교 박사학위논문, 2006.

최연식, 〈정암 조광조의 도덕적 근본주의와 정치개혁〉, 《한국정치학회보》 37(5), 2003.

_____, 〈조선시대 사림의 정치참여와 향촌자치의 이념〉, 《한국정치외교사논총》 27(1), 2005.

최우영, 〈조선 중기 사림정치의 공공성: 이념·구조·변화〉, 연세대학교 박사학위논문, 2002.

최이돈, 〈신용개의 정치사상연구〉, 《교육연구》 10, 2002.

_____, 〈16세기 사림의 신분제 인식〉, 《진단학보》 91, 2001.

최재석, 〈조선시대의 門中의 형성〉, 《한국학보》 9(3), 1983.

최정묵, 〈정암 조광조의 至治主義, 그 입론의 근거와 실현 방법〉, 《동서철학연구》 74, 2014.

추제협, 〈한훤당 김굉필의 도학과 퇴계학〉, 《영남학》 25, 2014.

한상길, 〈조선전기 수륙재 설행의 사회적 의미〉, 《한국선학》 23, 2009.

한영우, 〈조선 초기 사회계층 연구에 대한 재론〉, 《한국사론》 12, 1985.

홍순봉, 〈정암 조광조의 도학사상과 시 연구〉, 동국대학교 석사학위논문, 2013.

조광조 평전

초판 1쇄 발행일 2016년 3월 4일
초판 2쇄 발행일 2020년 9월 11일

지은이 | 이종수

발행인 | 박재호
편집팀 | 고아라, 홍다휘, 강혜진
마케팅팀 | 김용범, 권유정
총무팀 | 김명숙

디자인 | 이석운
종이 | 세종페이퍼
인쇄 · 제본 | 한영문화사

발행처 | 생각정원
출판신고 | 제25100-2011-000320호
주소 | 서울시 마포구 양화로 156(동교동) LG팰리스 814호
전화 | 02-334-7932   팩스 | 02-334-7933
전자우편 | 3347932@gmail.com

ⓒ 이종수 2016

ISBN 979-11-85035-37-6 (03910)

이 도서의 국립중앙도서관 출판예정도서목록(CIP)은 서지정보유통지원시스템 홈페이지(http://seoji.nl.go.kr)와 국가자료종합목록 구축시스템(http://kolis-net.nl.go.kr)에서 이용하실 수 있습니다.(CIP제어번호: 2016004652)